KB090196

나는 집 대신
땅에 투자한다

나는 집 대신 땅에 투자한다

딱 1년 공부하고
평생 써먹는
토지 투자 공식

김종율 · 임은정 지음

한국경제신문

소액 투자에 대한 환상을 버리시라

부동산 투자자가 좋아하는 세 가지는 뭘까? 바로 단기 투자, 월세 수입 그리고 소액 투자다. 그렇다면 토지 투자를 하면서 이 세 가지를 모두 이룰 수 있을까? 가능하지만 쉽지 않다.

우선 단기 투자는 쉽다. 3년 뒤 호재가 실현될 지역의 물건을 사면 파는 것이 어렵지 않다. 이 책에 소개된 사례뿐 아니라 내 이전 책의 사례에서도 장기 투자로 이어진 경우는 거의 없다.

그렇다면 토지 투자로 월세 수입을 올리는 것은 가능할까? 단기 투자보다는 어렵지만 불가능한 이야기는 아니다. 월세가 나오는 공장이나 창고에 투자하는 방법도 있고, 신도시 앞 토지를 매입한 다음 유명 브랜드를 입점시켜 월세 수입을 올리는 방법도 있다. 확실히 단기 투자보다는 복잡하다.

그렇다면 소액 투자는? 이 역시도 가능하지만 나는 세 가지 중에서 가장 어려운 것이라 생각한다. 특히 토지 투자를 배워가는 중이라면 소액에 초점을 맞추지 말 것을 권한다. 중수 이하의 실력이라면 오로지 토지의 가치가 어떻게 올라가는지를 배우는 데 집중하라고 말하고 싶다.

우리가 투자의 대상으로 삼는 지역은 어느 정도 호재가 있는 곳일 텐데, 아직 호재가 실현되기 전이니 개발을 하지 않아 필지를 분필하지 않았을 테고, 그로 인해 가격이 제법 비쌀 것이기 때문이다. 그럼에도 불구하고 소액 투자를 원한다면 반드시 경매를 곁들이라고 하고 싶다.

이 책에 소개된 사례 중 이천시 증일동 땅은 1억 원 정도의 실투자금으로 13개월 만에 4억 원이 넘는 매각차액을 실현했다. 또 수원시 당수동 단독주택은 초기 투자금이 0원(매년 대출금에 대한 이자는 납부해야 한다)인데 토지보상을 받아 차액이 무려 10억 원이 넘는다. 둘 다 경매 물건으로 대출을 받았기 때문에 투자금이 적게 든 것이지 물건 자체가 1억 원 미만의 소액인 것은 아니다.

나도 1,100만 원을 투자하여 4,000만 원 정도를 번 적이 있지만 이 책에는 싣지 않았다. 지자체가 도시계획시설로 지정한 후 10년이 넘도록 보상을 하지 않아 매수청구를 한 것으로, 설명을 하자면 너무 길기도 하지만 그야말로 어쩌다 하나 나오는 사례이기 때문이다.

이론·사례·호재를 반드시 함께 공부하시라

많은 이가 공부를 하고서도 투자가 어렵다고들 한다. 그 이유는 대개 이론만 공부했기 때문이다. 이를테면 이런 것이다. 용도지역을 공부하면 그 용도지역별로 지을 수 있는 건축물에 대해서 배우게 될 텐데, 이것만 공부해선 투자가 이뤄지지 않는다. 계획관리지역에서 공장 건축이 가능하다는 것만 배워둬선 안 된다. 어떤 고속도로가 개통하고, 그 지역에 공장 수요가 얼마나 늘 것이며, 지가가 얼마나 올랐는지 확인하는 것이 투자자가 해야 할 공부다.

가령 농지법에서 농지에 대해 어떻게 규제하고 있는지, 농업진흥구역과 농업보호구역에서는 어떤 규제가 있는지 공부하는 것은 그리 중요하지 않다. 모르면 찾아보거나 물어볼 데가 얼마든지 있기 때문이다. 독자 여러분께 권하는 것은 어떤 호재를 만난 농업진흥구역이 언제 해제가 되는지 사례를 보아두시라는 것이다.

반드시 사례를, 그것도 호재와 같이 공부할 것을 권한다.

적어도 1년은 공부하시라

토지 투자는 유독 혼자 하는 걸 어렵다고 여긴다. 그렇기에 토지 투자 강사에게 물건을 소개받아 투자하려는 분들이 많은데 강사의 투자라고 뭐 그리 대단한 것이 아니다. 그들의 머릿속에 황금의 땅 엘도라도라도 들어 있다고 착각하는 경우가 더러 있는데, 절대로 아니다. 오히려 그런 심리를 교묘하게 이용해 사기를 치려는 이들도 많으니 경계해야 한다.

토지는 비시가지가 시가지가 되거나 시가지가 될 가능성이 커지면서 가치가 오르는 것이 많다. 물론 비시가지로 머물러 있지만 수요가 늘어나면서 가격이 오르기도 한다. 농업진흥구역처럼 규제가 완화되면서 오르는 경우도 있다. 어떤 경우든 패턴이 뻔하다. 이런 패턴을 빨리 익혀야 한다.

도시계획에 따른 것이든, 지역에 정주인구가 늘어나 상업적 가치가 오르는 것이든, 일정한 패턴이 있는 것은 분명하다. 그런데 과거 사례를 공부한다고 해도 지금 처음 보는 사례에 접목시켜 당장 내 투자로 연결하기란 생각보다 쉽지 않다. '거의 샀다'와 같이 살 듯 말 듯 하다가 결국 사지 못하는 경우가 여기서 많이 나온다.

그래서 나는 1년간은 호재가 있는 지역을 답사하길 권한다. 1주일에 한두 건의 물건만 분석해보면 된다. 다만 호재가 있는 지역에 유망한 유형의 토지를 타깃으로 답사를 하면 좋다. 그렇게 1년쯤 하다 보면 여러 호재별로 50개 정도의 유형을 만나게 될 것이다. 1년이 지나면 그중에 가격이 오르는 땅이 보일 것이다.

역이 착공한다는 소식에 답사를 갔던 물건 주변에 개발행위허가 제한지역을 지정하더니 어느 날 역세권 개발사업을 진행하는 모습을 보게 된다면, 다음에 역세권 주변 토지를 보는 안목이 쑥 커질 것이다. 고속도로가 개통하면 공장 수요가 많아질 것으로 보고 답사를 해본 지역에 정말로 도로가 개통하고 공장단지가 들어서는 것을 보면, 다음에 비슷한 도로가 공사할 땐 자신 있게 투자를 하게 될 것이다. 앞서 말한 대로 패턴이 뻔하다는 말이다.

이런 패턴을 빨리 익혀보시라. 1년이면 된다. 1년만 1주일에 한 번씩 답사하는 게 크게 어려운 일일까? 경제적 자유를 누리기 위한 공부인데 말이다. 처음엔 막막하지만 1년쯤 해보면 감이 잡힐 것이다.

내가 임은정 선생과 책을 쓰는 이유

보통 이름 좀 있는 강사들은 자신의 강의 내용을 대신 집필해줄 사람을 찾곤 한다. 그렇게 하면 콘텐츠가 좋은 사람과 글재주가 좋은 사람이 만나 좋은 책이 읽기 좋게 세상에 나오니 여러모로 장점이 많다. 그럼에도 나는 그런 방법을 택하지 않았다. 그냥 고집이다. 고생스럽더라도 내 이야기를 내가 직접 써 내려가는 것이 독자에 대한 도리가 아니겠냐는, 그냥 그런 고집이다.

그럼 왜 임은정 선생과 함께 책을 쓸까? 내가 실력이 달리기 때문이다. 그동안 토지 투자를 하며 많은 성공을 거두었지만 정작 초보 투자자에게 무엇이 필요한지 모르는 반쪽짜리 실력자이기 때문이다. 나의 대학원 선배이자 김종율아카데미 운영진 중 한 명인 임은정 선생은 초보들에게 필요한 것이 무엇인지 아주 정확히 알고 있는 사람이다. 함께 책을 구상하며 아이디어를 낼 때 "그런 것도 책에 담아야 하나요?"라고 물으면 "초보는 이런 걸 엄청 궁금해해요"라고 답을 했다. 이를테면 부동산중개소에 전화하는 요령이나 경매 물건 찾는 법 등 나로서는 하다 보면 자연히 알게 될 것으로 생각한 것들이 초보들에겐 몹시 궁금한 내용이란 걸 임 선생을 통해 알았다.

그래서 내가 부탁했다. "임 선생, 나랑 씁시다"라고 말이다. 그렇기에 이 책은 초보 투자자에게 토지로 돈 버는 법을 충분히 알려줄 수 있을 것이라 자신한다. 나의 실전 경험에 임 선생의 친절한 안내까지 보태진다면 그야말로 기초부터 실전까지 두루 섭렵하게 될 것이다.

이 책은 한 명의 생각을 두 명의 이름으로 나눠 담은 분식회계 같은 책이 아니라, 각자의 전문 분야를 살려 각각 담당한 독립채산제식으로 쓰인 책이다. 임은정 선생과 내가 만나 일으키는 시너지로 나 혼자 썼을 때보다 두 배, 아니 그 이상의 가치를 지니는 책이 되리라고 믿는다.

토지 투자 공부가 처음인 분들에게

누구나 시작할 때는 초보다

내가 토지 투자를 시작한 건 아버지 때문이었다. 아버지는 은퇴를 앞두고 고향에 내려가 땅을 일구며 살고 싶다는 이야기를 자주 하셨다. 개발이 될 예정인 지역이라 고향에 땅을 산 동창들이 여럿인데, 땅 사서 집 짓고 텃밭 일구며 살다가 개발이 되면 아이들한테 상당한 유산을 물려줄 수 있을 것이라는 논리였다. 아버지의 투자와 의사결정 방식에 평생 불만이 많았던 어머니는 "당신 고향은 지구가 뒤집혀도 개발될 일이 없다"며 단칼에 아버지의 제안을 거절하셨다. 나와 동생의 생각도 어머니와 크게 다르지 않았다.

그렇다면 아버지의 고향은 어디일까? 바로 SK하이닉스를 포함해 반도체 클러스터가 조성될 예정인 용인시 처인구 원삼면이다. 개발계획은 아버지가 땅을 사자고 한 지 채 1년이 안 돼 발표됐고, 고향의 지인들로부터 토지 매물 소개 연락을 받을 때마다 땅을 사야 한다고 주장하던 아버지는 더 이상 그 얘기를 하지 않으셨다. 자고 일어나면 가격이 뛰어 사고 싶어도 못 사게 되었으니 말이다.

지구가 뒤집혀도 개발될 일 없을 거라고 장담했던 원삼이 전국에서 가장 핫한 개발지역이 되는 것을 보면서, 나는 토지를 모르고 부동산 투자를 한다는 것은 한쪽 눈을 감고 투자를 하는 것과 같다는 생각이 들었다. 가족들이 아버지 이야기를 믿고 원삼에 땅을 샀다면? 지금과는 조금 다른 삶을 살고 있지 않을까.

2019년 당시 나는 '원삼은 놓쳤지만 토지는 반드시 하나 가져야겠다'는 생각에 부랴부랴 토지 투자에 뛰어들었다. 이미 가격이 오를 대로 오른 원삼은 감히 접근하지 못하고 주말마다 경기 남부 일대를 훑고 다니며 임장을 했다. 그렇게 토지를 보고 또 보기를 반복한 끝에 원삼에서 그리 멀지 않은 지역에 첫 토지 매수를 할 수 있었다.

공인중개사 자격증 준비와 부동산대학원을 거치며 이론으로 접했던 지식들이 현장에서 물건을 만나니 한 번에 접목이 되고 매수 의사결정을 신속하게 할 수 있는 밑거름이 되어주었다. 김종율아카데미 김종율 원장님으로부터 토지 투자에 대해 착실하게 잘 배워둔 덕분에 이런 지식을 활용할 수 있었고, 결정적인 순간에 고민하지 않고 결정을 내릴 수 있었다. 그때 토지는 막연히 공부만 하기보다 부담 없는 선에서 매수해보는 경험이 투자 실력을 쌓는 데 꼭 필요하다는 생각이 들었다.

내가 부동산 전공자에 공인중개사이기까지 하니 나는 물론 가족들까지 부동산에 관련된 질문을 많이 받는다. 몇 년 전에는 남편 지인이 지도를 보내며 "도로 옆에 붙은 임야인데 1억 원밖에 안 해요. 투자해도 괜찮을까요?" 하고

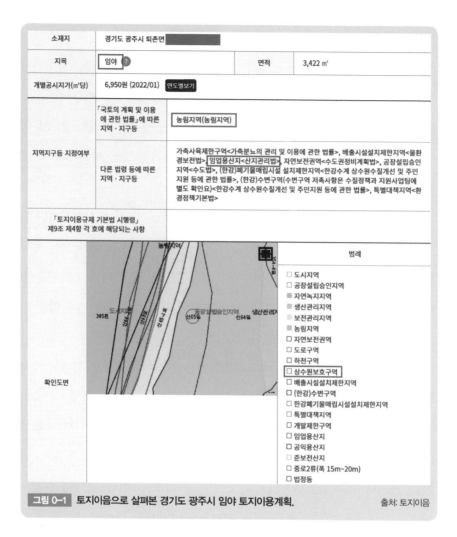

소재지	경기도 광주시 퇴촌면 [ ]		
지목	임야 ?	면적	3,422 ㎡
개별공시지가(㎡당)	6,950원 (2022/01) 연도별보기		
지역지구등 지정여부	「국토의 계획 및 이용에 관한 법률」에 따른 지역·지구등	농림지역(농림지역)	
	다른 법령 등에 따른 지역·지구등	가축사육제한구역<가축분뇨의 관리 및 이용에 관한 법률>, 배출시설설치제한지역<물환경보전법>, 임업용산지<산지관리법>, 자연보전권역<수도권정비계획법>, 공장설립승인지역<수도법>, (한강)폐기물매립시설 설치제한지역<한강수계 상수원수질개선 및 주민지원 등에 관한 법률>, (한강)수변구역(수변구역 저촉사항은 수질정책과 지원사업팀에 별도 확인요)<한강수계 상수원수질개선 및 주민지원 등에 관한 법률>, 특별대책지역<환경정책기본법>	
	「토지이용규제 기본법 시행령」 제9조 제4항 각 호에 해당되는 사항		
확인도면		범례 □ 도시지역 □ 공장설립승인지역 ■ 자연녹지지역 ■ 생산관리지역 □ 보전관리지역 ■ 농림지역 □ 자연보전권역 □ 도로구역 □ 하천구역 □ 상수원보호구역 ■ 배출시설설치제한지역 □ (한강)수변구역 □ 한강폐기물매립시설설치제한지역 □ 특별대책지역 □ 개발제한구역 □ 임업용산지 □ 공익용산지 □ 준보전산지 □ 중로2류(폭 15m~20m) □ 법정동		

그림 0-1 토지이음으로 살펴본 경기도 광주시 임야 토지이용계획.   출처: 토지이음

물어왔다. 매수 목적을 물어보니 뭘 할 것인지 특별한 계획은 없고 수도권 토지치고는 저렴하니 사서 묻어놓으면 나중에 오르지 않겠냐고 했다.

사실 아파트는 지역만 알려줘도 해당 지역에 대한 의견 정도는 말해줄 수 있다. 예산까지 알려주면 물건을 추천해줄 수도 있다. 그런데 토지는 이렇게 질문해서는 어떤 답도 해주기 어렵다. 마치 "나 신발 사려는데 추천해줄래?"와 같은 질문이다. 운동할 때 신을 운동화인지, 출근할 때 신을 구두인지, 비 올 때 신을 레인부츠인지 목적을 알지 못하니 답해주기 어렵다. 남편에게 해당 토지의 지번을 물어보라고 했더니 지인은 확인하겠다며 한참 후에 지번을 보내왔다. 지번도 모르는 상태에서 물건 브리핑만 받았던 모양이다.

'토지이음'을 통해 검색해보니 〈그림 0-1〉과 같은 물건이었다. 남편 지인의 말처럼 도로와 접한 임야였다. 수도권에 있고 1,000평이 넘는데 가격이 1억 원이라니 싸다고 판단했을 것이다. 그런데 토지이용계획을 살펴보면 일단 용도지역이 '농림지역'이다. 농림지역은 쉽게 말해 농사를 지어야 하는 땅이다. 더불어 이 토지는 '임업용산지'로도 지정돼 있었다. 임업용산지는 '보전산지'라고도 하는데, '보전'이라는 글자가 들어 있는 토지는 투자 대상으로는 잠시 접어두어도 좋다.

농림지역과 보전산지의 만남. 한눈에도 개발이 될 가능성은 극히 적어 보인다. 사실 토지이용계획을 확인해보기도 전에 로드뷰(〈그림 0-2〉)만 보고도

그림 0-2 경기도 광주시 임야의 로드뷰.　　　　　　　　　　출처: 카카오맵

바로 답을 해줄 수 있었다.

이 토지를 어떤 경로로 알게 됐는지, 투자 대상으로서 어떤 매력이 어필됐는지는 알 수 없다. 만약 중개사가 추천한 물건이라면, 한강 영구 조망이 나오는 도로 옆에 붙은 임야이니 보유하고 있으면 추후 돈이 된다며 추천하지 않았을까 추측해볼 뿐이다.

그런데 이 땅이 추후 개발이 될 수 있을까? 일단 한강 상류라서 상수원보호구역이라 개발될 가능성이 매우 낮아 보이며, 건축허가를 받으려면 도로점용허가를 받아야 하는데 이 역시 어려워 보인다. 무엇보다 이 땅은 돌산이다. 방금 언급한 모든 어려움을 극복한다 해도 엄청난 건축비가 발생할 테니 수지가 맞을지 의문이다.

당연히 매수하지 말 것을 조언했고, 지인도 여윳돈을 묻어놓을까 하다가 이야기를 듣고 매수 생각을 접었다. 나의 조언으로 누군가의 투자금이 헛되이 쓰이지 않았으니 참으로 다행이다.

이 책을 함께 쓴 김종율 원장님은 부동산대학원 동문이자 나의 상가·토지 투자 스승이다. 투자 경력은 물론 모든 면에서 한참 부족함에도 불구하고, 초보자를 위해 토지 투자 기초 책을 함께 쓰자고 제안해주셨을 때 솔직히 적잖은 부담이 있었다. 나의 부족한 실력이 누를 끼치는 것은 아닐까 걱정됐기 때문이다.

자타공인 대한민국 대표 토지 강사와 함께 책을 쓴다는 것은 정말 많은 용기를 필요로 하는 일이었다. 하지만 토지는 초보자에게는 참 막막한 투자처라는 것을 떠올렸다. 남편의 지인처럼 그저 싸다는 이유로 별다른 목적도 없이 샀다가 이도 저도 못하는 경우도 다반사다. 이런 피해자가 나오지 않기를 바라는 마음에서 용기를 내어 하겠다고 답했다. 초보 투자자의 입장에서 가장 쉽고 편하게 접근할 수 있도록 많은 고민을 하며 책을 썼다.

누구나 시작할 때는 초보다. 모르는 것이 당연하다. 다만 조급함을 내려놓고 시간과 노력을 들이며 차근차근 경험을 쌓는다면 분명 성공할 수 있다. 평생 써먹을 수 있는 강력한 투자 스킬을 장착한다는 마음으로 토지 투자를 공부해보자. 사실 딱딱 떨어지는 숫자를 원하는 사람과 토지 투자는 잘 맞지 않을 수도 있다. 데이터를 분석하고 엑셀로 계산해서 정확히 예상 수익률이 나와야 한다고 생각하는 투자자보다는 지도와 토지이용계획을 놓고 이렇게 될지 저렇게 될지 상상의 나래를 펼치기를 좋아하는 성향이 토지 투자에 맞다. 그런 사람들에게 토지 투자는 무궁무진한 가능성을 지닌 신세계가 될 것이다.

| 1장 | 지금 왜 토지에 관심을 가져야 할까?

| 2장 | 돈 되는 토지를 어떻게 찾을까?

| 3장 | 토지 투자, 이것만은 알고 하자

| 4장 | **토지, 남보다 잘 사는 방법**

| 5장 | **다양한 사례로 풀어보는 토지 투자**

지금 왜 토지에
관심을 가져야 할까?

부동산 투자로 인생을 바꾸고 싶다면

땅은 모든 부동산의 근본이다. 우리가 사는 집, 우리가 일하는 회사, 주말마다 가는 마트 모두 땅 위에 지어진 건축물이다. 아파트건 사무실용 건물이건 상가건 그 가치는 결국 땅값에 의해 결정된다. 부동산은 입지라고 한다. 건물이 아니라 땅이 부동산 가격을 결정하는 것이다. 그러니 우리가 어떤 형태든 부동산을 소유하고 있다면, 이미 토지 투자에 첫발을 들여놓은 셈이다.

그런데 우리가 정말 아파트나 상가가 아니라 땅에 투자해 성공할 수 있을까? 부자들이 자산의 폭발적인 성장, 일명 퀀텀 리프를 이루는 수단은 대부분 땅이며, 진짜 부자는 땅부자라는 건 다들 안다. 지난 몇 년간 아파트 가격이 많이 올랐다고 해도 5~10배까지 오르지는 않았다. 하지만 땅은 개발호재가 있고 사고파는 타이밍을 잘 잡으면 5~10배는 거뜬히 오른다. 그렇게 해서 땅으로 큰 부자가 된 사람을 보면 부럽고 '나도 투자를 해볼까' 싶지만, 엄두가 나지 않는다. 땅 투자는 너무나 어렵고 종잣돈도 많이 필요할 것 같다.

우선 이 선입견을 깰 필요가 있다. 물론 아무것도 모르는 부린이도 바로 시작할 수 있을 만큼 쉬운 일은 아니다. 하지만 바로 그것이 토지 투자의 장점이다. 아무나 시도하지 않기 때문에 더 많은 기회가 존재하는 것이다.

게다가 토지는 아파트보다 훨씬 자유로운 투자가 가능하다. 각종 규제를 훨씬 덜 받기 때문이다. 지난 정부는 2017년 6·19대책을 시작으로 숱한 부동산 규제책을 쏟아냈다. 대출 제한, 세금 중과, 자금조달계획서 제출까지, 촘촘하게 투자를 억제했다. 하지만 토지 투자는 이런 정부 대책에 민감하게 반응할 필요가 없다. 땅은 수만 평을 보유한다고 취득세가 중과된다거나 보유세 폭탄을 맞지 않는다. 대출 등 규제의 영향을 받지 않는 지역을 찾아 헤맬 필요도 없다. 힘들게 명의를 구할 필요도, 정부의 대책 발표에 촉각을 곤두세울 필요도 없다. 정부 규제와 경기 흐름에 무관하게 계속 투자해나갈 수 있다.

부자가 되는 방법은 간단하다. 꾸준히 투자하면 된다. 자산이 저평가됐을 때 매수해서 가격이 올랐을 때 매도하는 전략을 반복하면서 자산의 규모를 늘려가는 것이 비법이다. 그런데 가장 쉽게 입문하는 아파트로는 부를 축적해나가기에 한계가 있다. 다주택자가 받는 페널티만 봐도 알 수 있다. 또 대부분의 정보가 오픈돼 있다 보니 저평가된 물건을 찾는 과정부터 경쟁이 치열하다.

2023년 현재 주거용 부동산 시장은 거래 절벽과 함께 가격 조정을 겪는 중이다. 그렇다면 토지 시장은 어떨까? 매물이 절대적으로 적어 거래 건수가 많지 않을 뿐 매수 대기 수요가 거의 폭발할 지경이다. 특히 수도권을 포함해 개발호재를 품고 있는 지역은 계속 상승 중이다.

그런데도 망설이고만 있을 것인가? 중요한 것은 투자하겠다는 의지다. 토지 투자가 아무리 어렵다고 해도 공부하면 안 될 게 없다. 최근 몇 년간 강력한 규제책을 피하는 과정에서 전문 투자자뿐만 아니라 평범한 시민들조차 부동산에 대해 전문가 수준의 지식을 갖추게 됐다. 부지런히 공부하지 않으면 안 될 만큼 투자의 난도는 계속 높아져왔다. 투자 방법과 지역은 물론 국내외 경제, 시장 동향, 부동산 세법까지 해박한 지식을 가진 이들이 얼마나 많은지 모른다. 그런 정도의 지식과 열정이라면 토지 투자에 필요한 지식은 충분히 습득하고도 남는다.

부동산 투자로 인생을 바꾸고 싶다면 토지 투자는 반드시 넘어야 할 산이다. 부자 중에 땅에 투자하지 않은 경우는 찾아보기 힘들다. 시작은 낯설고 어렵게 느껴질 수 있지만 하나씩 하나씩 같이 공부해보자. 몰라서 어려운 것이지 알면 어려울 게 없다. 한 번만 잘 배워두면 경기와 상관없이 평생 원하는 타이밍에 계속해서 투자할 수 있는 강력한 무기로 활용할 수 있을 것이다.

토지 투자를 어렵게 생각하는 이유

우리는 왜 토지 투자를 어렵다고 생각하는 것일까? 그 이유는 다음과 같다.

첫째, 투자해도 좋은 땅인지 나쁜 땅인지 판단을 내리기가 쉽지 않다. 정말 좋은 땅이 있다고 해서 임장을 하게 됐다고 가정해보자. 내 앞에 드넓게 펼쳐진 이 땅이 좋은 것인지 아닌지 바로 판단할 수 있을까?

주택, 상가, 건물은 이미 완성된 상태로 사용가치와 교환가치, 즉 가격을 어느 정도 예측할 수 있다. 하지만 토지는 자연 그대로의 상태라 가치가 얼마나 될지 가늠하기가 쉽지 않다. 따라서 토지 투자를 할 때는 임장을 나서기 전에 토지에 대한 정보를 담고 있는 문서들을 먼저 분석하는 것이 훨씬 중요하다.

둘째, 그런데 이 토지에 대한 문서를 이해하기가 어렵다. 각종 공문서는 낯설고 어려운 법률 용어들로 가득 차 있다. 분명 한글인데 무슨 말인지 이해가 가지 않는다. 토지 투자를 포기하는 경우의 대부분은 아마도 어려운 법률 용어의 벽에 부딪혔기 때문일 것이다. 그런데 이 같은 법률 용어를 모두 알아야만 토지 투자를 할 수 있을까?

수학 문제를 풀려면 기본적으로 사칙연산에 익숙해야 하듯, 토지 투자에도 기본적으로 익혀야 하는 용어와 지식이 분명히 존재한다. 하지만 우리는 토지를 연구할 것이 아니며, 어려운 특수 물건에 당장 투자할 것도 아니다. 관련 용어를 전부 알아야 할 필요는 없다. 투자에 필요한 지식의 범위는 정해져 있다. 따라서 어느 정도 지식이 쌓인 뒤에는 토지의 가치를 스스로 분석하고 판단할 수 있게 된다. 여기에 투자 패턴을 익혀 확신까지 얻을 수 있다면 주저 없이 투자를 계속해나가는 것이 가능하다.

그렇다면 토지 투자에 필요한 지식을 어디까지 공부해야 할까? 맞다. 이 책에 있는 것만 알면 된다. 차근차근 쉽게 배울 수 있으니 끝까지 읽도록 하자.

셋째, 투자할 땅을 어디에 가서 어떻게 찾아야 하는지가 어렵다. 아파트나 상가 등은 부동산중개소를 찾기가 매우 쉽다. 즉 물건을 찾기 위해 접촉할 포인트가 명확하게 존재한다. 반면 토지는 투자할 만한 물건을 소개해주는 부동산중개소를 찾는 일부터 막히는 경우가 많다. 물건에 대해 잘 모르는 상태에서 물건을 소개받는 일은 훨씬 어렵다. 투자하겠다고 굳은 마음을 먹어도 실행이 쉽지 않은 이유다.

따라서 토지 투자를 생각한다면 경매·공매 공부를 함께 해볼 것을 추천한다. 특히 초보일수록 이는 엄청난 시너지를 낼 수 있다. 굳이 부동산중개소를 찾아가 물건을 소개해달라고 부탁하는 수고를 들이지 않아도 된다. 경·공매는 언제나 진행되기 때문에 물건이 항상 존재하며, 토지 물건을 분석하면서 실력을 기를 수 있다. 이 과정에서 좋은 물건을 발견하면 직접 입찰해볼 수도 있다. 이론 공부와 실전 투자를 한 번에 할 수 있으니 일석이조 아닌가.

부동산 투자에서 토지는 분명히 블루 오션이다. 대부분 토지 투자를 어렵게 생각하기 때문에 진입장벽이 존재한다. 아무나 뛰어들지 않는다. 그래서 더 매력적이다. 결국 돈은 정보의 비대칭 속에서 기회를 찾는 사람이 벌게 돼 있다.

투자하기 좋은 땅 vs 나쁜 땅

돈 되는 땅은 어떻게 찾을 수 있을까? 열심히 발품을 팔아 많은 땅을 보러 다니면 한눈에 알아볼 수 있게 될까?

여기 두 장의 사진이 있다. 사진으로나마 어느 땅이 더 좋아 보이는지 골라보시라.

그림 1-1 개발 전, 임야인 농지(왼쪽) vs 아파트 인근의 농지(오른쪽)　　　　　出처: 카카오맵

대부분은 오른쪽이 더 좋은 땅이라고 이야기할 것이다. 왼쪽 사진은 개발이 전혀 안 된 자연 상태의 땅으로 보이고, 오른쪽 사진은 비닐하우스 등이 있긴 하지만 인근에 아파트가 있어 좀 더 개발이 된 지역의 땅으로 보이기 때문이다.

이번에는 〈그림 1-2〉를 보자. 〈그림 1-1〉의 토지가 변한 모습이다. 왼쪽은 2022년 초에 분양한 아파트 건설 현장이다. 이 아파트는 용인시 처인구 모현읍 왕산리 산 25번지 일원에 지어지는 힐스테이트몬테로이로, 총 3,731세대나 되는 대단지다.

한편 오른쪽 사진은 용인시 처인구에 위치한 농지다(최근 경매로 낙찰되었다). 여전히 오른쪽 토지가 더 좋아 보이는가?

개발되기 전의 두 토지는 같은 용인시 처인구에 위치하고 거리도 가깝기 때문에 가격은 비슷한 수준이었을 것이다. 다만 왼쪽 토지의 지목은 '임야', 오른쪽 토지의 지목은 '답'이었기 때문에 오른쪽 토지의 가격이 오히려 비쌌을 가능성이 높다.

그림 1-2　〈그림 1-1〉의 개발 후, 임야인 농지(왼쪽) vs 아파트 인근의 농지(오른쪽).　　출처: 카카오맵

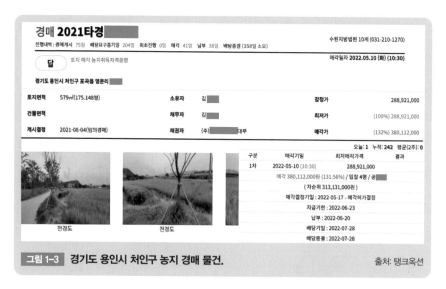

그림 1-3 경기도 용인시 처인구 농지 경매 물건.

출처: 탱크옥션

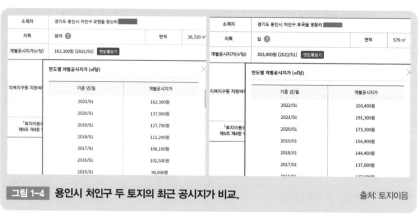

그림 1-4 용인시 처인구 두 토지의 최근 공시지가 비교.

출처: 토지이음

그런데 2022년 가격을 살펴보면, 왼쪽 토지는 34평 아파트 분양가가 약 5억 원이고 오른쪽 토지는 평당 200만 원 초반에 낙찰이 됐다. 이처럼 토지는 사전 조사 없이 임장을 갔을 때 눈앞에 보이는 모습만으로는 투자가치가 있는지 판단하기가 쉽지 않다.

아파트나 상가 등은 건축물이 이미 지어져 있는 상태이기 때문에 임장을 통해 입지, 교통, 동선, 주변 상황 등을 파악할 수 있다. 하지만 토지는 우리가 눈으로 확인할 수 있을 정도로 개발이 진행된 곳은 개인이 투자로 진입할 수 있는 가격 수준을 넘어선 경우가 대부분이다. 우리가 투자할 수 있는 수준의 토지는 미래에 개발호재가 실현될 곳이다. 쉽게 말해 현재는 허허벌판인 땅이다.

이런 땅을 사두고 개발이 될 때까지 기다려야 투자 금액 측면에서도 부담이 없고, 높은 수익도 기대할 수 있다. 하지만 허허벌판 상태의 땅은 임장만으로는 절대 좋은 땅인지 나쁜 땅인지 알 수가 없다. 오히려 현장답사를 하고 나서 땅을 사고 싶은 마음이 사라질 수도 있다. 그렇다면 토지는 대체 어떻게 투자가치를 판단해야 할까? 그 방법을 지금부터 알아보도록 하자.

딱 1년 공부하고 평생 써먹는 토지 투자

 공법, 처음부터 끝까지 알 필요는 없다

앞서 살펴봤듯이 토지는 현재 상태를 보고 투자가치를 판단하기가 쉽지 않다. 따라서 토지에 투자하기 위해서는 확신을 얻기까지 배경지식과 내공을 쌓는 과정이 필요하다.

먼저 해야 할 것은 부동산에 대해 국가가 정한 여러 법칙, 즉 부동산 공법(公法)이 무엇인지 아는 것이다. 공법 이야기를 듣자마자 포기하고 싶다고? 충분히 이해한다. 하지만 다행히 토지 투자에 필요한 지식은 정해져 있다.

법은 크게 사법(私法)과 공법으로 구분된다. 사법이 개인 간의 일을 정하는 법이라면, 공법은 국가나 공공단체와 국민 간의 관계를 규정하는 법이다. 예를 들어 아파트는 어떤 땅에 지을 수 있는지, 몇 층까지 지을 수 있을 것인지, 도로나 공원 등의 시설은 어떻게 넣을 것인지 등을 정하는 법이다.

내 소유의 토지가 하나 있다고 가정해보자. 국가에서는 이 땅의 용도를 농사를 지을 수 있는 농지라고 정해놓았다. 그런데 나는 여기에 상가 건물을 짓고 싶다. 내 땅이니 내 마음대로 건축을 할 수 있을까?

국가는 국토의 계획 및 이용에 관한 법률, 농지법, 건축법 등의 공법을 통해 이 땅에 할 수 있는 행위(개발 등)를 정해두었다. 아무리 내 땅이라도 건축허가를 받아야 상가 건물을 지을 수 있다. 따라서 토지 투자를 하려면 관심 있는 땅에 어떤 규제가 걸려 있는지, 뭘 할 수 있는지 정도는 알고 시작해야 하는데, 국가에서는 공법을 통해 이런 내용을 알려주고 있다.

공법을 모두 알 필요는 없으며, 내가 관심 있는 땅에 어떤 개발행위가 가능한지 확인할 수 있는 수준이면 충분하다. 토지 투자를 위한 공부에 필요한 시간은 왕초보 기준 1년이면 된다. 공법 기초를 쌓은 다음에 1주일에 물건 1개를 분석하는 것을 목표로 해보자. 주의할 점은, 절대 한꺼번에 물건 분석을 해서는 안 된다. 반드시 매주 하나씩 꾸준히 분석해야 한다. 이 과정을 반복하다 보면 스스로 분석할 수 있는 물건의 유형이 늘어나며, 어느 정도 지식이 쌓이고 나면 물건을 봤을 때 투자가치가 있는지도 판단할 수 있다.

1년간 꾸준히 물건 분석을 하면서 사례를 수집하다 보면, 1년 전에 조사했던 물건에 일어난 변화를 발견할 수 있다. 이런 방식으로 물건의 변화를 꾸준히 관찰하다 보면, 토지가 개발되는 패턴도 찾을 수 있다. 여기까지 올라오면 비로소 내가 분석한 물건에 확신이 생긴다. '이 토지는 이런 패턴으로 개발돼서 어느 정도 지나면 얼마만큼 수익이 나겠다'라는 판단이 나를 행동하게 만드는 것이다. 성인이 사칙연산을 어려워하지 않는 것처럼, 경험이 쌓일수록 "토지 투자, 알고 보니 공식이 있네!" 하는 말이 절로 나오게 된다.

단기간에 또는 몇 가지만 공부하면 성공할 수 있다는 말을 믿어서는 안 된다. 토지는 정보의 비대칭이 워낙 심한 분야라 초보 투자자의 주머니를 노리는 위험이 곳곳에 도사리고 있다. 갈대처럼 흔들리는 마음을 이용하는 기획부동산이 왜 생기겠는가?

상가 투자도 기본은 토지다

올챙이 적 시절을 공개하려니 조금 부끄럽지만, 토지 공부가 왜 모든 부동산 투자의 기본이 되는지, 그중에서도 공법은 왜 중요한지를 알려드리기 위해 내 이야기를 잠시 하고자 한다.

몇 년간 요식업을 하며 가게를 보러 아파트 단지 내 상가를 찾을 때의 이야기다. 대단지 신축 아파트 바로 맞은편의 새 상가가 눈에 들어왔다. 공실이 많아 '임대' 현수막이 곳곳에 붙어 있었다. 부동산중개소에서는 지은 지 얼마 안 된 데다 대로변에서 잘 보이는 목 좋은 상가이니 지금처럼 저렴할 때 사 놓으라고 했다. 맞은편 아파트 입주가 끝나고 주변에 상권이 조성되면 든든한 효자 노릇을 할 거라면서. 상가 바로 앞에 횡단보도가 날 수 있다는 이야기도 덧붙였다. 아파트 주민들이 고객이 될 듯해 잠시 혹했지만, 공실이 많은 점이 못내 맘에 걸렸다. 그래서 고민하다 상가의 생명인 상권과 동선 파악이 확실히 되는 기존 아파트 단지 내 상가를 계약했다.

나중에 알게 된 사실이지만 상가 맞은편 대단지 아파트 바로 앞 땅은 공법에서 나무만 심도록 한 '완충녹지'였다. 당시에는 갓 심은 묘목들이 작아서

그림 1-5 **아파트 앞 완충녹지.** 출처: 카카오맵

중개소에서 들은 것처럼 상가가 잘 보이리라 생각했다.

하지만 몇 년 후 로드뷰로 살펴보니 나무들이 훌쩍 자라 맞은편 아파트에서 상가가 눈에 잘 들어오지 않았다. 뿐만 아니라 횡단보도 역시 상가 앞이 아닌 완충녹지의 시작과 끝 지점에 있어서 상가를 이용할 아파트 주민들의 동선에서도 벗어나 있었다. 그런데 완충녹지 중간 지점에 횡단보도가 들어설 가능성이 극히 낮다는 것은 공법에서 완충녹지가 무엇인지만 알아도 충분히 판단할 수 있다. 그때 이 상가를 샀다면? 상상만으로도 아찔하다.

이 상가 덕분에 완충녹지와 상가 투자에 필수적인 주동선에 대한 개념을 확실히 잡을 수 있었고 물건을 보는 눈을 업그레이드할 수 있었다. 이렇듯 상가 투자를 할 때도 토지에 대해 잘 알면 확실히 유리하다.

하나 더 예를 들어보자. 수도권 주택 시장이 한창 상승하던 때, 남들은 말렸던 지방의 한 아파트 분양권에 투자를 했다. 인구 유입, 일자리 증가, 교통

완충녹지 지적도. 출처: 토지이음

망 확충 등 가격이 오르지 않는 게 더 이상한 지역임에도 공급 물량 때문인지 꽤 오랜 기간 침체를 겪고 있었다. 그중에서도 내가 투자한 곳은 선호도가 더 떨어지는 지역이었다. 꽤 오래전에 개발계획이 발표됐으나 사업이 추진되고 있지 않았고, 주변에 공장이나 자동차 관련 시설이 많아 주거 환경이 좋지 못했다. 당시 남편은 그 지역 회사에 다니는 지인들의 의견을 전하며 극구 말렸다. 우리는 외지인이라 사정을 잘 모르기 때문에 현지인들의 말을 들어야 한다면서.

나는 그때 나라에서 정한 토지의 쓰임을 확인할 수 있는 '토지이용계획'을 열람했다. 해당 지역 일대는 아파트를 지을 수 있는 2종 일반주거지역으로 정해져 있었고, 개발 추진이 쉽도록 날개를 달아주는 지구단위계획까지 수립되어 있었다. 따라서 주변이 미니 신도시급 아파트촌으로 탈바꿈하는 건 시간문제라고 판단했다.

그렇다면 시간이 얼마나 걸릴까? 관련 뉴스를 검색해봤다. 이미 한 건설사가 공장과 자동차 시설 부지를 매입했다는 사실을 확인할 수 있었다. '아하! 부동산 관련 기사에는 김종율 원장님이 늘 강조하신 계발계획과 사업시행자가 함께 나와 있어야 한다는 말이 이 뜻이구나!' 이미 있던 개발계획에, 사업을 진행할 시행자까지 정해졌으니 시간이 오래 걸리지 않을 게 분명하다고 판단해 매수를 결정했다.

현장답사를 하고 분양권 매수 계약을 할 때까지만 해도 주변 환경은 양호하지 못했다. 그런데 사전점검을 위해 현장을 방문해보니 주변의 공장은 온데간데없이 사라지고 빈 땅들은 펜스로 깔끔하게 가려져 있었다. 펜스 안의 땅에는 아마도 아파트가 들어설 것이다. 그렇다면 분양권 가격은 어떻게 됐을까? 나는 P(프리미엄) 포함 3억 원 초반에 매수했는데, 최근 주변에 분양하는 단지들의 분양가는 4억 원 후반이다. 아직 매도하지 않아 자세히 말하기는 조심스럽지만, 인근 아파트의 분양가와 비교해봐도 이미 안전마진은 확보한 셈이다. 토지이용계획을 볼 줄 몰랐다면 매수에 대한 확신도 갖지 못하고 반대하는 남편도 설득하지 못했을 것이다.

토지를 공부하는 목적은 대개 땅을 사서 돈을 벌기 위해서일 것이다. 그러나 꼭 땅을 사지 않더라도 토지를 알면 아파트나 상가, 재개발 등 다른 부동산 투자를 하는 데 큰 도움이 된다. 입지와 부동산을 보는 안목이 달라지기 때문이다. 쓰임이 무궁무진한 토지를 꼭 알아야 하는 이유다.

싸고 좋은 땅 있나요?

부동산중개소를 운영하면서 가장 많이 들었던 요청이 '싸고 좋은 물건'을 추천해달라는 것이었다. 일단 싸고 좋다는 말부터가 상당히 모순적이다. 자본주의 사회에서 가격은 가치와 비례할 가능성이 높기 때문이다.

아파트나 상가는 가격이나 입지를 객관적으로 판단할 수 있는 기준이 명확한 가공품과 같다. 하지만 아직 가공되지 않은 원자재와 같은 토지는 바로 옆에 있는 토지와도 가치가 완전히 다를 수 있다. 그래서 토지는 어떤 목적으로 투자할지 생각하지 않고 접근한다면 실패라는 결과로 이어질 수 있다. 목적에 따라 투자 방법과 수익이 천차만별로 달라지기 때문이다.

싸고 좋은 땅은 없지만 좋은 땅을 싸게 사는 방법은 분명히 존재한다. 토지 투자를 공부하는 궁극적인 목적은 좋은 땅을 싸게 사는 방법을 익히는 데 있다. 다른 부동산도 마찬가지지만, 특히 토지는 매수할 때부터 매도 타이밍과 내 물건을 사줄 수요가 누구인지 생각해야 한다.

보통 토지는 장기 투자 대상으로 생각한다. 매수를 할 때 매도에 대해 충분히 고려하지 않았기 때문에 토지는 팔기가 쉽지 않다고 생각하는 것이다. 팔 시점과 사줄 대상을 미리 생각하고 매수한다면 토지도 충분히 단기 투자를 할 수 있다.

팔기 쉬운 토지가 되려면 무엇보다 가치가 있어야 한다. 다음과 같은 조건을 갖추었다면 보다 가치 있는 땅이라고 할 수 있다.

① 농사만 지을 수 있는 땅보다는 집도 지을 수 있는 땅
② 집만 지을 수 있는 땅보다는 상가까지 지을 수 있는 땅
③ 상가만 지을 수 있는 땅보다는 건물도 지을 수 있는 땅
④ 건물을 지을 수 있는 땅이라면 건물을 크고 높게 지을 수 있는 땅

즉, 한 가지 용도보다는 여러 방향으로 활용할 수 있는 땅이 좋다. 그리고 이왕이면 건축할 수 있는 건물의 규모가 큰 땅이라면 금상첨화다.

건축업자들이 큰 부지를 매입한 뒤 전원주택을 지을 수 있도록 쪼개서 분양하는 토지를 두고 어떠냐고 묻는 분들이 많다. 이러한 땅은 오로지 집만 지을 수 있다. 시간이 흐른 뒤에도 집만 지을 수 있는 땅의 상태로 팔아야 하거나, 집을 지어놓은 상태에서 팔아야 한다. 더군다나 전원주택은 집주인의 취향이 매우 많이 반영되는 부동산이다. 취향이 꼭 맞는 임자가 나타난다면 모를까 시세보다 낮은 가격에 내놓지 않는 이상 매도가 쉽지 않다.

노후에 한적한 시골에 내려가 살 목적으로 집 지을 땅을 미리 사놓는다고 해보자. 지금은 농사만 지을 수 있는 땅이지만, 시간이 지나면 허가를 받아

집도 지을 수 있고 편의점 등 작은 임대용 상가도 지을 수 있게 변화될 수 있는 땅이다. 이 땅을 농지 가격으로 살 수 있다면? 노후 대비까지 한 번에 해결할 수 있는 콧노래가 절로 나오는 투자가 된다. 이렇게 생각하면 막연하고 어렵게만 느껴지던 토지 투자가 한결 쉽게 다가올 것이다.

성공적인 투자를 하고 싶다면 어떤 목적으로 토지 투자를 할 것인지 미리 생각하고 시작하자. 무엇보다 중요한 것은 목적에 부합하는 용도의 토지를 찾는 방법을 공부하는 것이다. 그럴 때 토지는 안 팔려서 물려줘야 할 애물단지가 아니라, 매매를 통해 수익을 내는 투자 수단이 될 수 있다.

토지 투자의 세 가지 유형

토지는 어떻게 가공하고 활용하느냐에 따라 다양한 가치를 만들어낼 수 있다. 이는 토지의 가장 큰 장점이다. 게다가 가격이 상승하는 시점에는 다른 어떤 자산보다 높은 상승을 보이므로 자산 포트폴리오에 토지를 포함하는 것은 경기 사이클과 관계없이 수익을 낼 수 있는 똑똑한 투자 전략이다. 토지에 투자하는 방법은 크게 세 가지로 나누어볼 수 있다.

🔍 시세차익형 투자

가장 먼저 시도해볼 방법은 시세차익형 투자다. 보통 아무것도 지어져 있지 않은 자연 상태의 토지를 매수한 다음 일정 기간 보유했다가 개발호재 등이 실현되는 시점에 매도해 양도차익을 추구하는 방식으로 이루어진다. 개인 간

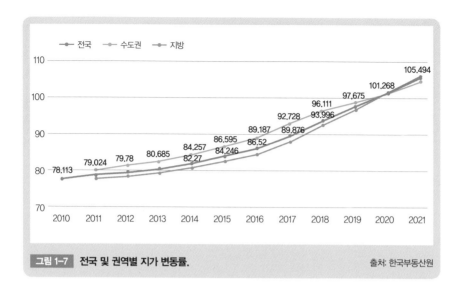

전국 ── 수도권 ── 지방

그림 1-7 전국 및 권역별 지가 변동률.　　　　출처: 한국부동산원

에 매매하는 것이 아닌, 국가를 상대로 보상을 받는 투자도 시세차익형에 속한다.

〈그림 1-7〉은 2010년부터 2021년까지 연도별 지가 변동률을 나타낸 그래프다. 2008년 미국발 세계금융위기 이후 금융 시장뿐만 아니라 부동산 시장도 꽤 오랜 기간 침체기를 겪었다. 그런데 이런 상황에서도 토지 가격은 꾸준히 상승했다는 사실을 확인할 수 있다.

토지 시장은 다른 부동산에 비해 수요와 공급 모두 제한적인 시장이다. 거래량이 많지 않으니 가격 변동도 드물게 일어나며, 정체하는 모습을 보일 수는 있어도 토지 가격이 하락하는 경우는 극히 드물다. 다만 개발호재가 발표되어 단기간 급등한 지역의 토지를 높은 가격에 매수했다가 개발이 진행되지 못하면, 급등한 토지 가격의 거품이 빠지면서 산 것보다 낮은 가격에 팔아야 하는 상황이 발생할 수는 있다. 이런 가슴 아픈 상황에 맞닥뜨리지 않

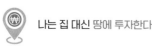

으려면 좋은 땅을 고르는 안목을 길러야 하고, 투자 시점을 읽는 공부를 꾸준히 해야 한다.

또한 세금과 토지보상금, 각종 개발부담금 산정의 기준이 되는 공시지가 역시 매년 오르고 있다. 이렇게 토지는 보유하는 것만으로도 가치가 꾸준히 상승하기 때문에 시세차익형 투자를 하기에 좋다.

🔍 수익형 투자

두 번째로 수익형 투자가 있다. 흔히 토지를 임대한다고 하면 농지 등을 빌려주고 임대료로 쌀 등의 농산물을 받는 것을 생각하는데, 이런 형태의 임대는 의미 있는 현금흐름을 만드는 투자 방식이라고는 볼 수 없다. 토지로 수익형 투자를 하는 가장 좋은 방법은 토지를 사서 공장이나 창고 등을 짓거나 이미 건축물이 지어져 있는 땅을 사서 임대를 하는 것이다. 보통 공장이나 창고 등은 도로 사정이 좋은 교통 요충지에 있는 경우가 많다. 따라서 이런 토지는 보유하는 동안 임대를 통해 꾸준히 현금흐름을 창출하다가 개발호재가 실현됐을 때 시세차익까지 얻는 효과를 기대할 수 있다.

최근 원자재 가격이 뛰며 건축비가 많이 상승했고, 수도권은 공장설립허가 요건이 까다로워져 수요에 비해 신축이 쉽지 않은 상황이 됐다. 그러니 경·공매로 나온 수도권 공장이나 창고 등의 물건에 관심을 가져보자. 개발 가능성이 높으며 향후 도시지역으로의 편입이 예상되는 계획관리지역 내에 있는 땅이라면 더없이 좋다. 이런 식으로 접근한다면 고금리 시대에도 안정적인 월세가 들어오는 괜찮은 물건을 만날 수 있을 것이다.

개발형 투자

토지 투자의 꽃은 직접 개발이다. 토지 투자에 관심 있는 대부분이 원하는 방향이기도 하다. 직접 개발은 여러 투자 방식 중에서 가장 난도가 높지만 가장 높은 수익을 가져다준다. 개발에 대해 잘 알고 있다면 본인 토지를 개발해 수익을 낼 수도 있고, 보유한 땅을 어떤 수요를 가진 곳에 팔아야 할지 판단할 수도 있다. 투자에서 선택할 수 있는 옵션이 많아지는 셈이다.

사실 직접 개발을 하려면 토지에 대한 지식뿐만 아니라 건축법, 도로법 등 여러 분야의 지식을 두루 알아야만 한다. 따라서 어느 정도 내공을 쌓은 후 시도하기를 추천한다.

아파트 갭 투자 금액으로 시작하는 소액 토지 투자

 이천시 증일동 도시개발사업

나는 부동산 투자 중 토지가 가장 쉽다고 여긴다. 가장 어렵다고 생각하는 투자는? 아파트다. 아파트는 진입장벽은 무척 낮으나 꾸준히 경쟁자가 유입되며 금리, 세금, 정부 인허가 등 외부 요인이 많이 작용하고, 적정 금액을 가늠하기도 쉽지 않다. 반면 토지는 용어가 어렵고 이론도 어렵지만 1년만 마음잡고 공부하면 시장 상황과 상관없이 투자를 할 수 있다. 그래서 토지 투자를 쉽다고 하는 것이다.

　장래에 충분한 시세차익을 보일 땅과 그렇지 않은 땅이 시장에서 비슷한 취급을 받는 경우도 제법 있다. 이를 구분할 안목이 있는 이에겐 참 쉬운 것이 토지 투자다. 게다가 우리가 투자의 대상으로 삼는 토지는 '호재가 있는 지역'의 물건 아닌가.

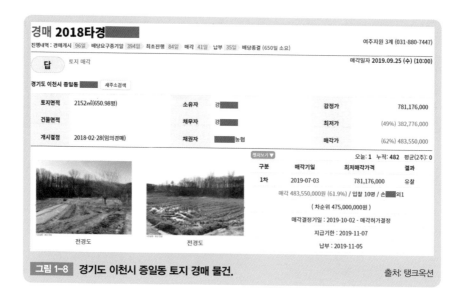

그림 1-8 경기도 이천시 증일동 토지 경매 물건.   출처: 탱크옥션

〈그림 1-8〉의 물건은 내가 관심을 보여 몇몇 수강생들과 함께 답사까지 진행한 적이 있다. 그러던 중 다른 수강생으로부터 전화가 왔다. 이 물건에 투자해보고 싶은데 어떻게 생각하느냐는 것이다. 대가를 받고 토지 투자 강의를 하는 이상, 수강생이 투자하겠다면 양보하는 것이 강사의 도리 아니겠나. 나는 답사를 다녀온 소감을 소상히 설명해드렸다.

경기 이천시 증일동의 651평 토지를 나는 왜 눈여겨보았을까? 인근에 지하철 이천역이 개통했고 중리지구도 보상을 완료하고 막 착공했기 때문이다. 그런데 문제가 있었다. 이천시에서 역세권 개발사업을 하겠다고 이천역 주변을 '특정개발진흥지구'로 지정하고 민간 도시개발사업자를 공모했는데, 10년이 넘도록 사업자가 나오지 않았던 것이다(나는 이 점에서 이천시가 행정을 무척이나 잘못하고 있다고 생각한다. 2022년까지 이천시 집값은 매매가와 전세가가 지속적으로

그림 1-9 **이천시 중리지구.**

출처: 카카오맵

상승할 만큼 개발에 대한 기대감이 높았음에도 시행자를 찾지 못한 건 분명 문제가 있기 때문이

다). 사실 중리지구도 2007년 지정만 해놓고 보상을 못한 채 시간만 보내다

가 2017년에서야 보상 업무에 착수한 곳이다.

 이천시 · LH, 중리지구개발 토지주 보상 착수

수도권 자연보전권역 내 최초로 시행되는 이천 중리지구 택지개발사업이 본 궤도에 올

라섰다.

6일 이천시와 LH 등에 따르면 이천시와 LH는 중리 · 증일동 일원 61만㎡ 부지에 단독

및 공동주택 4,564세대(인구 1만 2,324명) 규모의 중리택지개발사업 보상계획을 공고했다.

이 사업은 총사업비 4,800억 원(LH 90%, 이천시 10% 부담)이 투입된다. LH는 '공익사업을

위한 토지 등의 취득 및 보상에 관한 법률(이하 토지보상법)'에 따라 오는 20일까지 토지

주 및 관계인들의 열람과 이의신청을 받는다.

(하략)

출처 : 〈중부일보〉 2017. 2. 7

토지 투자를 하다 보면 공법 이론보다 뉴스를 잘 분석하는 것이 더 큰 수익으로 연결되는 경우가 제법 있다. 이 경우도 바로 그렇다. 그동안 이천은 '뭔가 잘 안 된다'는 느낌이 강한 곳이었다. 그런데 2019년 입찰할 무렵부터 조금씩 '이제 되겠다' 하는 느낌이 왔다.

나는 2019년에 낙찰을 받은 뒤 3년이 지난 2022년이면 아파트 골조 공사가 밖에서 훤히 보일 것이고, 이천역 주변에 부분적으로 진행되는 도시개발사업도 어느 정도 진척이 돼서 아파트 모양이 드러날 것으로 예상하였다. 그렇게 되면 이 주변의 개발사업도 활발해져 토지의 가치가 올라갈 것이 뻔해 보였다. 입찰 당시인 2019년은 보상이 막 시작되었지만, 그간 침체된 분위기에서 빠져나오지 못해 물건이 한없이 유찰되던 상황이었다.

나에게 질문을 한 수강생은 다행히 차순위와 근소한 차이로 낙찰을 받았고, 생각보다 시장 분위기는 빠른 속도로 변해갔다. 낙찰을 받고 1년도 채 되지 않은 시점부터 매각 권유가 빗발친 것이다. 평당 75만 원 선에 산 물건이 115만 원이 됐을 때 그 수강생이 얼마에 팔아야 할지 묻기에 이렇게 대답했다.

그림 1-10 2019년에 낙찰받은 중리지구 토지(왼쪽) vs 3년 후 모습(오른쪽).   출처: 카카오맵

"싸게 낙찰받았으니 욕심내지 말고 다음 매수자도 먹을 게 있게끔 적당히 파시지요."

그렇게 그가 3억 8,600만 원의 대출을 받고 1억 1,600만 원을 투자한 물건이 13개월 만에 양도차액이 4억 원이 넘게 나버렸다. 4억 8,300만 원(평당 75만 원 선)에 낙찰받고 9억 1,700만 원(평당 140만 원)에 매도 계약을 한 것이다.

이 사례는 토지 강의에서 내가 아파트 갭 투자 비용 1억 1,000만 원으로 토지 투자를 할 수 있다며 예시로 드는 물건으로, 흥미를 끌기 위해 실투자 수익률을 세전으로 기재하였음을 양해해주시라.

2022년 매각 당시 스카이뷰(〈그림 1-11〉)을 보면, 매수인이 남쪽 토지와 합하여 무언가를 개발하고자 한다는 것을 알 수 있다. 이후 이 물건지에 가보지 않아 무엇을 짓는지는 모르겠지만 무언가 짓고 있는 것은 분명해 보인다.

나는 이 사례를 설명하면서 일부러 이론적인 내용을 언급하지 않았다. 개발이 진행되고 있다는 상황을 설명하기 위해 '특정개발진흥지구'라는 말은 썼지만, 그 외에는 지목도 용도지역도 한 번 언급하지 않았다. 용도지역이 중요하지 않다는 의미가 아니다.

용도지역은 늘 중요하다. 다만 침체된 지역이 호재가 실현되는 타이밍에만 주목해도 소액으로 성공적인 투자를 할 수 있음을 보여드리고 싶었다. 그래서 진행이 더뎠던 과거와 개발이 진행되던 시기를 강조하여 설명한 것이다.

대개 토지 투자는 큰돈과 긴 시간이 든다고 여기는데 반드시 그런 것은 아니다. 내 경우 땅을 사서 3년 이상 묵히는 경우가 별로 없다. 과거 용인시 모

①	낙찰가	483,550,000	
②	취득가	502,892,000	취등록세, 법무비 등 낙찰가의 4% 포함.
③	대출	386,000,000	
④	초기 투자자금	116,892,000	② - ③

ⓐ	취득가	502,892,000	
ⓑ	매각 금액	917,000,000	보유기간 13개월 / 13년이 아님.
ⓒ	시세 차액	414,108,000	ⓑ - ⓐ
ⓓ	실투자금 대비 수익률	354%	(ⓒ / ④) X 100 , 양도세 포함. 보유기간 내 이자는 고려하지 않음.

표 1-1 증일동 토지 투자 예상 수익률.

그림 1-11 물건지와 그 주변 스카이뷰 매각 전과 후

출처: 카카오맵

처의 부동산중개인은 내가 토지에 투자하는 모습을 보고 '부동산 도매상'이라 부르기도 했다. 금리가 지금보다 더 높았던 시절은 소액으로 1년 내외의 투자를 하기가 참 용이했다.

독자 여러분도 침체에서 갓 벗어나는 지역을 골라보시라. 경매를 접목하

 나는 집 대신 땅에 투자한다

면 소액으로 투자할 수 있는 토지가 많다. 이를 위해서는 반드시 뉴스를 잘 분석해서 가격이 오르는 타이밍을 잡아야 한다. 이제 본격적으로 돈 되는 땅 찾는 법을 배워보자.

2장

돈 되는 토지를
어떻게 찾을까?

토지 투자란 3년 뒤 땅값을 예측해내는 게임

독자 여러분께 질문을 하나 해보자. 이 책을 쓰고 있는 2022년 가을 현재, 만약 땅을 산다면 여러분은 어느 지역을 살 것인가?

인구가 늘어날 가능성도 없고, 산업단지나 도로·철도 계획도 없는 농업도시가 있다고 하자. 여러분은 이 땅을 살 마음이 있는가? 아무 호재도 없는 지역에서 '사서 몇 년 묵혀두고, 안 되면 자식한테 물려줘야지' 하고 태평하게 계약서에 도장을 찍는다고? 적어도 투자 목적이라면 그럴 일은 없을 것이다.

이렇듯 우리가 투자처로 관심을 두는 땅은 모두 호재가 있는 곳이다. 철도든 도로든 산업단지든 택지지구든 뭔가 들어온다는 소식이 있는 곳이라는 말이다. 그 호재대로 3년이 지났을 때 땅값이 얼마일지를 계산해보라. 그게 땅 투자의 거의 전부다. 이 계산만 잘 해낼 수 있으면 땅 투자는 쉽게 할 수 있다. 또 이 원리를 모르기 때문에 공법을 배워도 투자가 어려워지는 것이다.

공법 공부는 충분히 했어도 IC(인터체인지) 앞 계획관리지역의 가격이 얼마나 할지 가늠할 자신이 없다면, IC 공사가 한창이어도 땅을 살 수 없는 것 아니겠나. 공법이 필요 없다는 이야기가 절대 아니다. 공법은 공법대로 뉴스는 뉴스대로 공부를 미리 착착 해둬야 한다는 말이다.

그렇다면 호재는 어떻게 해석해야 땅 투자에 바로 써먹을 수 있을까? 정답은 단순하다. 호재가 이미 실현된 곳을 찾아가보면 된다. 예를 들어 IC 개통이라는 호재가 있다면, 이미 개통한 IC 중 비슷한 유형의 땅 가격이 어떻게 변했는지 찾아보면 된다. 이때는 모양이 비슷한 게 아니고, 공법에서 정해놓은 행위제한이 비슷한 땅을 참고해야 한다. 이게 다.

〈그림 2-1〉의 경매 사례를 보자. 총사업비가 2조 3,600억 원에 달하는 복합산업단지(신도시)인 평택 브레인시티 인근의 땅이다. 자연녹지지역의 지목 '전'인 농지 792평이 감정가 24억 4,044만 원에 경매로 나왔다.

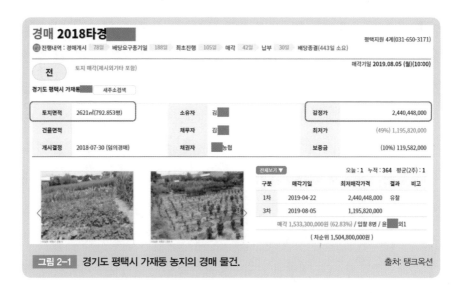

그림 2-1 경기도 평택시 가재동 농지의 경매 물건.

출처: 탱크옥션

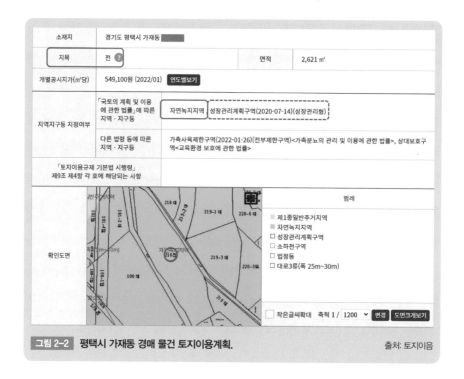

소재지	경기도 평택시 가재동 ▓▓▓▓		
지목	전 ❓	면적	2,621 ㎡
개별공시지가(㎡당)	549,100원 (2022/01) 연도별보기		
지역지구등 지정여부	「국토의 계획 및 이용에 관한 법률」에 따른 지역·지구등	자연녹지지역 성장관리계획구역(2020-07-14)(성장관리형)	
	다른 법령 등에 따른 지역·지구등	가축사육제한구역(2022-01-26)(전부제한구역)<가축분뇨의 관리 및 이용에 관한 법률>, 상대보호구역<교육환경 보호에 관한 법률>	
「토지이용규제 기본법 시행령」 제9조 제4항 각 호에 해당되는 사항			

범례
■ 제1종일반주거지역
■ 자연녹지지역
□ 성장관리계획구역
□ 소하천구역
□ 법정동
□ 대로3류(폭 25m~30m)

□ 작은글씨확대 축척 1 / 1200 변경 도면크게보기

그림 2-2 평택시 가재동 경매 물건 토지이용계획.

출처: 토지이음

〈그림 2-2〉의 확인도면을 보면, 빨간 동그라미 부분에 해당하는 긴 모양의 땅이 길에 접한 것을 확인할 수 있다. 여기서 ① 자연녹지지역이란 용도지역 중의 하나를 일컫는 것이다. 군대에는 이병, 일병, 상사 같은 계급이 있고 직장에는 사원, 대리, 과장 같은 직급이 있다면 토지에서는 바로 이 용도지역이 계급이고 직급이다. 용도지역이 무엇이냐에 따라 지을 수 있는 건축물의 종류 그리고 토지 면적 대비 크기가 정해진다. ② 지목은 현재 토지가 어떤 용도로 쓰이고 있는지를 알려주는 것이다. 지목이 '전(田)'이면 밭이고 '답(畓)'이면 논이다. 해석하자면 이 땅은 용도지역은 자연녹지지역으로서 이에 맞춰 건축할 수 있는 땅인데 현재는 밭으로 쓰이고 있다는 뜻이다.

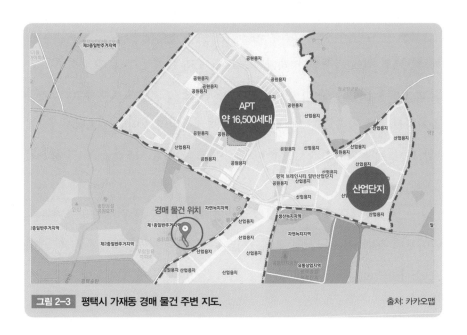

그림 2-3 평택시 가재동 경매 물건 주변 지도.   출처: 카카오맵

　그렇다면 15억 3,330만 원, 평당 193만 원에 낙찰된 이 물건의 장래가치는 얼마나 될까? 가장 먼저 확인해야 할 것은 호재다. 이 땅의 호재는 무엇인가? 바로 인근의 브레인시티 개발사업이다. 그렇다면 다음에 할 일은? 그렇다. 이 같은 호재가 이미 실현된 '① 자연녹지지역 + ② 전'인 땅의 가격이 현재 얼마인지 찾으면 된다.

　독자 여러분께 물어보자. 대한민국에 브레인시티 같은 신도시가 생긴 것이 이번이 처음일까? 당연히 아니다. 지도로 찾아보니 평택 내에도 숱하게 많은 곳이 있다. 가까운 지역 중에서 찾아보니 인근의 소사벌택지지구는 이미 입주를 완료했다. 소사벌택지지구 주변에도 '자연녹지지역 + 전'의 땅이 여럿 보인다. 현장을 나가 시세를 확인하는 정확한 방법도 있겠으나 우선 부동산 가격 실거래 사이트를 찾아보자.

〈그림 2-4〉의 지도를 살펴보니 '자연녹지지역 + 전'인 토지가 2020년에 평당 315만 원에 거래됐다. 게다가 도면을 보니 이 땅은 도로에 접한 부분은 짧고 그렇지 않은 부분이 상당히 길다. 또 큰 줄기 같은 도로에서 200m가량 들어가서 접해 있다(〈그림 2-5〉). 이런 자연녹지지역의 땅이 소사벌택지지구에 1만 1,000세대 아파트가 입주하니 가격이 올라 평당 315만 원에 거래가 된 것이다.

자, 그렇다면 〈그림 2-1〉의 경매 물건은 어떨까? 우선 호재부터 살펴보자. 알아보니 경매 물건 근처인 브레인시티 신도시 세대수는 약 1만 6,500세대로 소사벌택지지구보다 더 많다. 또 브레인시티에는 주거지 외에 산업단지

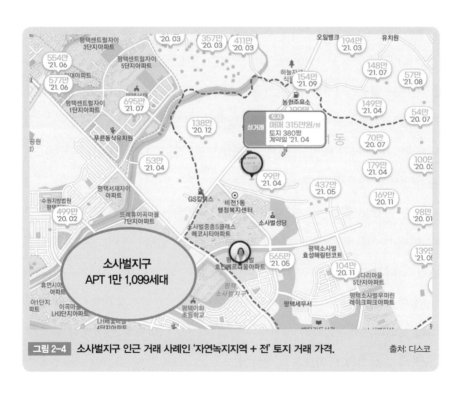

그림 2-4 소사벌지구 인근 거래 사례인 '자연녹지지역 + 전' 토지 거래 가격.　　　출처: 디스코

  나는 집 대신 땅에 투자한다

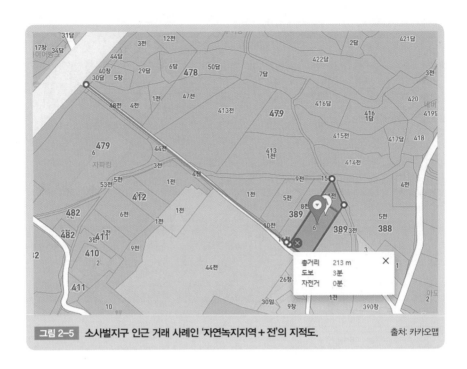

그림 2-5 소사벌지구 인근 거래 사례인 '자연녹지지역 + 전'의 지적도.   출처: 카카오맵

까지 입주할 예정이다. 땅의 모양을 살펴보니 우측 도로에 접한 땅의 길이가 긴 모습이며, 줄기 같은 큰 도로에서 100m 정도 들어가서 접해 있다. 호재의 크기와 도로에 접한 땅의 모양과 위치 모두 소사벌택지지구의 '자연녹지지역 + 전'보다 우세하다(〈그림 2-6〉).

이제 여러분이 답할 차례다.

이 경매 물건의 가격은, 브레인시티 개발이 완료되면 평당 400만 원 전후가 될 것으로 예상할 수 있다. 여기까지만 판단할 수 있어도 충분히 땅 투자를 할 수 있다.

만약 좀 더 깊이 들어가고 싶다면 어떤 공부를 해야 할까? 우선 이 경매 물

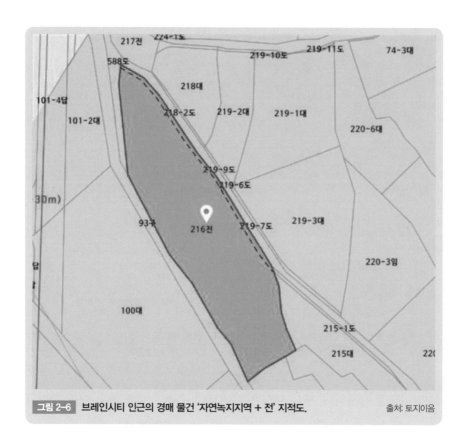

그림 2-6 브레인시티 인근의 경매 물건 '자연녹지지역 + 전' 지적도.

출처: 토지이음

건을 보면 도로에 접하긴 했는데 도로의 폭이 좀 좁다. 도로를 넓히게 되면 내 땅의 일부를 내줘야 할 수도 있다. 개발할 때 내 땅이라 해도 내 마음대로 쓰지 못하는 부분이 있다는 것이다. 이걸 어떻게 짐작할 수 있을까? 좋은 방법은 10만 원 정도 들여서 친분 있는 설계사에 예상 도면을 부탁하는 것이다.

건축법에서는 건축허가를 받으려는 대지와 도로와의 관계에서 도로가 너비 4m 이상이 될 것을 요구하고 있다. 만약 그렇지 않으면 도로 중심선을 기준으로 그 부족한 만큼 건축선을 후퇴하고 대지 면적에서 제외하도록 되어

 나는 집 대신 땅에 투자한다

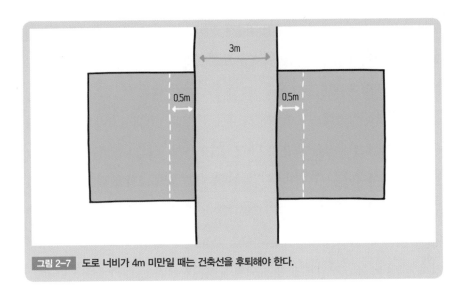

그림 2-7 도로 너비가 4m 미만일 때는 건축선을 후퇴해야 한다.

있다. 〈그림 2-7〉처럼 회색의 도로 너비가 3m이고 양 옆으로 대지가 있다면 각각 0.5m씩 건축선을 후퇴하여 그 앞부분의 도로가 4m가 되는 효과가 있게끔 하고 있다. 즉 위 경매 건도 사실상 대지로 쓸 부분은 〈그림 2-6〉의 파란색 점선으로 건축선의 후퇴가 있을 것으로 예상한다. 이 부분은 사실상 도로로 쓰이며 재산적 가치가 줄어드는 면적이다.

대신 남은 땅의 가치가 올라가니 슬퍼할 일은 아니다. 즉, '줄어드는 면적을 감안한 후 남은 토지의 면적 × 호재가 실현됐을 때 토지의 평당 가격'을 계산하여 장래가치로 보면 된다.

이게 전부다. 진짜 거의 전부다. 그럼에도 정말 토지 고수가 되고 싶다면 눈치가 좀 더 있으면 된다. 공법적으로 이야기하자면 '도시개발사업'에 대해 알아두면 좋다.

다시 〈그림 2-3〉을 보자. 이 땅은 노란색의 일반주거지역과 브레인시티 사이에 낀 녹지지역이다. 브레인시티가 모두 입주하고 나면 주변은 기반시설이 확 좋아져 인근의 토지들도 상업적 가치가 높아지고 주거환경 역시 크게 개선될 것이다.

이제 미래를 가늠해보자. 만약 화천대유 같은 도시개발사업자가 이 주변의 토지를 매입해 신도시를 개발(민간 방식 도시개발사업, 일명 '시행사매입형')할 수 있지 않을까? 아니면 인근 녹지지역 소유자들이 연합해 조합을 만들어 미니 신도시 개발사업(민간 조합 방식 도시개발사업)을 하겠다고 시청에 신청할 수도 있겠다. 그것도 아니라면 평택도시공사 같은 곳이 팔을 걷어붙이고 시행자가 되어 이 일대 땅을 모두 매입해 수용 방식의 도시개발사업을 할 가능성은 없을까? 이마저도 아니라면 녹지지역은 그대로 두더라도 주변 기반시설이 좋아진 만큼 함께 발전할 수 있도록 행위제한을 좀 완화해주지 않을까?

이 물건의 경매가 모두 종료되고 얼마 지나지 않아 성장관리계획구역으로 추가 지정됐다. 성장관리계획구역은 세부 내역은 지자체 홈페이지에서 찾아봐야겠지만 저 지역에 권장하는 건축물을 지정하고 그에 맞게 건축을 할 때는 건폐율과 용적률 등에 인센티브를 주는 안이 대부분이다.

여기까지를 계산에 넣을 수 있다면 끝났다. 이제 거의 전부가 아닌 진짜 전부다. 이 물건에 투자하기 위해 알아야 할 진짜 전부를 다 말한 것이다. 김종율 아카데미 원장 김종율도 딱 이만큼만 검토하고 입찰했다. 비록 경매에서 3등을 해 이 땅을 손에 쥘 기회는 놓쳤지만. 정말이지 이만큼만 할 수 있어도 충분히 좋은 땅 투자를 할 수 있다.

땅의 계급을 알려주는 토지이용계획 읽는 법 1

요즘 세대는 소개팅이 잡히면 자리에 나가기 전 상대의 SNS를 보며 정보를 얻는다고 한다. 땅도 마찬가지다. 제대로 된 투자를 하려면 무작정 답사를 나서기보다 해당 토지를 분석하는 것이 먼저다. 가능한 개발행위, 건축 규모 등을 조사해야 한다. 토지의 가치는 땅을 어떻게 활용할 수 있느냐에 따라 결정되기 때문이다.

토지에 관한 정보는 토지이용계획을 통해 얻을 수 있는데 토지이음(www.eum.go.kr) 사이트나 앱을 통해서 쉽게 확인할 수 있다. 열람과 출력이 무료이니 밥 먹듯 접속해 물건에 대해 꼼꼼히 파악하자.

토지이용계획은 필지별 개발 가능 여부와 토지의 가치를 분석해놓은 정보로, 400개가 넘는 법률에 근거를 둔 행위제한 내용을 확인할 수 있다. 토지이음에서 관심 물건의 지번을 입력하고 '열람'을 누르면 해당 토지의 지목, 면적, 개별공시지가, 용도지역·용도지구·용도구역, 행위제한, 관련 법령은 물

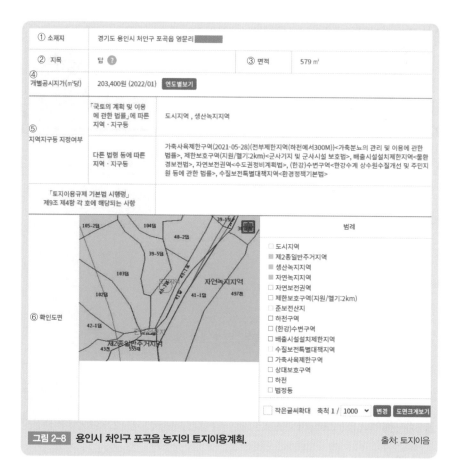

① 소재지	경기도 용인시 처인구 포곡읍 영문리		
② 지목	답 ❓	③ 면적	579 ㎡
④ 개별공시지가(㎡당)	203,400원 (2022/01) 연도별보기		
⑤ 지역지구등 지정여부	「국토의 계획 및 이용에 관한 법률」에 따른 지역·지구등	도시지역 , 생산녹지지역	
	다른 법령 등에 따른 지역·지구등	가축사육제한구역(2021-05-28)(전부제한지역(하천예서300M))<가축분뇨의 관리 및 이용에 관한 법률>, 제한보호구역(지원/혈기:2km)<군사기지 및 군사시설 보호법>, 배출시설설치제한지역<물환경보전법>, 자연보전권역<수도권정비계획법>, (한강)수변구역<한강수계 상수원수질개선 및 주민지원 등에 관한 법률>, 수질보전특별대책지역<환경정책기본법>	
	「토지이용규제 기본법 시행령」 제9조 제4항 각 호에 해당되는 사항		
⑥ 확인도면			

그림 2-8 **용인시 처인구 포곡읍 농지의 토지이용계획.**   출처: 토지이음

론 도시계획까지 모든 정보가 펼쳐진다.

〈그림 2-8〉은 1장에서 이야기했던 토지 중 오른쪽 사진에 해당하는 용인시 처인구 농지의 토지이용계획이다. 하나씩 알아보자.

① **소재지:** 토지이용계획에 가장 먼저 등장하는 주소다.

② **지목:** 토지의 사용 목적을 의미한다. 이 땅의 지목은 답, 즉 논(물을 대어

나는 집 대신 땅에 투자한다

벼농사 등을 짓는 땅)이다.

③ **면적:** 제곱미터로 표시된다. 579m²는 약 175평으로, 면적을 평으로 환산하고 싶다면 제곱미터에 0.3025를 곱하면 된다.

④ **개별공시지가:** 세금이나 토지보상금을 정할 때의 기준 금액이다. 이 땅의 1m²당 개별공시지가는 20만 3,400원으로, 환산하면 평당 약 67만 원이다. 1m²당 개별공시지가에 3.3을 곱하면 된다.

일반적으로 토지 시세와 공시지가는 차이가 크기 때문에 추가 조사가 반드시 필요하다. 개별공시지가는 대략적인 토지 시세를 파악하는 기준으로 활용할 수 있다.

⑤ **지역지구 등 지정 여부:** ① ~ ④까지는 토지의 기본 정보에 해당한다. 가장 중요하게 확인해야 할 것이 바로 지역지구 등 지정 여부다.

우선 이 땅의 용도지역은 도시지역 중에서도 생산녹지지역이다. 도시 곳곳에 있는 자연 상태의 개발되지 않은 토지를 생각하면 된다. 보통 녹지지역은 주거지역, 상업지역, 공업지역 등의 사이에 위치한다. 향후 도시가 커지며 대규모 도시개발사업이 진행되면 개발될 수 있는 땅이다. 투자 및 활용 가치가 높으므로 눈여겨봐야 할 용도지역이다.

그 밖에 가축사육제한구역 등 해당 토지에서 할 수 없는 행위를 규정하는 내용들이 표시돼 있다. 가축사육제한구역은 말 그대로 가축을 키울 수 없다는 뜻이다. 만약 가축사육제한구역으로 지정돼 있지 않다면? 축사에서 풍겨오는 진한 시골의 향기를 느낄 수 있다. 한적한 전원생활을 위해 토지를 마련할 때 반드시 확인해야 할 항목이다.

이처럼 용도지역·용도지구·용도구역은 해당 토지에서 할 수 있는 행위와 지을 수 있는 건축물의 규모 등을 정하고 있어 개발 가능 여부부터 투자가치에 이르기까지 토지 투자에서 가장 중요하다.

⑥ **확인도면:** 이 확인도면은 지적도. 지적도는 토지의 경계를 구분하기 위한 것으로 토지의 모양, 주변 토지와의 관계, 도로와 관련된 사항 등을 확인하는 데 필요하다. 축척 1/500, 1/600, 1/1000, 1/1200, 1/2400 등으로 설정해 확인할 수도 있다.

지적도는 특히 현황도로(도로로 정해지지는 않았지만 도로처럼 쓰이는 땅)와 접한 시골 땅을 살 때 유용하다. 현장에 가지 않고도 해당 토지가 법정도로와 접해 있는지 확인할 수 있다. 임야도는 임야, 즉 산에 해당하는 토지를 나타내는 지도로 특히 분묘(묘지)가 있는지 파악할 때 유용하다.

토지이용계획에 담긴 내용을 확인하는 것이 토지 투자의 기본이지만, 우리가 학위를 받을 것도 아닌데 토지이용계획에 나오는 내용을 모두 알 필요는 없다. 나의 목적을 달성할 수 있는 땅인지만 확인할 수 있으면 된다. 일단 책에 나오는 내용을 익혀두고, 생소한 부분은 그때그때 찾아보면서 지식을 쌓아나가는 정도로 충분하다. 이 과정이 여러분의 토지 투자 실력을 업그레이드시켜줄 것이다.

땅의 계급을 알려주는
토지이용계획 읽는 법 2

이제 토지이용계획에 나오는 내용을 더 자세히 알아보자.

🔍 지목

지목은 주된 사용 목적에 따라 토지의 종류를 구분한 것이다. '공간정보 구축 및 관리 등에 관한 법률'에 따라 총 28개로 나뉘어 있다. 하나의 토지에 여러 개의 지목이 존재할 때는 주로 사용하는 목적에 따라 결정한다.

지목은 토지의 성격이나 용도를 나타내며 현황, 즉 현재 사용 상태를 따르기 때문에 사용 목적이 바뀌면 지목도 바뀐다. 지목은 변경할 수 있는데, 농지라면 농지전용허가, 임야라면 산지전용허가가 필요하다. 다만 농지 등의 전용허가를 받았을 때 지목이 바로 변경되는 것이 아니라, 해당 토지에 건물

대	전	답	과수원	임야	잡종지
도로	하천	구거	제방	유지	양어장
종교용지	공장용지	철도용지	수도용지	학교용지	체육용지
사적지	공원	묘지	목장용지	주차장	주유소용지
유원지	광천지	창고용지	염전		

표 2-1　28가지 지목.

을 지은 뒤 건축물이 준공 승인을 받았을 때 변경 신청을 할 수 있다.

이처럼 지목은 바뀔 수 있고, 도시 한복판에 있는 땅이라도 지목은 농지일 수 있다. 따라서 토지의 가치를 판단할 때는 지목보다는 용도지역이 무엇인지 확인하는 것이 훨씬 중요하다. 지목만으로는 어떤 땅인지 판단하기가 어렵다.

28가지 지목 모두를 알 필요는 없다. 대, 전, 답, 임야, 잡종지 정도만 기억해도 투자하는 데는 충분하다. 대는 건물을 지을 수 있는 대지, 전은 농작물을 재배할 수 있는 밭, 답은 벼처럼 물이 늘 필요한 농작물을 기를 수 있는 논을 말한다. 임야는 주변에 흔하게 볼 수 있는 얕은 야산 등을 포함한 산을 의미한다. 잡종지는 조커 같은 지목이다. 다른 지목에 속하지 않으며 대부분의 개발행위를 제한 없이 할 수 있고, 활용도가 높은 만큼 가격이 비싼 편이다. 토지 투자에서 눈여겨봐야 할 주요 지목은 이 정도다.

〈표 2-2〉와 같이 지적도에는 지목이 첫 번째 글자로 표기된다. 다만 공장용지 '장', 주차장 '차', 하천 '천', 유원지 '원'은 첫 번째가 아닌 두 번째 글자로 표기한다.

지목	지적도상 표기	정의
대	대(垈)	① 영구적 건축물 중 주거·사무실·점포와 박물관·극장·미술관 등 문화시설과 이에 접속된 정원 및 부속시설물의 부지 ② '국토의 계획 및 이용에 관한 법률' 등 관계 법령에 따른 택지조성공사가 준공된 토지
전	전(田)	물을 상시적으로 이용하지 않고 곡물·원예작물(과수류는 제외한다)·약초·뽕나무·닥나무·묘목·관상수 등의 식물을 주로 재배하는 토지와 식용(食用)으로 죽순을 재배하는 토지
답	답(畓)	물을 상시적으로 직접 이용하여 벼·연(蓮)·미나리·왕골 등의 식물을 주로 재배하는 토지
과수원	과(果)	사과·배·밤·호두·귤나무 등 과수류를 집단적으로 재배하는 토지와 이에 접속된 저장고 등 부속시설물의 부지. 다만, 주거용 건축물의 부지는 '대'로 한다.
목장용지	목(牧)	① 축산업 및 낙농업을 하기 위하여 초지를 조성한 토지 ② '축산법' 제2조 제1호에 따른 가축을 사육하는 축사 등의 부지 ③ ① 및 ②의 토지와 접속된 부속시설물의 부지 다만, 주거용 건축물의 부지는 '대'로 한다.
임야	임(林)	산림 및 원야(原野)를 이루고 있는 수림지(樹林地)·죽림지·암석지·자갈땅·모래땅·습지·황무지 등의 토지
광천지	광(鑛)	지하에서 온수·약수·석유류 등이 용출되는 용출구(湧出口)와 그 유지(維持)에 사용되는 부지. 다만, 온수·약수·석유류 등을 일정한 장소로 운송하는 송수관·송유관 및 저장시설의 부지는 제외한다.
염전	염(鹽)	바닷물을 끌어들여 소금을 채취하기 위하여 조성된 토지와 이에 접속된 제염장(製鹽場) 등 부속시설물의 부지. 다만, 천일제염 방식으로 하지 아니하고 동력으로 바닷물을 끌어들여 소금을 제조하는 공장시설물의 부지는 제외한다.
공장용지	장(場)	① 제조업을 하고 있는 공장시설물의 부지 ② '산업집적활성화 및 공장설립에 관한 법률' 등 관계 법령에 따른 공장부지 조성공사가 준공된 토지 ③ ① 및 ②의 토지와 같은 구역에 있는 의료시설 등 부속시설물의 부지
학교용지	학(學)	학교의 교사(校舍)와 이에 접속된 체육장 등 부속시설물의 부지
주차장	차(車)	자동차 등의 주차에 필요한 독립적인 시설을 갖춘 부지와 주차전용 건축물 및 이에 접속된 부속시설물의 부지. 다만, 다음 각 목의 어느 하나에 해당하는 시설의 부지는 제외한다. ① '주차장법' 제2조 제1호에 따른 노상주차장 및 부설주차장('주차장법' 제19조 제4항에 따라 시설물의 부지 인근에 설치된 부설주차장은 제외) ② 자동차 등의 판매 목적으로 설치된 물류장 및 야외전시장

주유소 용지	주(注)	① 석유·석유제품 또는 액화석유가스 등의 판매를 위하여 일정한 설비를 갖춘 시설물의 부지 ② 저유소(貯油所) 및 원유저장소의 부지와 이에 접속된 부속시설물의 부지. 다만, 자동차·선박·기차 등의 제작 또는 정비공장 안에 설치된 급유·송유시설 등의 부지는 제외한다.
창고용지	창(倉)	물건 등을 보관하거나 저장하기 위하여 독립적으로 설치된 보관 시설물의 부지와 이에 접속된 부속시설물의 부지
도로	도(道)	① 일반 공중(公衆)의 교통 운수를 위하여 보행이나 차량운행에 필요한 일정한 설비 또는 형태를 갖추어 이용되는 토지 ② '도로법' 등 관계 법령에 따라 도로로 개설된 토지 ③ 고속도로의 휴게소 부지 ④ 2필지 이상에 진입하는 통로로 이용되는 토지. 다만, 아파트·공장 등 단일용도의 일정한 단지 안에 설치된 통로 등은 제외한다.
철도용지	철(鐵)	교통 운수를 위하여 일정한 궤도 등의 설비와 형태를 갖추어 이용되는 토지와 이에 접속된 역사(驛舍)·차고·발전시설 및 공작창(工作廠) 등 부속시설물의 부지
제방	제(堤)	조수·자연유수(自然流水)·모래 바람 등을 막기 위하여 설치된 방조제·방수제·방사제·방파제 등의 부지
하천	천(川)	자연의 유수(流水)가 있거나 있을 것으로 예상되는 토지
구거	구(溝)	용수(用水) 또는 배수(排水)를 위하여 일정한 형태를 갖춘 인공적인 수로·둑 및 그 부속시설물의 부지와 자연의 유수(流水)가 있거나 있을 것으로 예상되는 소규모 수로부지
유지 (溜池)	유(溜)	물이 고이거나 상시적으로 물을 저장하고 있는 댐·저수지·소류지(소유지)·호수·연못 등의 토지와 연·왕골 등이 자생하는 배수가 잘되지 아니하는 토지
양어장	양(養)	육상에 인공으로 조성된 수산생물의 번식 또는 양식을 위한 시설을 갖춘 부지와 이에 접속된 부속시설물의 부지
수도용지	수(水)	물을 정수하여 공급하기 위한 취수·저수·도수(導水)·정수·송수 및 배수 시설의 부지 및 이에 접속된 부속시설물의 부지
공원	공(公)	일반 공중의 보건·휴양 및 정서생활에 이용하기 위한 시설을 갖춘 토지로서 '국토의 계획 및 이용에 관한 법률'에 따라 공원 또는 녹지로 결정·고시된 토지
체육용지	체(體)	국민의 건강증진 등을 위한 체육활동에 적합한 시설과 형태를 갖춘 종합운동장·실내체육관·야구장·골프장·스키장·승마장·경륜장 등 체육시설의 토지와 이에 접속된 부속시설물의 부지. 다만, 체육시설로서의 영속성과 독립성이 미흡한 정구장·골프연습장·실내수영장 및 체육도장, 유수(流水)를 이용한 요트장 및 카누장, 산림 안의 야영장 등의 토지는 제외한다.

유원지	원(園)	일반 공중의 위락·휴양 등에 적합한 시설물을 종합적으로 갖춘 수영장·유선장(遊船場)·낚시터·어린이놀이터·동물원·식물원·민속촌·경마장 등의 토지와 이에 접속된 부속시설물의 부지. 다만, 이들 시설과의 거리 등으로 보아 독립적인 것으로 인정되는 숙식시설 및 유기장(遊技場)의 부지와 하천·구거 또는 유지[공유(公有)인 것으로 한정한다]로 분류되는 것은 제외한다.
종교용지	종(宗)	일반 공중의 종교의식을 위하여 예배·법요·설교·제사 등을 하기 위한 교회·사찰·향교 등 건축물의 부지와 이에 접속된 부속시설물의 부지
사적지	사(史)	문화재로 지정된 역사적인 유적·고적·기념물 등을 보존하기 위하여 구획된 토지. 다만, 학교용지·공원·종교용지 등 다른 지목으로 된 토지에 있는 유적·고적·기념물 등을 보호하기 위하여 구획된 토지는 제외한다.
묘지	묘(墓)	사람의 시체나 유골이 매장된 토지, '도시공원 및 녹지 등에 관한 법률'에 따른 묘지공원으로 결정 고시된 토지 및 '장사 등에 관한 법률' 제2조 제9호에 따른 봉안시설과 이에 접속된 부속시설물의 부지. 다만, 묘지의 관리를 위한 건축물의 부지는 '대'로 한다.
잡종지	잡(雜)	① 갈대밭·실외에 물건을 쌓아두는 곳·돌을 캐내는 곳·흙을 파내는 곳·야외시장·비행장·공동우물 ② 영구적 건축물 중 변전소·송신소·수신소·송유시설·도축장·자동차운전학원·쓰레기 및 오물처리장 등의 부지. ③ 다른 지목에 속하지 않는 토지. 다만, 원상회복을 조건으로 돌을 캐내는 곳 또는 흙을 파내는 곳으로 허가된 토지는 제외한다.

표 2-2 공간정보 구축 및 관리 등에 관한 법률 제58조에 따른 지목의 정의.

🔍 용도지역

용도지역은 토지의 이용, 건축물의 용도, 용적률(높이), 건폐율(바닥면적)을 결정한다. 용도지역에 따라 가능한 개발행위가 달라지기 때문에 땅의 가치를 알고 싶다면 지목보다는 용도지역을 확인해야 한다.

어떤 토지든 반드시 하나의 토지에 하나 이상의 용도지역이 지정된다. 지목은 하나의 토지에 하나의 지목이 지정되는 것이 원칙이지만, 여러 가지 용

도시지역	주거지역	전용주거지역	1종 전용주거지역
			2종 전용주거지역
		일반주거지역	1종 일반주거지역
			2종 일반주거지역
			3종 일반주거지역
		준주거지역	
	상업지역	근린상업지역	
		유통상업지역	
		일반상업지역	
		중심상업지역	
	공업지역	전용공업지역	
		일반공업지역	
		준공업지역	
	녹지지역	자연녹지지역	
		생산녹지지역	
		보전녹지지역	
비도시지역	관리지역	계획관리지역	
		생산관리지역	
		보전관리지역	
	농림지역		
	자연환경보전지역		

표 2-3　용도지역.

도로 사용되고 있다면 주된 용도의 지목을 따른다. 사용 현황에 따라 개인이 변경할 수도 있지만, 용도지역은 대규모 개발사업 등으로 국가가 변경하는 것이 아닌 이상 개인이 변경할 수 없다. 투자로 접근 가능한 용도지역은 관리지역과 녹지지역 정도다. 나머지는 이미 개발이 이루어져 가격이 너무 높거나 개발이 허용되지 않는 땅이라고 보면 된다. 용도지역에 '보전'이라는 단어가 들어 있다면 투자 대상으로서는 일단 제외해야 한다. 〈애국가〉 끝 소절

 나는 집 대신 땅에 투자한다

처럼 길이길이 보전해야 해서 개인의 이익을 위한 개발은 사실상 어렵기 때문이다. 모든 용도지역을 공부하려면 어렵고 복잡해서 시작도 하기 전에 포기하기 쉽다. 그러니 도시지역 중 녹지지역, 비도시지역 중 관리지역만 머릿속에 넣도록 하자.

용도지역은 크게 다음과 같이 분류된다.

1. 도시지역

도시지역은 크게 주거지역, 상업지역, 공업지역, 녹지지역으로 나뉜다.

① 주거지역

우리가 살고 있는 집이 있는 지역을 말한다. 단독주택만 있으면 전용주거지역, 아파트 등이 섞여 있으면 일반주거지역이라고 생각하면 쉽다.

② 상업지역

업무시설이나 백화점, 쇼핑몰 등 유통시설이 있는 지역이다. 도시 한복판의 고층빌딩이 즐비한 곳은 대부분 상업지역에 해당한다. 땅값이 가장 비싸고 건물을 넓고 크게 지을 수 있지만 개인이 투자하기는 어려운 가격대를 형성하고 있다.

③ 공업지역

쉽게 말해서 공장이 있는 지역이다. 현재 가동 중인 공장지대나 산업단지가 있는 지역이다. 최근 수도권의 공업지역이 투자 대상으로 주목받는 이유는 과거 도심지에 있던 경공업이 쇠락하면서 해당 지역이 지식산업센터 등의 업무지구로 변신하고 있기 때문이다. 서울을 예로 들면 영등포나 성수동 같은 지역이 대표적인 준공업지역이다.

④ **녹지지역**

도시의 무질서한 확산을 방지하고 도시의 허파 역할을 담당하기 위해 녹지로 남겨둔 지역이다. 녹지지역은 도시 내에 얼마 남지 않은 개발되지 않은 땅이기 때문에 도시가 확장되는 과정에서 주변의 도시개발사업에 편입되어 함께 개발될 가능성이 크다. 특히 자연녹지지역은 주거용지로 탈바꿈할 가능성이 높기 때문에 투자 대상으로 관심을 가질 필요가 있다.

〈그림 2-9〉는 경기도 남양주시 오남읍의 옛 지적편집도이다. 뒤에 한 번 더 등장하겠지만, 과거 일반주거지역과 녹지지역이 혼재해 있던 이곳은 현재 주거지역으로 모두 종상향이 이뤄졌다. 도시가 확장되는 과

그림 2-9 경기도 남양주시 오남읍의 옛 지적편집도. 　　　　　출처: 카카오맵

정에서 녹지지역이 어떻게 변하는지를 잘 보여주는 케이스다.

2. 비도시지역

도시지역은 이미 개발이 많이 된 지역이라 처음 토지 투자를 하는 입장에서 도전하기에는 현실적으로 쉽지 않다. 이럴 땐 비도시지역의 땅에 관심을 가지면 된다. 비도시지역은 관리지역, 농림지역, 자연환경보전지역으로 나뉜다.

① 관리지역

비도시지역 중 가장 개발 가능성이 높은 지역으로 관심을 가질 필요가 있다. 관리지역은 비도시지역의 다운타운과 같은 곳으로 추후 도시지역으로 변신할 가능성 역시 높다. 관리지역 중에서도 길이 보전해야 하는 보전관리지역을 제외한 계획관리지역과 생산관리지역을 눈여겨봐야 한다. 특히 계획관리지역은 활용도가 다양해서 투자가치가 높다. 비도시지역의 토지 중 가장 넓고 높은 건물을 지을 수 있으며, 공장을 짓기에 좋은 용도지역이다.

② 농림지역

이름에서 유추할 수 있듯이 농사를 지어야 하는 땅이다. 농지법 강화 등으로 농지 취득이 예전에 비해 많이 까다로워졌다. 직접 농사를 지을 수 있는 상황이 아니라면 농림지역의 토지는 투자 대상 순위에서 살짝 뒤로 미뤄놓아도 좋다.

③ 자연환경보전지역

앞에서도 말했지만 용도지역에 '보전'이라는 글자가 들어 있다면 해당 지역은 투자 대상에서 제외해도 좋다. 후손들에게 대대손손 물려주고 싶은 토지를 찾는 것이 아니라면 말이다.

용도지구

앞서 하나의 토지에는 하나의 용도지역만 지정할 수 있다고 말했다. 용도지역은 토지의 일반적인 이용에 대한 규정이기 때문이다. 그런데 이 네 가지 용도지역만으로는 지역 특성에 맞는 세부적인 규정이 어렵다. 따라서 토지의 이용을 구체적으로 규제 또는 완화하기 위해 용도지구를 지정한다. 용도지역처럼 모든 토지에 지정되는 게 아니라 필요에 따라 여럿 지정할 수도 있으며, 지정하지 않을 수도 있다(용도구역도 마찬가지다).

용도지역이 계급이라면 용도지구는 동호회라고 생각하면 된다. 내가 원하면 동호회에 가입할 수 있지만, 관심이 없으면 아예 가입하지 않을 수도 있다.

용도지구는 〈표 2-4〉와 같이 구분된다. 우리는 투자를 위해 토지를 공부하는 중이므로 돈이 되는 용도지구만 기억하면 된다. 바로 취락지구와 주거개발진흥지구가 이에 해당한다.

1. 취락지구

용도지구의 내용을 모두 알 필요는 없지만 취락지구는 반드시 기억해야 한다. 돈 되는 땅을 찾는 데 유리하기 때문이다. 시골길을 가다 보면 집들이 옹기종기 모여 있는 마을을 발견할 수 있는데 보통 이런 동네가 취락지구라고 생각

용도지구	종류	내용
경관지구	자연경관지구	산지·구릉지 등 자연경관을 보호하거나 유지하기 위하여 필요한 지구
	시가지경관지구	시가지의 경관을 보호 또는 유지하거나 형성하기 위하여 필요한 지구
	특화경관지구	수변 또는 문화적 보존가치가 큰 건축물 주변의 경관 등 특별한 경관을 보호 또는 유지하거나 형성하기 위하여 필요한 지구
고도지구		쾌적한 환경 조성 및 토지의 효율적 이용을 위하여 건축물 높이의 최고 한도를 규제할 필요가 있는 지구
방화지구		화재의 위험을 예방하기 위하여 필요한 지구
방재지구	시가지방재지구	건축물·인구가 밀집되어 있는 지역으로 시설 개선 등을 통하여 재해 예방이 필요한 지구
	자연방재지구	토지의 이용도가 낮은 해안변, 하천변, 급경사지 주변 등의 지역으로서 건축 제한 등을 통하여 재해 예방이 필요한 지구
보호지구	역사문화환경보호지구	문화재·전통사찰 등 역사·문화적으로 보존가치가 큰 시설 및 지역의 보호와 보존을 위하여 필요한 지구
	중요시설물보호지구	공항·철도·항만 등 중요 시설물의 보호와 기능의 유지 및 증진 등을 위하여 필요한 지구
	생태계보호지구	야생동식물서식처 등 생태적으로 보존가치가 큰 지역의 보호와 보존을 위하여 필요한 지구
취락지구	자연취락지구	녹지지역·관리지역·농림지역 또는 자연환경보전지역 내 취락 정비에 필요한 지구
	집단취락지구	개발제한구역 내 취락 정비에 필요한 지구
개발진흥지구	주거개발진흥지구	주거 기능을 중심으로 개발·정비할 필요가 있는 지구
	산업·유통개발진흥지구	공업 기능 및 유통·물류 기능을 중심으로 개발·정비할 필요가 있는 지구
	관광·휴양개발진흥지구	관광·휴양 기능을 중심으로 개발·정비할 필요가 있는 지구
	복합개발진흥지구	주거 기능, 공업 기능, 유통·물류 기능 및 관광·휴양 기능 중 둘 이상의 기능을 중심으로 개발·정비할 필요가 있는 지구
	특정개발진흥지구	주거 기능, 공업 기능, 유통·물류 기능 및 관광·휴양 기능 외의 기능을 중심으로 특정한 목적을 위하여 개발·정비할 필요가 있는 지구
특정용도제한지구		주거 및 교육환경 보호나 청소년 보호의 목적으로 오염물질 배출시설, 청소년 유해시설 등 특정 시설의 입지를 제한할 필요가 있는 지구
복합용도지구		특정 시설의 입지를 완화할 필요가 있는 지구

표 2-4 용도지구.

그림 2-10 취락지구.

하면 쉽다. 또한 취락지구는 자연취락지구와 집단취락지구로 구분된다.

① **자연취락지구**

용도지역 중 관리지역과 녹지지역 내에 있는 취락지구다.

② **집단취락지구**

용도구역 중 개발제한구역, 즉 그린벨트 내에 있는 취락지구다.

취락지구가 좋은 이유는 해당 토지의 용도지역에 적용되는 건폐율과 용적률이 완화돼 더 유리한 조건으로 건축이 가능하기 때문이다. 건폐율은 해당 토지에 지을 수 있는 건축물의 바닥 면적이다. 예를 들어 녹지지역의 건폐율은 20%이므로 100평의 토지라면 20평의 건축물을 지을 수 있다. 하지만 이 땅이 자연취락지구로 지정돼 있다면 건폐율이 40~60%까지 늘어나 100평의 땅에 40~60평의 건물을 지을 수 있다. 용도지역이 같은 토지라도 취락지구로 지정돼 있다면 훨씬 규모가 큰 건축물을 지어 수익을 거둘 수 있는 것이다. 취락지구는 새로 지정되거나 지정이 해제되어 주거지역으로 땅의 등급이 상향될 곳을 눈여겨봐두어야 한다.

2. 주거개발진흥지구

주거개발진흥지구 역시 꼭 알아둬야 한다. 취락지구와 주거개발진흥지구는 향후 주거지역으로 개발할 필요가 있는 곳에 지정하기 때문이다. 이러한 용도지구로 지정되었다는 것은 곧 용적률과 건폐율이 높아질 땅이라는 힌트를 주는 셈이다.

🔍 용도구역

용도구역은 용도지역과 용도지구에 규정한 내용에 힘을 실어주거나 반대로 분위기를 풀어줄 때 지정한다. 용도지구와 마찬가지로 한 토지에 여럿 지정되거나, 지정되지 않을 수도 있다. 국토의 계획 및 이용에 관한 법률 제2조는 용도구역을 다음과 같이 정의하고 있다.

"토지의 이용과 건축물의 용도·건폐율·용적률·높이 등에 대한 용도지역 및 용도지구의 제한을 강화 또는 완화하여 따로 정함으로써 시가지의 무질서한 확산 방지, 계획적이고 단계적인 토지 이용 도모, 토지 이용의 종합적 조정·관리 등을 위하여 도시·군 관리계획으로 결정하는 지역을 말한다."

앞서 용도지구를 동호회에 비유했는데, 용도구역은 동호회의 회칙과 같

용도구역	내용
개발제한구역	도시의 무질서한 확산 방지 목적 이축이 가능한 토지만 제한적으로 투자가치 있음
시가화조정구역	5~20년간 시가화의 무질서한 확산을 방지하고자 1차적으로만 이용 가능하도록 제한
수산자원보호구역	수산자원 보호·육성을 위해 공유수면이나 그에 인접한 토지에 지정 주택, 근린상가, 3층 이하 숙박시설 등만 제한적으로 허용
도시자연공원구역	개인의 땅을 향후 공원으로 이용하기 위해 개발을 제한(통상 보상은 유보됨) 사용·수익이 사실상 불가능. 내부 도로를 막을 경우 형사처벌됨(도시 내 야산의 형태) 근린공원(도시계획시설)과 구별하는 것이 필요
입지규제최소구역 (신설)	주거·상업·업무 등의 기능을 복합하여 개발하기 위함 업무지구가 저녁이나 주말이 되면 도심공동화현상이 나타나는 것을 막고, 인근의 주거·상업 기능이 복합적으로 개발되도록 유도

표 2-5 **용도구역.**

다. 할 수 있는 것과 해서는 안 되는 일을 가려준다고 하겠다.

　용도구역이 추가로 지정된 토지는 용도구역을 기준으로 봐야 한다. 토지이용계획에서는 상위 법률보다 하위 법률이 우선하므로 용도지역에서는 가능하더라도 용도지구나 용도구역에서 허용되지 않는다면 개발을 할 수 없다. 보통 용도구역은 제한을 강화하는 것이 대부분이므로, 내용을 꼼꼼하게 살펴볼 필요가 있다.

　용도구역 중에서도 대장 격인 개발제한구역은 일명 그린벨트라고 불린다. "이 구역의 대장은 나야!"라고 외치는 모습을 상상해보자. 개발제한구역은 도시의 무질서한 확산을 막기 위해서 도시 외곽에 지정하는데, 개발이 불가능하다고 생각해 투자 대상에서 제외하는 경우가 많다. 하지만 개발제한구역은 본격적인 개발을 시작하기 전에 '개발행위허가제한지역'을 지정할 수도 있다.

국가나 지방자치단체 입장에서 생각해보자. 도시로 개발 예정인 토지 가격이 오르는 것이 좋을까? 향후 수용 및 보상을 고려하면 공시지가를 낮게 유지하고 싶을 것이다. 즉, 개발 소식을 듣고 투자자들이 몰려와 토지 가격이 급등하는 것을 막고자 일정 기간 개발할 수 없는 개발행위허가제한지역으로 사전에 지정하는 것이다.

예를 들어 개발제한구역 내 토지가 집단취락지구로 지정돼 있다면 주변에 대규모 개발사업이나 도시 확장이 이뤄질 때 용도지역이 상향될 가능성이 높다. 개발제한구역이라도 취락지구로 지정돼 있다면 전용주거지역이나 일반주거지역으로 용도가 상향되어 개발될 수 있다.

또한 개발제한구역으로 지정하기 전에 지목이 대지였던 땅은 개발제한구역으로 지정되고 나서도 건축을 할 수 있다. IC나 역세권 인근의 땅도 개발제한구역 지정을 해제해 개발할 수 있다. 개발제한구역 토지도 투자가치가 있는 땅이 될 수 있는 것이다. 정말 개발제한구역에 투자해도 될지 고민이 된다면, '무피'로 개발제한구역에 투자해 대박이 난 사례를 뒤에서 확인해보자.

이처럼 토지이용계획만 잘 분석해도, 즉 용도지역의 의미만 제대로 읽어낼 수 있어도 얼마든지 돈 되는 땅을 찾아낼 수 있다.

지목보다 용도지역이 중요한 이유

토지의 투자가치를 판단하는 기준으로 지목보다 훨씬 중요한 것이 용도지역이라고 이야기했다. 왜 그런지 사례를 통해 알아보자. 〈그림 2-11〉은 앞서 소개했던 용인시 처인구의 힐스테이트몬테로이 아파트 부지의 토지이용계획이다.

토지이용계획을 보니 이 땅의 지목은 임야, 즉 산이다. '아파트를 짓고 있는 땅인데 임야라니, 지목이 대지인 땅에만 건물을 지을 수 있는 것 아닌가?' 하는 생각이 든다면 용도지역을 살펴보자. 이 땅의 용도지역은 2종 일반주거지역이다.

주거지역은 크게 전용주거지역과 일반주거지역으로 나뉜다. 일반주거지역은 다시 1종·2종·3종 일반주거지역으로 구분된다. 5층 이상 아파트는 2종·3종 일반주거지역에서 건축이 가능하다. 이 땅의 용도지역이 2종 일반주거지역이니 아파트를 지을 수 있는 땅이 맞다.

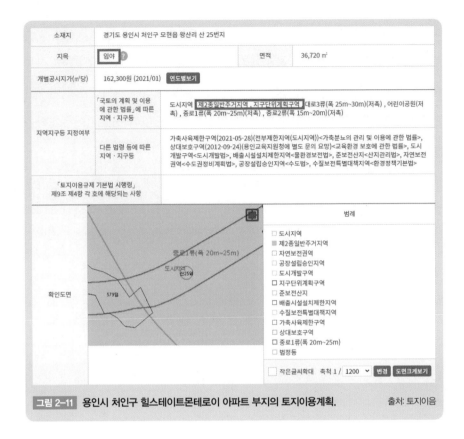

소재지	경기도 용인시 처인구 모현읍 왕산리 산 25번지		
지목	임야 ⓘ	면적	36,720 ㎡
개별공시지가(㎡당)	162,300원 (2021/01) 연도별보기		
지역지구등 지정여부	「국토의 계획 및 이용에 관한 법률」에 따른 지역·지구등	도시지역 제2종일반주거지역 , 지구단위계획구역 , 대로3류(폭 25m~30m)(저촉) , 어린이공원(저촉) , 중로1류(폭 20m~25m)(저촉) , 중로2류(폭 15m~20m)(저촉)	
	다른 법령 등에 따른 지역·지구등	가축사육제한구역(2021-05-28)(전부제한지역(도시지역)<가축분뇨의 관리 및 이용에 관한 법률>, 상대보호구역(2012-09-24)(용인교육지원청에 별도 문의 요망)<교육환경 보호에 관한 법률>, 도시개발구역<도시개발법>, 배출시설설치제한지역<물환경보전법>, 준보전산지<산지관리법>, 자연보전권역<수도권정비계획법>, 공장설립승인지역<수도법>, 수질보전특별대책지역<환경정책기본법>	
「토지이용규제 기본법 시행령」 제9조 제4항 각 호에 해당되는 사항			
확인도면	중로1류(폭 20m~25m) 도시지역 산25답 579답	범례 ☐ 도시지역 ▨ 제2종일반주거지역 ☐ 자연보전권역 ☐ 공장설립승인지역 ☐ 도시개발구역 ☐ 지구단위계획구역 ☐ 준보전산지 ▨ 배출시설설치제한지역 ▨ 수질보전특별대책지역 ☐ 가축사육제한구역 ☐ 상대보호구역 ☐ 중로1류(폭 20m~25m) ☐ 법정동 ☐ 작은글씨확대 축척 1 / 1200 ▾ 변경 도면크게보기	

그림 2-11 용인시 처인구 힐스테이트몬테로이 아파트 부지의 토지이용계획. 출처: 토지이음

여기에 이 토지는 지구단위계획구역으로 지정돼 있다. 지구단위계획은 말 그대로 토지이용계획의 끝판왕이다. 용도지역·용도지구·용도구역을 통해 정하지 못한 개발계획을 정한 것이기 때문이다. 특히 택지개발사업이나 정비사업 등 대규모 개발사업을 할 때 지구단위계획구역을 지정해 추진한다. 이 토지가 위치한 용인시 모현읍 일대는 모현(왕산)도시개발사업을 통해 약 1만 명의 인구가 유입될 대규모 택지지구다. 아파트가 모두 지어지고 등기까지 완료되면 이 토지의 지목은 임야에서 대지로 변경될 것이다. 지목은 현재

상태가 기준이기 때문이다.

정리하자. 토지의 가치를 좌우하는 개발행위를 할 수 있는지 여부는 지목이 아니라 용도지역이 결정한다. 지목이 임야라도 용도지역이 2종 일반주거지역이라면 아파트를 지을 수 있는 것처럼 말이다. 따라서 토지이용계획을 열람할 때 가장 먼저 확인할 것은 용도지역이다.

땅을 보는 안목을 빠르게 키우려면 우리 집 근처의 토지이용계획을 열람해보자. 이미 개발된 땅의 토지이용계획을 머리에 넣고 비슷한 토지이용계획의 땅을 찾다 보면, 앞으로 개발 가능성이 높은 땅은 어디인지 확인할 수 있다.

개발 관련 뉴스 읽는 법은 따로 있다

토지이용계획을 통해 땅의 계급을 분석했다면, 다음에 확인해야 할 것은 해당 지역의 개발호재다. 그럼 개발호재가 돈이 될 정보인지, 어느 시점에 투자해야 할지는 어떻게 알 수 있을까?

이는 뉴스를 어떻게 읽느냐에 달려 있다. 부동산 개발 뉴스를 읽을 때는 사업을 어떻게 진행하겠다는 '행정계획'과 누가 추진할 것인가인 '사업시행자'가 나와 있는지를 확인해야 한다.

〈그림 2-12〉는 경기도에 있는 한 신도시의 땅으로, 각기 다른 시기에 촬영한 사진이다. 혹시 어느 지역인지 눈치 채신 독자가 있을까? 바로 판교 대장지구다. 왜 2014년과 2017년 사진을 비교해놓았는지 궁금하실 것이다. 대장지구가 도시개발구역으로 지정된 시점이 2014년이기 때문이다. 2017년은 착공 연도다.

2017년 당시 성남시에는 택지지구 개발은 물론 기존의 공공기관을 이전

그림 2-12 경기도 성남시 판교 대장지구 개발 전 모습.

출처: 카카오맵

하고 건축해서 분양하는 아파트가 여럿 있었다. 대장지구 역시 분양 계획이 발표된 상황이었다. 대규모 택지개발이 이뤄지는 곳이라 궁금해서 임장을 갔었다. 나뭇가지에 자동차가 긁힐 만큼 좁은 시골길을 달려 도착했을 때 '이런 동네에 정말로 아파트가 들어설 수 있을까?' 하는 의구심이 들었던 기억이 난다.

초보 투자자가 개발계획이 수립된 줄 모르고 방문했다면 절대 투자할 수 없었을 거라고 확신한다. 물론 2017년 당시 대장지구는 개발호재가 막 실현되는 시점이었고 아파트 분양가도 84㎡가 평당 2,000만~2,200만 원 수준으로 7억 원 전후라 개인이 토지 투자로 접근하기는 쉽지 않았을 테지만 말이다.

이렇게 개발되지 않은 상태의 토지에 확신을 갖고 투자를 하려면 어떻게 해야 할까? 많은 이들이 오해하는 것 중 하나가 드라마 〈재벌집 막내아들〉처럼 어떤 식으로든 사전에 고급 정보를 알고, 아무도 모를 때 투자해야만 큰 돈을 벌 수 있다고 생각하는 것이다. 그것이 과연 가능할까? 어찌어찌 미래의 개발정보를 알아내 투자를 하면 과연 성공할 수 있을까?

🔍 행정계획과 사업시행자가 나오지 않은 뉴스는 걸러라

판교 대장지구가 도시개발구역으로 지정된 것은 2014년이지만, 개발 이야기가 처음 나온 것은 그보다 훨씬 전이었다. 한국판 베벌리힐스로 개발하겠다는 야심찬 계획과 함께 말이다.

판교 남쪽에 '한국판 베벌리힐스'

내년부터 판교신도시 서남단 지역인 경기 성남시 대장동 일대에 2,500~3,000가구의 아파트 및 단독주택 등이 들어서는 30만 평 규모의 고급 주거단지가 조성된다. 판교신도시와 접하고 있을 뿐만 아니라 새로운 개념의 고급 주택을 선보이는 미래형 시범 주거단지로 개발될 예정이어서 '한국판 베벌리힐스'로 자리매김할 전망이다. 27일 대한주택공사가 조경태 의원(열린우리당)에게 제출한 자료에 따르면 주공은 판교신도시에서 남서쪽으로 불과 1km 떨어진 대장동 일대에 총 30만 평 규모의 '성남 대장지구'를 개발키로 하고 건설교통부 및 성남시와 협의 중이다. 주공 관계자는 "건교부와는 사실상 협의를 끝낸 상태에서 성남시와 마지막 이견을 조율 중"이라며 올해 안에 주민 공람을 거쳐 내년부터 토지보상 및 택지개발에 착수할 계획이라고 밝혔다. 주공은 늦어도 오는 2008년까지 2,500~3,000가구의 분양을 끝내고 이르면 2010년 말부터 입주를 시작할 방침이다. 전체 가구 중 25%가량이 임대주택으로 건설된다. 주공 관계자는 "지금까지 공공택지에는 아파트와 단독주택만이 들어섰지만 대장지구에는 이전에 보지 못했던 새로운 형태의 고급 주거시설이 들어설 것"이라며 "인구밀도는 ha당 100명 정도로 쾌적하게 개발할 방침"이라고 설명했다.

(하략)

출처: 〈한국경제신문〉 2005. 9. 28

2005년 9월 〈한국경제신문〉에는 대장지구에 고급 주거단지가 조성된다는 기사가 게재됐다. 2005년이면 판교신도시도 조성되기 전이다. 메인 신도시도 완성되지 않았는데 시 외곽에 고급 주거단지를 조성한다는 것이다. 좀 더 자세히 읽어보면 건설교통부 및 성남시와 "협의 중"이라는 것과 "내년부터" 토지 보상 및 택지개발계획에 "착수할 계획"이라고 나와 있다. 사업시행자(누가)와 행정계획(어떻게)에 대해서는 전혀 언급된 게 없다. 이 기사를 보고 '오호, 대장지구에 고급 주거단지가 들어선다니 돈이 되겠군!' 하고 투자했다면 어떻게 됐을까?

 분당 대장동 개발 투기 공무원 적발

한국판 베벌리힐스를 건설한다는 경기도 성남시 분당구 대장동 39만 평 개발을 앞두고 사전에 정보를 빼돌려 투기한 공무원과 업자 등 22명이 경찰에 적발됐습니다. 경기도 분당경찰서는 어제(16일) 대장동 택지개발 정보를 빼돌린 41살 성남시 공무원 홍모 씨 등 공무원 5명을 포함해 부동산 업체 대표와 투자자 등에 대해 수사 중이라고 밝혔습니다. 경찰에 따르면, 홍씨 등 3명은 대장동 개발 정보를 바탕으로 지난 4월 대장동 토지 160평을 7억 2,000만 원에 사들인 뒤 연립주택 7가구를 건축해 가구당 1억 6,000만 원에서 11억 9,000만 원에 미등기 전매한 혐의를 받고 있습니다. 또 지난 5월 건축업자 정모 씨로부터 공사 청탁을 받고 사례비 명목으로 1,500만 원을 받은 것으로 조사됐습니다. 한편, 건설교통부는 지난 11일 개발계획 사전 유출 및 투기 성행 등을 들어 대한주택공사가 요청한 개발계획을 전면 중단한다고 발표했습니다.

출처: 〈한국경제 TV〉 2006. 4. 3

대한주택공사(현 LH)가 2005년부터 진행한 대장지구 도시개발사업은 바로 이 듬해인 2006년 개발계획이 전면 중단된다. 이유는 우리가 그토록 알고 싶어 하는 사전 정보를 미리 알게 된 공무원과 사업 관계자가 정보를 빼돌려 부동 산 투기를 한 사실이 적발됐기 때문이다.

2005년 당시 대장지구의 용도지역은 보전녹지지역이었다. 앞에서도 설명 했지만 '보전'이 들어가 있으면 할 수 있는 개발행위가 많지 않다. 만약 2005 년에 뉴스만 믿고 대장지구 토지에 투자했다면 원치 않는 장기 투자에 돌입 하게 됐을 것이다.

2009년 대장지구는 판교신도시 입주와 더불어 다시 한 번 고급 주거단지를 조성하겠다는 계획과 함께 도시개발구역으로 지정된다. 하지만 2010년 LH의 재정난으로 해당 개발사업 지정이 철회되면서 다시 원점으로 돌아간다.

이후 판교 테크노밸리가 성공을 거두면서 판교신도시만으로는 넘쳐나는 주거 수요를 해결할 수 없게 되자 대장동 도시개발사업 이야기가 다시 수면 위로 올라왔지만 사업 추진까지 연결되지는 못했다.

 성남시 대장동 '한국판 베벌리힐스'로 조성

경기 성남시 판교신도시 서남쪽 분당구 대장동 일대가 명품 주거단지로 조성된다. 이재 명 성남시장은 1일 취임 3주년 기자회견을 열고 "수정구 신흥동 1공단 부지는 시민휴식 공원으로, 대장동은 '한국판 베벌리힐스'로 조성하겠다"고 밝혔다.

성남시는 대장동(91만㎡)을 신흥동 1공단 부지(8만 4,000㎡)와 결합개발구역으로 지정해 개발할 방침이다. 종전의 아파트 중심 개발 방식에서 벗어나 타운하우스 위주의 주거단 지와 도시지원시설을 적절히 배분해 자족 기능을 갖춘 고급 주택단지로 만들 계획이다.

성남시가 지난해 6월 '1공단+대장동' 결합개발 방침을 발표한 이후 대장동 개발 방향을 제시한 것은 이번이 처음이다.

대장동은 인구 밀집 지역과 떨어져 대중교통 여건이 좋지 않지만 녹지로 둘러싸여 있고 백현동 남서울골프장 인근 고급주택지 및 용인시 고기동 전원주택지와 '명품주거벨트'로 연결되는 지리적 여건을 갖추고 있다.

2004년 12월 LH(한국토지주택공사)가 '한국판 베벌리힐스'로 만든다며 개발을 추진하다가 2010년 6월 사업을 포기했다. 이후 지주들로 구성된 대장동개발추진위원회가 민간 개발을 추진했으나 시는 2011년 3월 도시계획사업구역으로 지정하고 공영 개발 절차에 착수했다.

출처: 〈연합뉴스〉 2013. 7. 1

2013년 다시 대장동 뉴스가 등장한다. 성남시 수정구 신흥동에 위치한 성남 제1공단과 대장동을 결합개발하는 방식으로 진행한다는 내용이다. 과거 뉴스에 비해 개발계획이 구체적이지만, 여전히 사업시행자에 대해서는 언급이 없다. 91만m²에 달하는 대규모 개발사업을 추진하면서 누가 무엇을 어떻게 할지에 대해 구체적인 계획이 없다면 당연히 의심해봐야 한다. 만약 2005년의 뉴스를 보고 투자했다면, 10년 가까운 세월 동안 매년 희망 고문을 당하면서 피 같은 돈이 묶였을 것이다.

성남시 대장동─제1공단 개발계획 고시…사업 본격화

오는 2020년 성남시 분당구 대장동 210번지 일원은 친환경 주거단지로, 수정구 신흥동 2458번지 일원 제1공단은 여가 휴식 공간으로 각각 탈바꿈한다. 성남시는 6월 15일 '대장동—제1공단 결합 도시개발구역 개발계획'을 고시했다.

이에 따라 사업시행자 지정, 실시계획(보상), 착공, 준공의 개발사업 절차를 추진할 근거가 확정돼 거리상 떨어진 두 지역을 묶어 개발하는 사업이 전국 최초로 본격 시행된다.

시는 분당구 대장동 91만 3,000m² 부지에 1만 6,000명 인구가 살 수 있는 아파트와 단독주택을 짓는다. 이곳엔 대장천을 끼고 공원·녹지·도로·주차장·버스차고지·초중학교 등의 도시기반시설이 들어서 친환경 주거단지로 조성된다.

대장동과 직선거리로 10km 떨어진 수정구 신흥동 1공단 부지는 결합개발을 통해 근린공원으로 조성된다. 제1공단 총 8만 4,000m² 부지 가운데 도로(3,000m²)를 제외한 4만 8,000m²는 공원 조성 부지이고, 나머지 3만 3,000m²는 법조단지(공공청사) 예정 부지이다.

대장동과 신흥동 1공단, 두 지역의 결합개발은 사업 시행 예정자인 성남도시개발공사가 특수목적법인(SPC)을 설립한 뒤 사업시행자 지정을 받아 2017년 공사를 시작할 계획이다.

앞선 지난해 5월 성남시는 10여 년간 답보 상태에 있던 대장동 개발사업과 현재까지 빈 터로 남아 있는 1공단을 동시 개발하기 위해 이 두 지역을 결합 도시개발구역으로 지정했다.

출처: 〈아시아투데이〉 2015. 6. 16

다음 뉴스는 2015년 6월 15일에 대장지구 개발계획이 고시됐다는 내용이다. 대장지구는 인구 1만 6,000명 규모의 친환경 주거단지로, 성남 제1공단은 근린공원으로 조성될 예정이라고 나와 있다. 이전의 뉴스에 비하면 행정계획이 보다 명확하지만 문제는 사업시행자다. 성남도시개발공사가 특수목적법인(Special Purpose Company, SPC)을 설립해 2017년에 공사를 시작할 계획이라고 나와 있지만, 특수목적법인이 어떻게 설립될지는 명확하지 않다.

이전 뉴스에서도 확인할 수 있듯이 LH라는 명확한 사업시행자를 두고 진행한 개발사업도 중간에 백지화됐는데, 하물며 사업시행자가 명확하지 않은 개발사업이 무산되는 것은 훨씬 가능성이 높은 일이다. 뉴스를 어설프게 읽고 금방 부자가 될 것만 같은 설렘을 가득 안은 채 섣불리 투자에 뛰어들지 말자.

 성남시 '대장지구' 도시개발 탄력…실시계획 고시

판교신도시 서남단 대장지구 도시개발사업이 한층 탄력을 받게 됐다. 경기도 성남시는 분당구 대장동 210번지 일원 91만 2,255m²를 주택단지로 개발하는 '성남 판교대장 도시개발사업 실시계획'을 수립해 8월 고시했다고 10일 밝혔다. 개발계획을 보면 인구 1만 5,946명이 거주할 단독·공동주택 5,903가구(임대주택 1,421가구 포함)와 학교, 유치원, 공원, 도로, 버스차고지 등을 조성한다.

단독주택용지 2만 9,978m², 공동주택용지 37만 4,344m²(85m² 이하 71.8%)에 인구밀도 ha당 175명인 중밀도(150명 내외 기준) 미니신도시이다. 성남도시개발공사가 51.01% 지분을 가진 PFV(프로젝트금융투자회사)인 성남의뜰(주)을 사업시행자로, 도시개발법에 의한 수용 또는 사용 방식으로 추진한다. 내년 초 택지분양이 이뤄지면 건설사별로 2018년 착공할 수 있을 것으로 예상한다. 대장동은 지하철 역세권과 멀고 대중교통 여건이 좋지 않지만, 분당·판교신도시와 인접하고 녹지로 둘러싸여 쾌적한 환경을 갖췄다.

2004년 12월 당시 대한주택공사가 '한국판 베벌리힐스'로 개발을 추진하다가 2010년 6월 사업을 포기했다. 시는 2014년 1월 대장동 개발 이익을 제1공단 공원화 사업에 재투자하는 방식의 결합개발 계획을 발표했으나 제1공단 민간사업자와의 소송 등으로 사업이 지연돼왔다. 그러나 소송 원인을 제거해 사업을 진척하고자 올해 초 대장동 개발을 1

공단 공원화와 분리해 추진하기로 사업 방식을 변경했다.

출처: 〈연합뉴스〉 2016. 11. 10

2016년 11월 10일자 〈연합뉴스〉 기사를 보면, 지난 뉴스를 보고 투자하지 않기를 잘했다는 생각이 들 것이다. 개발계획 고시가 된 지 거의 1년 반이 지난 후에야 실시계획 고시가 이뤄졌기 때문이다. 기존의 개발계획에 따르면 대장지구 도시개발사업은 제1공단 공원화사업과 결합개발을 하는 것으로 돼 있다. 하지만 제1공단 민간사업자와의 소송 등으로 인해 결국 분리해 추진하는 것으로 변경됐다. 이러한 이유로 사업이 지연된 것이다.

이 기사에는 개발계획과 사업시행자가 모두 등장한다. 복잡한 내용까지 알 수는 없어도, 성남의뜰이라는 사업시행자가 사업을 추진할 것이라는 사실만은 명확하게 알 수 있다. 성남의뜰은 그 유명한 화천대유와 하나은행, 기업은행, 국민은행 등이 컨소시엄(공동 참여) 형식으로 성남도시개발공사와 합작한 PFV(프로젝트금융투자회사)다. 이렇게 개발계획과 사업시행자가 모두 등장한 뉴스를 확인하고 나서 투자해도 결코 늦지 않다.

이 기사는 2016년 11월에 나왔고, 〈그림 2-10〉처럼 대장지구 모습은 2017년이나 2014년이나 차이가 없다. 개발계획과 사업시행자가 모두 발표된 이후에도 현장은 자연 상태 그대로인 경우가 대부분이다. 즉 현장만 봐서는 개발이 될지 안 될지, 투자가치가 있는지 없는지 판단하기 어렵다.

2015년 개발계획 고시를 시작으로 2016년에 실시계획 고시, 2017년 착공에 들어간 대장지구는 2021년에 입주를 시작했다. 2016년에 행정계획과 사업시행자가 모두 등장한 뉴스를 확인하고 토지를 매입했다 해도 사업이 이뤄지기까지 5년이 걸렸다. 토지 투자는 서두를 이유가 전혀 없다.

책을 쓰기 위해 자료를 조사하는 과정에서 판교 개발에 관한 뉴스가 1990년대 후반부터 등장한 것을 확인할 수 있었다. 특히 대장지구는 판교신도시 개발이 가시화되면서 2005년경부터 본격적으로 뉴스가 나왔다. 2005년에 뉴스를 읽고 '나도 한국판 베벌리힐스 땅 주인이 돼볼까?' 하는 마음으로 땅을 샀다면, 무려 10년이 넘는 시간을 전전긍긍하며 보냈을 것이다.

도시개발사업은 규모가 크고 국가가 주도하는 사업일수록 진행 과정에서 부침이 심하다. 규모가 큰 만큼 이해 당사자가 많아서 우리가 기대하는 것처럼 쉽고 빨리 진행되기가 어렵다. 하다못해 방학 숙제도 밀리지 않고 제대로 하려면 생활계획표를 짜고, 매일 해야 할 분량을 정해둬야 개학 이틀 전부터 밤새워 숙제하는 불상사를 막을 수 있다. 하물며 수백, 수천만 평의 토지에 이뤄지는 도시개발사업이라면 더 명확하고 구체적인 계획이 있어야 제대로 진행할 수 있지 않겠는가.

정말로 돈이 되는 개발호재는 뉴스의 행간을 잘 읽는 것으로 충분히 파악할 수 있으며, 핵심은 행정계획과 사업시행자가 모두 등장하는지 여부다. 관심 있는 지역의 뉴스를 꾸준히 읽다 보면 언제 어디에 투자해야 할지 감이 잡히기 시작할 것이다. 대장지구 역시 2005년부터 꾸준히 눈여겨보다가 2016년 실시계획 고시를 보고 나서 샀다면 성공적인 투자가 가능했으리라 생각한다. 물론 토지 가격은 대다수의 사람들이 개발 정보를 모르는 초기보다 비쌀 것이다. 하지만 개발사업의 불확실성과 그에 따른 마음고생을 생각하면, 오른 가격이라도 개발이 확실해졌을 때 매입하는 것이 투자에 성공하는 비결이다.

돈 되는 개발 정보, 어디에서 찾을까?

토지는 개별성이 매우 강한 자산이다. 토지 투자에 있어 일반적인 시장 분위기란 없다. 대한민국은 지금도 개발이 진행되고 있으므로, 부동산 시장 상황과 관계없이 수익을 낼 수 있는 땅은 언제나 존재한다. 주택 경기가 나쁘다면 택지지구 개발사업 토지 투자로 수익을 내기 어렵겠지만, IC 개통 예정 인근이나 산업단지가 들어설 지역의 토지는 충분히 수익을 낼 수 있다. 그러려면 개발될 곳이 어느 지역인지, 언제 어떤 형태로 개발이 될지 알고 있어야 한다. 따라서 토지 투자를 시작하기 전에 관심 지역을 정하는 것은 매우 중요하다.

연고지든 평소 마음에 들었던 곳이든 관심지를 2~3곳 정해두자. 그런 다음 뉴스를 계속 확인하면서 호재가 어떻게 진행되는지 꾸준히 파악하자. 처음엔 무슨 말인지 이해하는 것부터 어렵겠지만, 계속 읽다 보면 마치 퍼즐 조각이 맞춰지듯 개발에 대한 큰 그림에 눈에 들어올 것이다.

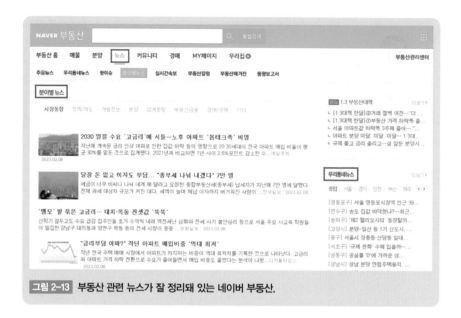

그림 2-13 부동산 관련 뉴스가 잘 정리돼 있는 네이버 부동산.

그렇다면 어디에서 뉴스를 찾아 읽어야 할까? 하루에도 수천, 수만 건의 뉴스가 쏟아지는데 말이다. 이럴 때는 뉴스가 잘 정리된 곳을 찾아보면 된다. 네이버에도 부동산 관련 코너가 있다. 아파트 매매나 임대를 알아볼 때 한 번쯤은 네이버 부동산에서 물건을 보고 공인중개사의 연락처를 확인해봤을 것이다. 하지만 네이버 부동산에는 매물 정보만 있는 게 아니라 부동산과 관련된 다양한 뉴스들이 분야별로 정리돼 있다.

네이버 부동산 뉴스는 PC와 모바일 버전 모두에서 지원된다. 그중에서도 우리가 알고 싶은 개발호재 관련 뉴스는 '우리 동네 뉴스'와 '분야별 뉴스'를 통해 확인할 수 있다. 분야별 뉴스에는 시장동향, 정책/제도, 개발정보 등 다양한 섹션이 있는데, 개발정보 코너에서 일자별로 보도된 관련 뉴스를 볼 수 있다. 단, 분야별 뉴스는 2023년 3월 현재 PC 버전에서만 볼 수 있다.

우리 동네 뉴스에서는 시/군/구별로 정리된 지역 뉴스를 볼 수 있다. 〈그림 2-14〉를 보면 GH(경기주택도시공사)가 남양주 왕숙지구 공동사업시행자로 지정됐다는 뉴스가 나와 있다. 평소 남양주 토지에 관심을 두고 있었다면 이 뉴스를 통해 왕숙지구의 사업시행자가 추가로 지정됐다는 점을 알 수 있을 것이다. 이처럼 2~3곳의 관심 지역을 정해서 개발 관련 뉴스를 꾸준히 읽다 보면 개발의 흐름이 어떻게 진행되는지, 나는 어디에 투자하면 좋을지 감을 잡게 된다.

개발 관련 뉴스를 읽는 팁을 한 가지 더 이야기하면, 시행자가 공공인지 민간인지 구별하자. 보통 공공기관 주도로 진행되는 개발사업은 사업 진행에 대한 발표가 잦은 편이다. 토지 보상 절차도 끝나지 않은 3기 신도시 관련 뉴스가 대표적이다. 투자자로서는 뉴스가 자주 나오니 당장 사업이 추진될 듯해 조급해지지만, 막상 뚜껑을 열어보면 사업 속도가 느린 경우가 많다. 아마 민심 굳히기나 지방선거 등을 위해 실적 보여주기가 필요하기 때문일 것이다.

반면 민간 주도 개발사업은 뉴스가 자주 보도되지 않는다. 기업 입장에서 개발사업 과정을 굳이 보도할 이유가 없기 때문이다. SK하이닉스의 용인시 원삼면 반도체 클러스터, 삼성전자의 반도체 공장 평택캠퍼스 건설 사업은 보도는 잦지 않아도 사업 속도는 굉장히 빠른 편이다. 기업의 필요에 의해 행정계획과 사업시행자가 이미 정해진 상태에서 추진되는 개발사업이기 때문이다.

다시 한 번 강조하지만, 뉴스에 사업시행자가 등장하는지를 반드시 확인해야 한다. 특히 공공이 주도하는 사업일수록 행정계획은 나와 있지만 사업시행

자가 정해져 있지 않거나 바뀌는
경우가 빈번하게 일어나므로 주의
하자.

토지로 건축 등 개발행위를 하
지 않고 시세차익을 얻고 싶다면,
개발호재 관련 뉴스 분석은 굉장
히 중요하다. 매수 시점과 매도
시점이 투자의 성패를 결정하기
때문이다. 개발 가능성이 높다는
것을 알아도, 풀이 무성한 토지를
보고 선뜻 매수하기는 쉽지 않다.
하지만 뉴스를 통해 사업 추진 과
정을 꾸준히 확인하면서 호재 실
현 시점에 대한 확신을 얻을 수

그림 2-14 네이버의 '우리 동네 뉴스' 카테고리.

있다면 얼마든지 성공적인 투자를 할 수 있다.

매일 보도되는 뉴스는 많지만 내가 관심을 두는 지역의 호재 관련 뉴스가
항상 나오는 것은 아니다. 주기적으로 네이버 부동산의 분야별 뉴스와 우리
동네 뉴스를 확인해보자. 꾸준한 뉴스 읽기가 투자 실력 향상의 지름길이다.

원석에서 보석이 될 땅 찾기

부동산 일을 하는 지인들과 이야기를 나누며 지도 앱을 켰다가 새삼 놀란 적이 있다. 수도권 위성사진만으로도 이미 개발이 된 곳과 개발이 되지 않은 곳을 한눈에 파악할 수 있었기 때문이다.

〈그림 2-15〉에서 흰색 부분은 건물이 들어선 곳으로 개발이 완료된 지역이다. 반대로 초록색으로 된 부분은 산지나 개발되지 않은 녹지 상태의 땅이다. 보다시피 서울을 포함한 수도권 서쪽은 대부분 흰색이며, 고속도로 분기점(JC, 노란색)도 훨씬 촘촘하다는 사실을 알 수 있다.

주택공급대책이 나오면 서울 서쪽에 거주하는 지인들이 이미 입주 물량도 많고 교통도 복잡한데 왜 서쪽에만 이렇게 뭘 짓는지 모르겠다고 푸념을 하곤 한다. 최근 인천, 시흥, 안산 등에 많은 아파트가 공급됐는데도 3기 신도시에 인천 계양, 부천 대장, 고양 창릉이 포함된 사실을 보면 왜 서쪽에만 유독 택지지구가 많이 공급되는지 충분히 의문이 들 만하다.

그림 2-15 **수도권 위성사진.**

출처: 카카오맵

　부동산의 대표적인 특징 중 하나는 움직일 수 없다는 부동성(不動性)과 늘어날 수 없다는 부증성(不增性)이다. 부동산은 움직일 수 없기에 지역마다 다른 특성이 나타난다. 우리나라는 동고서저 지형으로 동쪽에 산이 많고 서쪽으로 갈수록 지대가 낮아진다. 공급자 입장에서는 산지를 깎기보다는 평지에 집을 짓는 편이 건축비도 적게 들고 훨씬 효율적이므로 서쪽에 있는 땅이 개발에 훨씬 유리한 셈이다. 반면 동쪽은 산지가 많다 보니 주택 공급이 쉽지 않다. 하지만 도로나 철도 등의 인프라를 구축하면 그 주변으로 거주민들이 옹기종기 모여 살기 때문에 인프라 활용 측면에서 유리하다.

　토지는 신규 공급이 불가능하며, 절대적인 양이 정해져 있어 희소한 자원이다. 수도권을 포함해 전국에서 입지가 좋고 산업이 발전하는 지역은 계속해서 개발이 진행 중이고, 나에게 주어진 토지 투자의 기회는 이 시간에도 계속해서 줄어들고 있다.

초보 투자자라면 지목으로는 전, 답 등의 농지를, 용도지역으로는 개발 가능성이 높은 녹지지역이나 관리지역을 중심으로 관심 지역을 하나씩 늘려가며 공부해야 한다.

공급자의 관점에서 생각해보는 것도 필요하다. 공급자는 어느 지역을 선호하는지, 어떤 용도로 개발할 수 있는 땅을 원할 것인지를 잘 생각해보자. 어느 곳을 관심 지역으로 정하고 어떤 용도지역의 땅을 골라야 할지 감을 잡을 수 있을 것이다. 이처럼 형편없는 모습의 땅(원석) 중에서 시가지로 변신할 땅(보석)을 찾는 것이 토지 투자의 포인트다.

투자 진입 시점은
언제가 좋을까?

지금까지 토지이용계획을 통해 토지의 기본 정보를 확인하는 법 그리고 뉴스를 분석해 토지가 돈이 될지 가늠하는 법을 공부했다. 이제 의문이 든다. 대체 언제 땅을 사야 투자에 성공할 수 있을까?

토지 투자에 실패한 사례들을 보면, 개발호재에 대한 소문이 무성한 시점에서 토지를 매수한 경우가 많다. "여기에 신도시가 들어선다더라" "지하철이 뚫린다더라" 수준의 일명 카더라 정보로 투자를 결정한 것이다. 호재가 발표되면 가격이 오를 테니 아무도 모를 때 싸게 사야 한다는 심리인데, 물론 개발호재가 발표되면 토지 가격은 오른다. 하지만 발표 초기에는 가격이 크게 변하지 않는다. 또한 호재 자체가 실현되지 않는 불상사가 발생할 수도 있다.

호재 발표 시점 즈음은 소위 기획부동산이라 불리는 사기꾼들이 투자자들을 유혹하는 이야기를 만들어내기가 너무 좋은 시기다. 그들은 "아무도 모르는 내부 정보인데 호재가 발표되면 천지개벽을 할 곳입니다" "대박이 날 땅

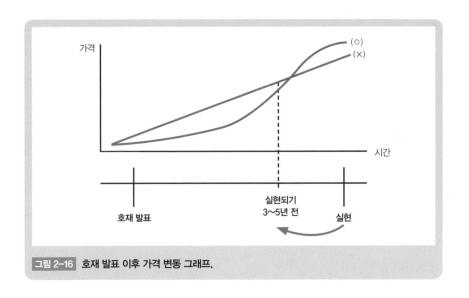

그림 2-16 호재 발표 이후 가격 변동 그래프.

이니 사장님만 조용히 사두세요” 같은 달콤한 말로 사람을 유혹한다.

사실 토지는 3년쯤 후 가격이 얼마까지 갈 것 같다는 계산만 가능하면 성공적인 투자를 할 수 있다. 이런 계산을 못한다 해도 방법은 있다. 바로 개발호재가 실현되기 3~5년 전에 토지를 사는 것이다. 토지 가격은 매년 꼬박꼬박 계단식으로 오르지 않는다. 호재 발표 이후 완만하게 상승하다가 호재가 실현되는 시점이 임박했을 때 수직 상승을 한다. 호재 발표부터 완공 시점까지 10년이 걸린다고 하면 개발이 80% 수준이 됐을 때 급격하게 오르는 것이다.

개발호재가 발표된 토지도 처음엔 허허벌판인 경우가 대부분이다. 그러다 도로 등 기반시설이 생기고 아파트나 상가가 지어지는 모습이 보이기 시작하면 이 지역이 개발되고 있다는 사실을 누구나 알게 된다. 보통 이 시점이 완공 1~2년 전쯤이다. 이때가 되면 빌라 개발업자 같은 실수요자를 포함해 이 지역에 진입하려는 투자자가 늘어난다. 이때 토지를 매수하려면 실수요자와 경쟁해야 하므로 매물을 찾기 어려울뿐더러 가격도 매우 비싸다. 사실상 투자로 수익을 내기가 어렵다. 따라서 개발호재가 실현되기 3~5년 전에 매수하는 것이 가장 좋다. 이때 매수해두었다가 호재 실현 1~2년 전에 등장한 실수요자에게 팔면 마음 편하게 안정적인 투자를 할 수 있다.

아파트를 예로 들어보자. 아파트는 거래가 일어날 때마다 실거래가가 공시되고 매물 정보도 쉽게 찾을 수 있어 시세는 물론 가격 변화도 쉽게 파악할 수 있다. 그래서 아파트 중개를 하다 보면 과거 가격을 이야기하며 의사결정을 못하는 경우를 흔하게 만난다. 가격이 오른 시기에는 올라서 못 사겠고, 가격이 그대로면 투자가치가 없어서 못 사겠고, 가격이 내려갔다면 더 떨어질까 봐 못사겠다고 한다. 결국 의사결정을 미루고 미루다 임차인으로 계속 거주하거나, 눈물을 머금고 하위 지역으로 가서 매수하는 경우를 많이 봤다.

토지도 마찬가지다. 호재 발표 초기에는 별다른 변화가 나타나지 않기 때문에 가격 변화도 크게 일어나지 않는다. 그래서 호재 발표 전 소문을 믿고 매수하면 호재가 실현될 때까지 버티지 못하고 포기하는 경우가 왕왕 발생한다. 그런데 호재 실현 5년 전쯤이 되면 윤곽이 서서히 드러난다. 주변에 하나둘 건축 현장이 나타나고, 개발에 대한 기대감으로 토지 가격은 한 단계 상승한다. 개발될 땅이라는 것이 확실해졌으니 투자할 수 있을까? 아는 것이 병이라고 이전 가격을 아는 사람들은 이 가격에는 못 산다며 매수를 주저한다. 가격 변화가 없으면 오르지 않는 땅이라서 못 사겠다고 한다.

토지 투자에 실패하는 이유는 크게 두 가지다. 호재가 실현됐지만 개발되지 않는 경우 그리고 호재 자체가 실현되지 않는 경우다. 호재가 실현됐지만 개발되지 않는 희귀한 경우는 토지 공부를 꾸준히 하면 피해 갈 수 있다. 하지만 호재 자체가 실현되지 않는 것은 싸게 사는 데만 집중한 나머지 호재 실현 여부가 불확실할 때 진입한 경우가 대부분이다.

투자에서 타이밍을 완벽히 맞추는 것은 사실상 불가능하다. 초기보다는 땅값이 올랐다고 해도 호재 실현이 확실한 시점에 토지를 산다면, 향후 개발이 완료됐을 때를 생각하면 그때가 가장 싼 시점이 된다.

토지는 보유기간이 큰 의미가 없다. 해당 지역에 거주하며 농사를 짓는 재촌자경이 아니면 오래 보유한다고 비과세를 받는 것이 아니기 때문이다. 마지막으로 강조! 개발호재가 실현되기 3~5년, 접근할 수 있는 수준의 가격에서 접근하자. 성공적인 투자를 할 수 있을 것이다.

3장

토지 투자,
이것만은 알고 하자

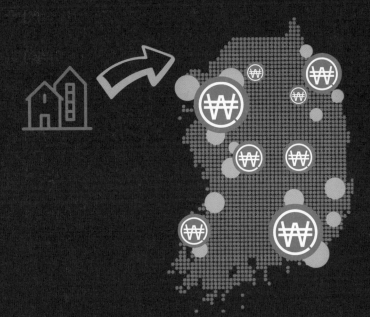

당신이 꼭 알아야 할
공법 몇 가지

사실 토지 투자를 잘하기 위해서는 공법을 많이 아는 것보다 투자 사례를 많이 경험하는 것이 훨씬 중요하다. 그러나 투자 과정에서 발생하는 문제를 해결할 때는 공법을 알아야 한다. 이 부분은 해결하는 과정에서 공부할 수도 있고 전문가의 도움을 받을 수도 있으니 미리부터 겁먹고 포기하지만 말자.

토지 투자 방법에는 여러 가지가 있지만, 궁극적으로는 건물을 짓는 등의 개발행위로 가치를 높이는 것이 좋다. 이때 땅에 개발행위가 가능한지는 용도지역에서 정하고 있다. 그리고 이 용도지역을 규정하고 있는 것이 바로 공법이다. 즉 각종 개발행위를 할 수 있는지는 공법에 달린 셈이다.

공법을 모두 알 필요는 없다. 필요할 때 찾아볼 수 있을 정도면 충분하다. 그럼 공법의 구조를 먼저 살펴보자.

먼저 최상위는 국토종합계획이다. 국토 전체의 균형적인 개발과 이용을 위한 계획인 셈이다. 그다음으로는 광역도시계획이 있다. 근처의 시나 군을

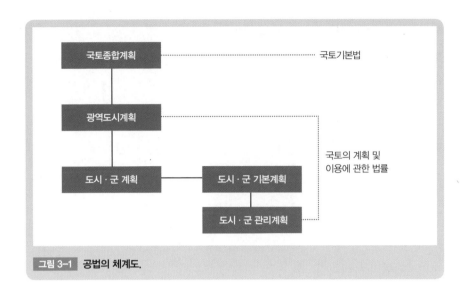

그림 3-1 공법의 체계도.

연결해서 시설을 체계적으로 정비하기 위한 것이다. 마지막으로는 도시·군 계획이다. 시 또는 군 각각의 발전 방향에 대한 계획을 정한 것으로, 다시 종합적인 방향을 제시하는 기본계획과 이를 실현하는 관리계획으로 나뉜다. 갈수록 범위가 작고 구체적인 모습임이 느껴지는가?

이 중에서 우리가 눈여겨봐야 할 것은 도시·군 관리계획이다. 투자할 때 필수적으로 고려해야 하는 용도지역·용도지구·용도구역과 지구단위계획, 도로 등의 기반시설이 모두 여기서 정해지기 때문이다. 그리고 이 도시·군 계획과 광역도시계획을 규정하는 법이 바로 국토의 계획 및 이용에 관한 법률(국계법)이다. 이 땅에 건물을 지을 수 있을지, 어느 정도 규모로 지을 수 있는지는 국계법에 달려 있다. 전반적인 내용은 국계법에서 다루지만, 지자체마다 다르게 정하는 세세한 항목은 각 시·군·구의 조례를 찾아보면 된다.

자꾸 법 이야기를 해서 미안하지만 한 가지 개념을 더 짚고 넘어가도록 하

자. 법인 투자를 해본 분들은 아실 것이다. 법인의 본점 소재지를 과밀억제권역에 두고 있으면, 부동산 취득을 할 때 세금이 중과된다는 사실을. 따라서 법인 설립을 할 때 비과밀지역에 본점을 두어 세금 중과를 피하기 위해 많은 투자자들이 용인, 화성 등의 소호 사무실을 찾았다. 이때 등장하는 과밀억제권역과 비과밀지역이 바로 수도권정비계획법에서 나온 구분이다.

우리나라 인구 5,000만 명 중 2,000만 명 이상이 수도권에 모여 살고 있다. 그러다 보니 여러 가지 부작용이 발생한다. 이를 해결하기 위해 인구와 산업을 적절하게 배치해 수도권을 정비하고, 균형 있게 발전시키는 것이 수도권정비계획법의 목적이다.

수도권은 크게 과밀억제권역, 성장관리권역, 자연보전권역으로 나누어 권역별로 행위제한 규정을 두고 있다.

① **과밀억제권역:** 서울을 포함해 인천, 고양, 수원, 성남, 과천 등 인구 및 일자리가 집중돼 있어 이를 이전하거나 정비할 필요가 있는 지역.
② **성장관리권역:** 화성, 평택, 파주, 김포, 양주 등 과밀억제권역으로부터 이전하는 인구와 산업을 유치해서 계획적으로 도시개발을 진행하고 관리해야 할 지역.
③ **자연보전권역:** 광주, 이천, 여주, 양평 등 한강 상수원에 위치해 수질 등 자연환경을 보전해야 할 필요가 있는 지역. 참고로 용인시는 성장관리권역과 자연보전권역으로 나뉘어 있다.

수도권정비계획법이 중요한 이유는 대규모 개발사업의 규모를 제한하며, 산

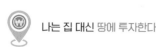

그림 3-2 수도권정비계획법에 따른 수도권 권역 현황.　　　出처: 제3차 수도권정비계획

업단지 등은 권역에 따라 업종 제한이 있기 때문이다. 공장과 학교도 총량을 설정해서 허가를 내준다. 따라서 취득세 중과를 피하기 위해 법인 본점을 비과밀지역에 둔 것처럼, 토지 투자를 할 때는 내가 어떤 방식의 개발을 할지에 따라 3개 권역 중 어느 지역이 유리할지 판단하고 접근해야 한다.

　토지 관련 규정에 있어서는 상위 법률보다 하위법이 우선한다. 많은 분들이 혼동하는 부분이다. 토지 투자에서는 반대라는 것을 알아두자. 어렵게 느껴진다면 투자를 결정할 때 전문가의 도움을 받거나 지자체에 문의하도록 하자.

　토지 투자는 개인의 노력에 따라 할 수 있는 방법이 정말 다양하다. 따라서 누가 알려주기를 기대하지 말고, 스스로 관련 내용을 알아보고 문의하는 적극성이 필요하다. 뭐가 뭔지 잘 모르겠다면 담당 관청에 전화해서 물어보자. 경험상 필요한 내용을 질문했을 때 친절한 답변을 받는 경우가 많았다. 공법을 스스로 공부하는 것도 중요하지만, 관청 담당자의 확인을 받고 투자하는 것이 안전하다.

내 땅에 어떤 건물을 지을 수 있을까?

그렇다면 이 땅에 건축물을 지을 수 있는지, 지을 수 있다면 어떤 건축물을 지을 수 있는지 어떻게 알 수 있을까? 다시 토지이음을 방문할 시간이다. 토지투자와 토지이음은 떼려야 뗄 수 없는 관계다. PC 즐겨찾기에도 등록하고 앱도 설치해 수시로 들여다보자.

〈그림 3-3〉은 예시로 들기 위해 찾은 경매 사례다. 경기도 안성시에 위치한 약 378평의 토지로 감정가는 2억 1,125만 원이며 2억 2,680만 원에 낙찰됐다. 시간을 되돌려 내가 이 물건에 입찰을 고민하는 투자자라고 가정해보자. 토지이음을 통해 우리가 해야 할 일은? 맞다. 토지이용계획을 살펴보고 어떤 개발행위를 할 수 있는지 확인하는 것이다.

이 땅은 지목이 답이고 용도지역이 도시지역 중에서도 자연녹지지역이다. 그리고 자연보전권역과 상대보호구역으로 지정돼 있다. 과연 건축행위가 가능할까? 가능하다면 어떤 건축물을 지을 수 있을까? 좌측 메뉴에 있는 '행위가능여부'를 클릭해보자.

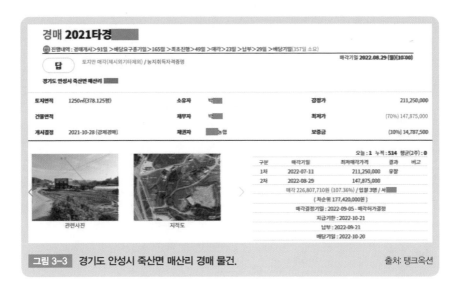

그림 3-3 경기도 안성시 죽산면 매산리 경매 물건.

출처: 탱크옥션

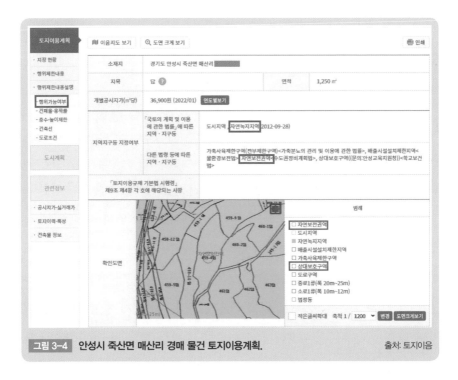

그림 3-4 안성시 죽산면 매산리 경매 물건 토지이용계획.

출처: 토지이음

행위가능여부	건폐율·용적률	층수·높이제한	건축선	도로조건

시설물 또는 토지이용행위 검색 해당 토지에 건축을 하거나 이용하고자 하는 토지이용행위를 입력해 주세요.

예) 단독주택, 아파트	검색	취소	자주 찾는 시설물

건축법 별표에 따른 시설물		가능여부 보기	해당 필지에 지정된 「국토의 계획 및 이용에 관한 법률」에 따른 지역·지구
대분류	시설물		자연녹지지역
- 단독주택			
	단독주택	Q	○
	다중주택	Q	○
	다가구주택	Q	○
	공관	Q	○
- 공동주택			
	아파트	Q	X
	연립주택	Q	○
	다세대주택	Q	○
	기숙사	Q	○
- 제1종 근린생활시설			
	일용품을 판매하는 소매점	Q	○
	휴게음식점	Q	○
	제과점	Q	○

그림 3-5	'행위가능여부' 확인하는 법.	출처: 토지이음

　그러면 〈그림 3-5〉와 같이 이 땅에 지을 수 있는 건축물의 종류가 나온다. 검색창에 짓고 싶은 건축물을 직접 입력해 찾아볼 수도 있다. 다만 이는 국토의 계획 및 이용에 관한 법률에 따라 용도지역이 자연녹지지역인 토지에 허용되는 행위다. 앞서 토지 관련 규정은 상위 법률보다 하위법이 우선한다고 했다. 다시 말해 국토의 계획 및 이용에 관한 법률에서 정했어도 수도권정비계획법이나 시·군 조례에서 안 된다고 하면 안 되는 것이다. 따라서 우리는 안성시 조례를 반드시 함께 확인해야 한다. 안성은 수도권의 자연보전

권역에 해당한다는 것도 기억해두자.

자, 편의점처럼 일용품을 판매하는 소매점을 지을 토지를 찾다가 이 물건을 발견했다고 가정해보자. 국계법에서는 자연녹지지역에 제1종 근린생활시설에 해당하는 소매점의 건축이 가능하고 한다. 안성시 조례에서도 소매점 건축이 가능한지 확인하고 싶다면 '가능여부 보기'의 돋보기 표시(《그림 3-5》)를 눌러 추가로 확인할 수 있다.

어떤가? 수도권정비계획법상 자연보전권역에는 소매점의 신설·증설이 금지되며, 예외적으로 관계 행정기관장의 필요에 따라 소매점 건축을 허가할 수 있다고 돼 있다(《그림 3-6》). 토지이용계획에는 이렇게 상충하는 두 가지 규정이 등장하고, 하위법을 따르는 경우가 자주 있다. 토지이용계획을 꼼꼼하게 확인해야 하는 이유다.

토지이용계획에 등장하는 또 다른 개념인 상대보호구역에 대해서도 잠시 짚고 넘어가자. 학교가 있거나 학교가 들어설 예정인 지역 인근에는 학생들의 안전과 면학 분위기 등 교육환경을 보호하기 위해 일정한 행위나 시설의 설치를 금지하고 있다. 이때 학교로부터 얼마나 떨어져 있느냐 따라 절대보호구역 또는 상대보호구역으로 지정을 한다.

① **절대보호구역**: 학교 출입문으로부터 직선거리로 50m까지의 지역
   (설립 예정지는 학교 경계로부터 직선거리 50m까지인 지역)

② **상대보호구역**: 학교 경계 등으로부터 직선거리로 200m까지인 지역 중 절대보호구역을 제외한 지역

지역·지구		가능여부		조건·제한·예외사항
가축사육제한구역	ⓘ	검색결과 없음	ⓘ	
도시지역	ⓘ	검색결과 없음	ⓘ	
배출시설설치제한지역	ⓘ	검색결과 없음	ⓘ	
상대보호구역	ⓘ	검색결과 없음	ⓘ	
자연녹지지역	ⓘ	건축가능 - 일용품을 판매하는 소매점	ⓘ	4층 이하의 건축물에 한한다. 4층 이하의 범위안에서 도시·군계획조례로 따로 층수를 정하는 경우에는 그 층수 이하의 건축물에 한한다.
자연보전권역	ⓘ	신설·증설금지 - 일용품을 판매하는 소매점	ⓘ	다만, 관계 행정기관의 장은 필요한 경우 「수도권정비계획법 시행령」 제14조에 따라 허가등을 할 수 있다. 해당 시설이 주용도(해당 건축물의 업무용시설 면적의 합계가 「건축법 시행령」 별표 1의 분류에 따른 용도별 면적 중 가장 큰 경우를 말함)인 건축물로서 그 연면적이 2만5천제곱미터 이상인 건축물 또는 업무용시설이 주용도가 아닌 건축물로서 그 업무용시설 면적의 합계가 2만5천제곱미터 이상인 건축물을 말한다. 여기서 면적은 창고 시설(「하수도법」 제2조제1호에 따른 오수를 배출하지 아니하는 시설만 해당)과 주차장의 면적을 제외한 면적을 말한다. 다만, 각 시설의 면적이 「건축법 시행령」 별표 1 제10호마목의 연구소 및 같은 표 제14호나목의 일반업무시설에 따른 시설 면적의 합계보다 작은 경우만 해당한다.
자연보전권역	ⓘ	신설·증설금지 - 일용품을 판매하는 소매점	ⓘ	다만, 관계 행정기관의 장은 필요한 경우 「수도권정비계획법 시행령」 제14조에 따라 허가등을 할 수 있다. 해당 시설이 주용도(해당 건축물의 판매용시설 면적의 합계가 용도별면적 중 가장 큰 경우를 말함)인 건축물로서 그 연면적이 1만5천제곱미터 이상인 건축물 또는 판매용시설이 주용도가 아닌 건축물로서 그 판매용시설 면적의 합계가 1만5천제곱미터 이상인 건축물을 말한다. 여기서 면적은 창고 시설(「하수도법」 제2조제1호에 따른 오수를 배출하지 아니하는 시설만 해당)과 주차장의 면적을 제외한 면적을 말한다. 다만, 각 시설의 면적이 「건축법 시행령」 별표 1 제7호의 판매시설 및 같은 표 제16호의 위락시설에 따른 시설 면적의 합계보다 작은 경우만 해당한다.

그림 3-6 용도지역, 용도지구에 따른 행위제한.   출처: 토지이음

    상대보호구역 지정 여부가 중요한 이유는, 내가 건물을 건축한 후에 입점할 수 있는 업종에 영향을 주기 때문이다. 우리는 지금 편의점(소매점)을 지을 땅인지를 확인하고 있으므로 이 땅이 상대보호구역으로 지정돼 있다는 사실이 건축에 영향을 주지는 않는다. 하지만 만약 주류 등을 파는 음식점이나

노래방을 할 자리를 찾는다면 상대보호구역 또는 절대보호구역은 허가를 받을 수 없으므로 피해야 한다.

결론을 내려보자. 토지이용계획을 보면 국토의 이용 및 계획에 관한 법률 상 자연녹지지역이고, 수도권정비계획법에 따라 자연보전권역이다. 자연보전권역에서는 관계 행정기관의 장이 필요에 따라 허가를 할 수 있으므로 이 땅에 편의점을 지으려면 안성시에 개발행위허가를 받아야 한다.

이 물건에 입찰하기 전이라면 다음에는 무엇을 해야 할까? 개발행위허가를 받을 수 있는지를 확인해야 한다. 여기서부터는 직접 움직여야 한다. 시청 주변에 가면 쉽게 찾을 수 있는 건축사 사무실에 상담하거나 안성시 담당자에게 문의하면 된다. 이렇게 개발행위허가를 받을 수 있는지 충분히 검토한 후 토지 매수를 결정해도 늦지 않다. 이 정도 검토도 하지 않고 덜컥 경매로 낙찰을 받았다가 문제가 발생하는 경우가 상당히 많다.

🔍 건폐율 그리고 용적률이란?

자, 안성시 담당자에게 물어봤더니 소매점 건축이 가능하다고 한다. 다음으로는 건축물을 어느 정도 규모로 지을 수 있는지 확인할 차례다. 국토의 계획 및 이용에 관한 법률에서는 용도지역별로 지을 수 있는 건축물의 규모를 정해두고 있다. 내 소유의 땅이라고 해서 원하는 만큼 건물을 지을 수 있는 것이 아니라 법률에 정해진 한도 내에서 지을 수 있다.

건축 규모를 나타내는 지표가 건폐율과 용적률인데, 건폐율은 토지에 건

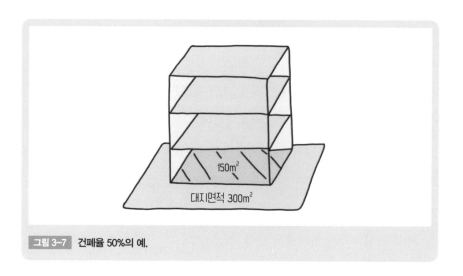

그림 3-7 건폐율 50%의 예.

물 면적(몇 m²)을 얼마나 지을 수 있는가를 의미한다.

300m² 면적의 토지가 있다고 가정해보자. 이 토지의 용도지역상 건폐율이 50%라면 이 땅에는 면적이 150m² 이내인 건물을 지을 수 있다. 도시지역에는 빌딩이 빼곡하게 지어져 있는 반면, 외곽지역이나 농촌지역 건물은 드문드문 한산하게 들어서 있는 것은 용도지역마다 건폐율 허용 기준이 다르기 때문이다. 도심지일수록 건폐율이 높고 외곽으로 갈수록 건폐율이 낮아진다. 건폐율의 한도는 최대 100%이다. 만약 건폐율이 100%가 넘는다면 타인의 토지를 침범했다고 볼 수 있다.

$$건폐율 = \frac{건축면적}{대지면적} \times 100$$

한편 용적률은 대지면적에 대한 연면적의 비율이다. 대지면적은 토지의 면적을 말하고, 연면적이란 건축물의 각 바닥면적을 모두 합한 것을 말한다. 즉, 용적률이란 건물을 얼마나 높게 지을 수 있느냐를 나타내는 지표다. 단, 용적률을 계산할 때 지하층과 건물에 딸린 주차장 면적은 제외된다.

예를 들어 건폐율이 50%인 토지 300m²에 지하 1층, 지상 4층의 건물이 들어서 있다면 이 땅의 용적률은 얼마일까?

$$용적률 = \frac{연면적}{대지면적} \times 100$$

지하층은 용적률을 계산할 때 연면적에서 제외된다. 따라서 연면적에는 1·2·3·4층의 4개 층 바닥면적만 포함된다. 이 건물의 용적률을 계산하면 다음과 같다.

$$\frac{1층+2층+3층+4층(600m^2)}{대지면적(300m^2)} \times 100 = 200\%$$

부동산 투자에서 건폐율과 용적률은 매우 중요하다. 특히 기존 건물을 부수고 새롭게 만드는 재개발·재건축은 건폐율·용적률이 사업 가능 여부를

용적률을 산정할 때는 지하층의 면적, 지상층의 주차용(해당 건축물의 부속용도인 경우만 해당)으로 쓰는 면적, 주민공동시설의 면적, 초고층 건축물의 피난 안전구역의 면적은 제외한다.
대지에 건축물이 둘 이상 있는 경우에는 이들 연면적의 합계로 한다.

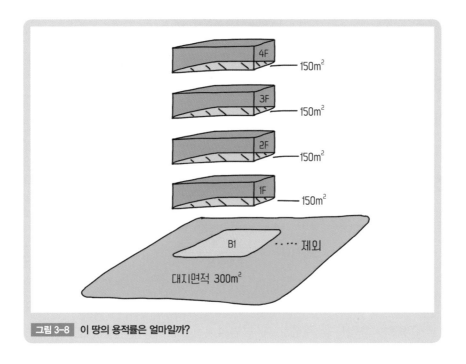

그림 3-8 이 땅의 용적률은 얼마일까?

가르는 경우가 많다. 원래 건물보다 더 크고 넓게 지어 가치가 높아져야 원
만하게 사업을 진행할 수 있다. 토지 투자에서도 건축 가능 규모는 건폐율과
용적률에 의해 결정되므로 투자 수익률 측면에서 중요하다. 건폐율과 용적
률은 해당 지역의 개발 밀도를 가늠하는 척도로 활용할 수도 있다.

국토의 이용 및 계획에 관한 법률에서는 건폐율과 용적률의 기준을 〈표
3-1〉과 같이 정하고 있다.

따라서 어느 정도 규모의 건물을 지을 수 있는지 미리 확인하고 싶다면 매
수하려는 토지의 용도지역에 해당하는 건폐율·용적률 기준에 따라 계산해
보면 된다. 그런데 건폐율과 용적률도 건축행위 가능 여부와 마찬가지로 지
자체별 상황에 따라 조례로 다르게 정할 수 있다.

용도지역	상세지역	건폐율	용적률
주거지역	1종 전용주거지역	50%	100%
	2종 전용주거지역	50%	150%
	1종 일반주거지역	60%	200%
	2종 일반주거지역	60%	250%
	3종 일반주거지역	50%	300%
	준주거지역	70%	500%
상업지역	근린상업지역	70%	900%
	유통상업지역	80%	1,100%
	일반상업지역	80%	1,300%
	중심상업지역	90%	1,500%
공업지역	전용공업지역	70%	300%
	일반공업지역	70%	350%
	준공업지역	70%	400%
녹지지역	자연녹지지역	20%	100%
	생산녹지지역	20%	100%
	보전녹지지역	20%	80%
관리지역	계획관리지역	40%	100%
	생산관리지역	20%	80%
	보전관리지역	20%	80%
농림지역		20%	80%
자연환경보전지역		20%	80%

표 3-1 건폐율과 용적률 기준.

매번 조례를 확인하려면 번거로우니 이번에도 토지 투자의 필수품 토지이용을 활용해보자. 토지이용계획을 확인하고 나면 행위가능여부 바로 오른쪽에 건폐율·용적률 탭이 있다(〈그림 3-9〉). 앞에서 예로 든 안성시 경매 물건으로 확인해보면, 용도지역상 자연녹지지역이므로 건폐율 20%, 용적률 100%다. '음, 이 땅은 378평이니 건폐율과 용적률을 감안하면 약 76평의 소매점

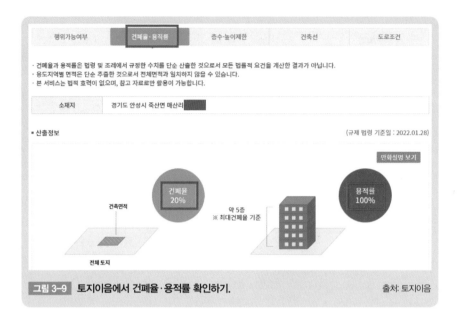

| 행위가능여부 | 건폐율·용적률 | 층수·높이제한 | 건축선 | 도로조건 |

· 건폐율과 용적률은 법령 및 조례에서 규정한 수치를 단순 산출한 것으로서 모든 법률적 요건을 계산한 결과가 아닙니다.
· 용도지역별 면적은 단순 추출한 것으로서 전체면적과 일치하지 않을 수 있습니다.
· 본 서비스는 법적 효력이 없으며, 참고 자료로만 활용이 가능합니다.

| 소재지 | 경기도 안성시 죽산면 매산리 ▮▮▮▮▮ |

■ 산출정보
(규제 법령 기준일 : 2022.01.28)

만화설명 보기

건축면적

건폐율
20%

약 5층
※ 최대건폐율 기준

용적률
100%

전체 토지

그림 3-9 토지이음에서 건폐율·용적률 확인하기. 출처: 토지이음

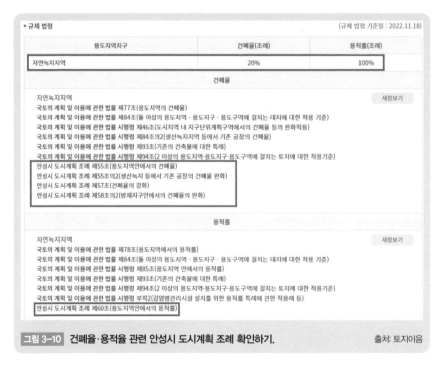

■ 규제 법령
(규제 법령 기준일 : 2022.11.18)

용도지역지구	건폐율(조례)	용적률(조례)
자연녹지지역	20%	100%

건폐율

자연녹지지역   새창보기
국토의 계획 및 이용에 관한 법률 제77조(용도지역의 건폐율)
국토의 계획 및 이용에 관한 법률 제84조(둘 이상의 용도지역 · 용도지구 · 용도구역에 걸치는 대지에 대한 적용 기준)
국토의 계획 및 이용에 관한 법률 시행령 제46조(도시지역 내 지구단위계획구역에서의 건폐율 등의 완화적용)
국토의 계획 및 이용에 관한 법률 시행령 제84조의2(생산녹지지역 등에서 기존 공장의 건폐율)
국토의 계획 및 이용에 관한 법률 시행령 제93조(기존의 건축물에 대한 특례)
국토의 계획 및 이용에 관한 법률 시행령 제94조(2 이상의 용도지역·용도지구·용도구역에 걸치는 토지에 대한 적용기준)
안성시 도시계획 조례 제55조(용도지역안에서의 건폐율)
안성시 도시계획 조례 제55조의2(생산녹지 등에서 기존 공장의 건폐율 완화)
안성시 도시계획 조례 제57조(건폐율의 강화)
안성시 도시계획 조례 제58조의2(방재지구안에서의 건폐율의 완화)

용적률

자연녹지지역   새창보기
국토의 계획 및 이용에 관한 법률 제78조(용도지역에서의 용적률)
국토의 계획 및 이용에 관한 법률 제84조(둘 이상의 용도지역 · 용도지구 · 용도구역에 걸치는 대지에 대한 적용 기준)
국토의 계획 및 이용에 관한 법률 시행령 제85조(용도지역 안에서의 용적률)
국토의 계획 및 이용에 관한 법률 시행령 제93조(기존의 건축물에 대한 특례)
국토의 계획 및 이용에 관한 법률 시행령 제94조(2 이상의 용도지역·용도지구·용도구역에 걸치는 토지에 대한 적용기준)
국토의 계획 및 이용에 관한 법률 시행령 부칙2(감염병관리시설 설치를 위한 용적률 특례에 관한 적용례 등)
안성시 도시계획 조례 제60조(용도지역안에서의 용적률)

그림 3-10 건폐율·용적율 관련 안성시 도시계획 조례 확인하기. 출처: 토지이음

나는 집 대신 땅에 투자한다

안성시 도시계획 조례 제55조(용도지역안에서의 건폐율)
안성시 도시계획 조례 제55조의2(생산녹지 등에서 기존 공장의 건폐율 완화)

제55조의2(생산녹지 등에서 기존 공장의 건폐율 완화) 영 제84조의2제2항에 따라 생산녹지지역, 자연녹지지역, 생산관리지역 또는 계획관리지역에 있는 기존 공장(해당 용도지역으로 지정될 당시 이미 준공된 것으로 한정한다)이 부지를 확장하여 건축물을 증축하는 경우에 적용되는 건폐율은 40퍼센트 이하로 한다. <개정 2016.09.23., 2020.11.20.> [전문신설 2016.3.21]

법령정보센터 바로가기 >

안성시 도시계획 조례 제57조(건폐율의 강화)

제57조(건폐율의 강화) 영 제84조제5항에 따라 도시지역에서 토지이용의 과밀화를 방지하기 위하여 건폐율을 낮추어야 할 필요가 있는 경우 해당 구역에 적용할 건폐율의 최대한도의 40퍼센트까지 건폐율을 낮출 수 있다. <개정 2016.09.23., 2021.12.17.>

법령정보센터 바로가기 >

안성시 도시계획 조례 제58조의2(방재지구안에서의 건폐율의 완화)

그림 3-11 안성시 도시계획 조례.   출처: 토지이음

을 최대 5층까지 지을 수 있겠군'이라고 생각할 수 있다.

하지만 하위법인 조례는 상위법인 국계법보다 앞선다는 사실을 명심하고 바로 안성시 도시계획 조례를 토지이음에서 찾아보자(〈그림 3-10〉). 안성시에서 정한 조건에 해당되면 건폐율과 용적률이 완화되거나 강화될 수 있다. 결과는?

안성시 도시계획 조례 제55조를 살펴보니 이 땅은 기존 공장 등의 부지에 해당하지 않으므로 신경 쓸 필요가 없다. 또한 도심지에서 벗어난 지역의 토지이므로 제57조의 도시지역 과밀화를 방지하기 위한 건폐율 강화 요건에도 해당하지 않는다.

따라서 용도지역의 기준에 따라 〈그림 3-12〉와 같이 국도변에서 흔하게 만날 수 있는 약 76평의 소매점을 지을 수 있는 땅이 되겠다. 이를 고려하고 얼마에 입찰할지 정하면 된다.

국도변에 소매점(편의점)을 짓는다면 이런 모습이지 않을까.

　지금까지 경매 사례를 통해 토지에 건축이 가능한지, 어느 정도 규모로 지을 수 있는지 단계별로 알아보았다. 토지이음을 통해 이 정도만 확인해도 목적과 다른 토지를 사서 마음고생을 하거나 대대손손 물려줄 땅을 사는 일은 없을 것이다.

지구단위계획이라는 끝판왕

기본 중의 기본인 토지이용계획을 확인할 때 지목보다는 용도지역이 훨씬 중요하다고 강조했다. 그런데 지목과 용도지역을 무시하고 독불장군처럼 기존과 완전히 다른 계획을 정하는 토지이용계획상의 끝판왕이 있으니 바로 지구단위계획이다. 지구단위계획은 해당 지역을 어떻게 개발하겠다는 구체적인 내용을 담은 '계획'이고, 지구단위계획구역은 해당 계획에 따라 개발하기 위해 지정한 '구역'이다. 용어에서부터 계획을 세우고 추진하겠다는 의지가 느껴지지 않는가?

지구단위계획은 종전의 도시계획법에 의한 상세계획과 건축법에 의한 도시설계를 통합하면서 생긴 제도로, 용도지역·용도지구·용도구역으로는 미처 담지 못한 체계적인 개발계획을 정하고 있다. 이는 민관이 지구단위계획으로 지정된 구역 일대를 공동으로 정비하게 유도하는 것이 목적이다. 이렇게 지정된 곳을 지구단위계획구역이라고 한다.

3기 신도시 같은 대규모 개발사업을 추진할 때 세부계획으로 지구단위계획을 함께 수립하는 경우가 많다. 이 경우 구역 일대가 좋아지는 것은 분명하지만, 민관이 공동으로 개발을 진행하면 속도가 더딘 경우가 많다. 따라서 지구단위계획구역으로 지정된 곳은 신중하게 접근해야 한다.

이전에는 지구단위계획구역을 크게 1종과 2종으로 구분했으나 국토의 계획 및 이용에 관한 법률이 2012년 개정되면서 이 구분은 폐지되었다. 하지만 토지이용계획을 확인하다 보면, 아직도 1종·2종으로 구분해 표기된 토지들이 제법 있다. 그러니 1종과 2종 지구단위계획구역의 차이점이 무엇인지 간단히 짚고 넘어가자.

1종 지구단위계획구역은 도시지역의 시가지에 특화된 구역이다. 개발 압력이 큰 곳에 복합적인 계획으로 체계적으로 개발하려는 목적으로 수립한다. 실제로는 토지를 합치는 합필 건축을 유도하는 형태가 많다. 여러 필지의 토지마다 소유자가 다르면 이해관계가 복잡해져서 개발을 진행하기가 힘들기 때문이다. 따라서 지구단위계획구역은 사업 추진 속도가 더딜 확률 역시 높다.

2종 지구단위계획구역은 개발 압력이 비교적 약한 비도시지역 중 계획관리지역이나 개발진흥지구 등을 체계적으로 개발할 목적으로 지정된다. 도시지역과 다르게 계획관리지역 등의 토지는 필지 하나당 면적이 넓어 합필 건축을 유도하지는 않지만, 건축물의 용도를 규제하는 경우가 많다. 2종 지구단위계획구역이 어떤 식으로 변하는지는 신도시가 어떻게 개발되었는지 살펴보면 알 수 있다.

신도시의 특징은 구획이 반듯하게 나뉘어 있고 A블록은 아파트, B블록은 상가, C블록은 단독주택 및 상가주택 식으로 구역별로 건축물 유형이 다르다는 점이다. 신도시가 이렇게 개발되는 이유는 바로 지구단위계획에서 필지별로 건축물의 용도를 다르게 정하고 있기 때문이다. 또 신도시 상가주택을 보면 3층짜리 건물에 1층은 상가(근린생활시설), 2층

그림 3-13 신도시 상가주택의 흔한 형태.

은 임대(보통 2세대), 3층은 주인 세대인 형태가 흔한데, 이 역시 지구단위계획에 정해진 세대 수를 따른 것이다.

지구단위계획은 반드시 꼼꼼히 확인해야 한다. 토지이용계획의 용도지역에서 정하는 것과 다른 규제가 적용되는 것은 물론, 필지별로 해당하는 규제 또한 다를 수 있기 때문이다.

서울의 경우, 서울도시계획포털(urban.seoul.go.kr)을 통해 지구단위계획 고시를 하고 있다. 지구단위계획이 수립된 곳을 검색하면 구역 정보, 고시 정보는 물론 세부 내용을 담은 고시문을 확인할 수 있다(〈그림 3-15〉).

서울뿐만 아니라 각 지방자치단체의 홈페이지에서도 지구단위계획 고시를 찾아볼 수 있다. 시청 도시계획과에서 담당하는 경우가 많으니 반드시 확인하자. 지구단위계획을 제대로 분석할 수 있다면 해당 지역이 어떻게 변할지 예측할 수 있다. 다만 지구단위계획이 발표되기 전에 매수하겠다는 생각

그림 3-14 서울도시계획포털에서 지구단위계획 확인하기. 　　　　　　출처: 서울도시계획포털

은 굉장히 위험하다. 사업 추진 속도가 느리다는 것이 지구단위계획의 가장 큰 단점이기도 하지만, 다음과 같이 예상치 못한 경우가 발생할 수 있기 때문이다.

우선 지구단위계획구역은 민관 공동개발을 유도하기 위해 지정하는 경우가 많다. 가령 민간 주도로 주민 발의에 따라 지구단위계획구역으로 지정된 1종 일반주거지역이 있다고 치자. 이에 따라 용도지역 상향이 이루어져 지구단위계획이 수립된 2종 일반주거지역이 됐다. 그런데 주민 발의로 추진된 사업이다 보니 부동산 경기가 나빠지며 진행이 지지부진해졌다.

지구단위계획은 지정 후 3년 이내에 추진이 안 되면 자동 실효된다. 해당

제1794호 　　　　　　　　구　보　　　　　　　2022. 9. 29. (목)

고 시

◈ 서울특별시 동작구 고시 제2022-137호

주택건설사업계획 변경 승인 및 지구단위계획 지형도면 변경 고시

서울특별시 동작구 사당동 155~4번지 일원 주택건설사업에 대하여 「주택법」 제15조 제4항에 따라 주택건설사업계획을 변경(경미한 사항)승인하고 같은 법 제15조 제6항에 따라 고시하며, 「국토의 계획 및 이용에 관한 법률」 제30조에 따른 도시관리계획(지구단위계획)결정 및 제32조에 따른 지형도면을 고시합니다.

2022년 9월 29일
서울특별시 동작구청장

1. 사업의 명칭 : 사당3동 지역주택조합 아파트 건립에 따른 주택건설사업
2. 사업주체
　가. 성명 및 주소 : 사당3동 지역주택조합 조합장 최근배(서울시 동작구 사당로23나길 10)
　　　※ 공동사업주체 : 현대건설㈜ 박동욱(서울특별시 종로구 율곡로 75)
3. 사업시행자의 위치 · 면적 및 규모
　가. 위치 : 서울특별시 동작구 사당동 155~4번지 일원
　나. 면적 및 규모

| 구분 | 규모 | | | 대지면적 (㎡) | 건축연면적 (㎡) | 건폐율 (%) | 용적율 (%) | 조경면적 (㎡) | 사업기간 (사용검사 예정일) |
	층수 (지상/지하)	동	세대수						
기정	25/4	12	927 (공공임대주택 126세대포함)	31,172.5	144,189.29	28.41	269.90	10,388.24	2024.06
변경	25/4	12	927 (공공임대주택 126세대포함)	31,172.5	144,283.61	28.43	269.86	10,431.18	2025.07

4. 사업시행기간 : 기정 : 2021.12.01.~2024.06.30.
　　　　　　　　변경 : 2021.12.01.~2025.09.30.

그림 3-15 지구단위계획 지형도면 변경 고시.　　　　　　　출처: 서울도시계획포털

사업도 사업 추진이 여의치 않아 지구단위계획 지정이 해제됐다. 2종 일반주거지역으로 상향된 용도지역도 다시 1종 일반주거지역으로 돌아가게 됐다. 그런데 2종 일반주거지역으로 종상향이 됐을 때 오른 값에 토지를 매수했다면? 가만히 있다가 손해를 보는 상황을 마주하게 되는 것이다.

지구단위계획이 수립된 지역의 토지 투자는 절대 서두를 필요가 없다. 사

업이 추진되고 호재 실현이 어느 정도 가시화됐을 때 진입해도 늦지 않다. 토지는 싸게 사는 것이 중요한 게 아니라 내가 산 토지가 레벨업되어 수익을 내는 것이 중요하다.

또한 투자는 스스로 판단할 수 있는 수준에 이르렀을 때 시도해야 성공할 수 있다. 시간을 두고 하나씩 공부하며 직접 찾아보고 확인하는 습관을 들이자. 그러면 돈 되는 땅을 점점 더 많이, 점점 더 잘 찾을 수 있게 된다.

모르면 손해 보는 건축법과 도로법

앞서 토지에 건물을 짓기 위해서는 건축이 가능한 용도지역인지 확인해야 한다고 배웠다. 또 하나, 도로와 접한 토지인지도 알아봐야 한다. 도로에 접하지 않은 땅을 맹지(盲地)라고 하는데, 맹지는 주변 토지에 비해 가격이 낮은 편이다. 건축을 할 수 없기 때문이다.

건축에 관한 부분은 건축사 등 전문가에게 맡기면 된다. 하지만 건축할 수 있는지 정도는 알고 매수해야 전문가에게 의뢰를 하더라도 제대로 건축을 할 수 있다. 그러므로 건축법과 도로법에 대해 알아보도록 하자. 토지를 보는 안목을 기르는 데도 도움이 된다.

🔍 건축허가를 받을 수 있는 요건

1. 건축법상 4m 이상 도로에 2m 이상 접한 땅

건축이 가능하려면 도로에 접한 토지여야 한다. 그렇다면 어떤 도로든 관계없이 도로에 접하기만 하면 될까? 건축법에 의하면 건축허가를 받기 위해서는 "사람의 보행 및 자동차의 통행이 가능한 너비 4m 이상의 도로에 2m 이상 접해야 한다." 이를 접도 의무라고 하는데, 여기서 말하는 도로란 건축법상 도로여야 한다.

> **건축법 제2조 제1항 제11호**
>
> 도로란 보행과 자동차 통행이 가능한 너비 4미터 이상의 도로(지형적으로 자동차 통행이 불가능한 경우와 막다른 도로의 경우에는 대통령령으로 정하는 구조와 너비의 도로)로서 다음 각 목의 어느 하나에 해당하는 도로나 그 예정 도로를 말한다.
>
> 가. 국토의 계획 및 이용에 관한 법률, 도로법, 사도법, 그 밖의 관계 법령에 따라 신설 또는 변경에 관한 고시가 된 도로
>
> 나. 건축허가 또는 신고 시에 특별시장·광역시장·특별자치시장·도지사·특별자치도지사(이하 '시·도지사'라 한다) 또는 시장·군수·구청장(자치구의 구청장을 말한다. 이하 같다)이 위치를 지정하여 공고한 도로

그렇다면 건축법상 도로는 무엇일까? 국토의 계획 및 이용에 관한 법률에 따라 ① 도시관리계획으로 설치한 도시계획시설 도로 ② 국도·지방도와 같은

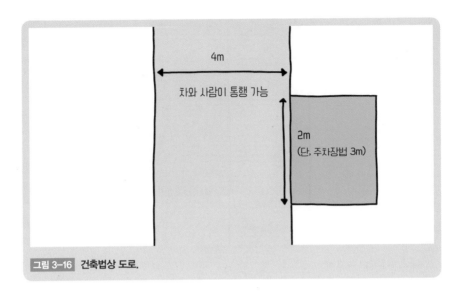

4m

차와 사람이 통행 가능

2m
(단, 주차장법 3m)

그림 3-16 건축법상 도로.

도로법상 도로 ③ 사도법상 도로 ④ 현황도로 등은 건축법상 도로에 포함된다. 하지만 고속도로나 올림픽대로 등 자동차 전용도로, 일반 국도 등은 포함되지 않는다. 즉 건축법에 규정되지 않은 도로에 접한 땅은 건축허가를 받을 수 없다.

구도심에 보면 도로 폭이 4m가 되지 않는데 건축물이 지어져 있는 경우를 어렵지 않게 볼 수 있다. 과거 시가지로 개발되기 이전에는 도로 폭이 3m만 돼도 건축허가를 내주었기 때문이다. 따라서 현재 주변에 건축물이 지어진 것만 보고 건축허가가 날 것으로 예상하면 안 된다. 도로 폭 4m를 확보하기 위해 부족한 면적만큼 본인 소유 토지를 내줘야 하는 상황이 발생할 수 있기 때문이다. 이런 상황을 '건축선 후퇴'라고 한다(〈그림 3-17〉).

토지를 매수할 때는 전체 면적에 대한 가격을 지불한다. 그런데 이렇게 도로로 빠지는 땅이 생기면 1차 손해가 발생하고, 건축할 수 있는 면적 역시 줄

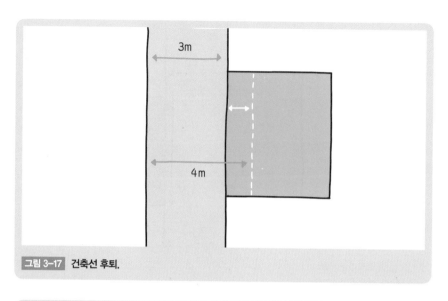

3m

4m

그림 3-17 건축선 후퇴.

막다른 도로의 길이	도로 폭
10m 미만	2m
10m 이상 35m 미만	3m
35m 이상	6m(단, 비도시지역과 읍·면인 경우 4m)

표 3-2 막다른 도로의 길이에 따라 필요한 도로 폭.

어들어 2차 손해가 발생한다. 따라서 토지를 볼 때는 접하고 있는 도로 폭이 4m 이상인지를 반드시 확인해야 한다.

또 끝이 막힌 막다른 도로에 대지가 접한 경우도 주의해야 한다. 이 대지에 건축허가를 받을 때는 막다른 도로의 길이에 따라 필요한 도로 폭이 달라진다(〈표 3-2〉).

이때 막다른 도로의 길이는 건축을 하려는 토지와 도시계획시설 도로까지의 거리가 아니라 도로 전체의 길이를 의미한다는 점에 주의하자.

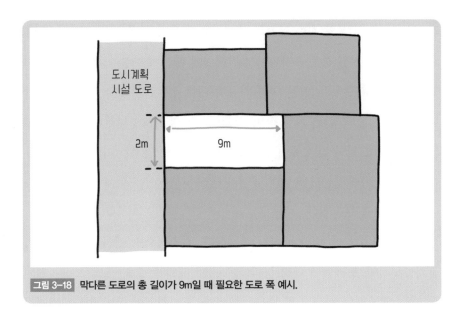

2. 실무상 4m 이상 도로에 3m 이상 접한 땅

도로 폭이 법정 기준을 충족한다면, 다음으로는 도로와 접하고 있는 대지의 길이가 얼마나 되는지 확인해야 한다.

건축법 제44조 제1항

건축물의 대지는 2미터 이상이 도로(자동차만의 통행에 사용되는 도로는 제외한다)에 접하여

야 한다. 다만, 다음 각 호의 어느 하나에 해당하면 그러하지 아니하다.

1. 해당 건축물의 출입에 지장이 없다고 인정되는 경우

2. 건축물의 주변에 대통령령으로 정하는 공지가 있는 경우

3. 농지법 제2조 제1호 나목에 따른 농막을 건축하는 경우

건축법에서는 도로와 접한 토지의 폭이 2m 이상이면 건축허가가 가능하다. 그런데 도시지역의 경우 주차난이 심각해짐에 따라 주차장 설치 요건을 보다 엄격하게 정하고 있다. 최근 대형 차량에 대한 선호도가 높아지면서 국내산 대형 세단(제네시스 등)은 차량 폭이 1.98m로 거의 2m에 달한다. 현실적으로 도로와 접한 토지의 진입 폭이 2m일 경우 차가 들어가기가 어렵다는 뜻이다. 이에 따라 실무에서는 건축법상 규정과 달리 4m 이상 도로에 3m 이상 접해야 한다고 요구하고 있다.

다만 접도 의무에 대한 예외도 존재한다. 원칙적으로 맹지는 건축허가가 불가능하지만, 농지법에 따라 농막(농지 한쪽에 설치하는 소형 이동식 주택)을 설치할 때는 맹지라도 건축을 할 수 있다. 또한, 도시지역이 아닌 비도시지역의 녹지지역이나 관리지역 등에서는 현황도로만으로도 건축허가를 받을 수 있다. 현황도로는 본래는 도로가 아니지만 아주 오래전부터 불특정 다수가 통행하면서 도로로 쓰이고 있는 토지를 말한다. 이때 중요한 점은 현황도로로 인정되려면 언제부터 도로로 쓰였는지를 알 수 없어야 하고, 불특정 다수가 도로로 사용하고 있어야 한다는 점이다.

따라서 건축허가를 받을 수 있는 토지는 실무상 기준으로 사람의 보행과 자동차의 통행이 가능하며 건축법에 규정된 '4m 이상 도로에 3m 이상 접한 토지'임을 기억하자.

돈은 길을 따라 흐른다

토지 공부를 하다 보면 아마도 가장 어려운 부분이 도로일 것이다. 어려운 법을 겨우 공부하고 나서 실제로 적용하려 하면 여러 가지 예외가 있다 보니 머리가 복잡해진다. 특히 조선시대에는 도시계획이라는 개념 자체가 거의 없다시피 했다. 그래서 사람들이 집을 짓고 사는 공간 사이마다 계획되지 않은 도로들이 생겨났다. 근대화된 지적도도 없었다가 일제강점기를 맞으며 필요 때문에 그나마 지적(地籍)이라는 것이 생겨났다. 다시 말해 법보다 먼저 도로가 생긴 것이다.

그러다 보니 도로에 대해 제대로 배우자면 책으로 공부해서는 어림도 없다. 제대로 공부를 해도 정리가 쉽지 않기 때문이다(기본 이상의 실력을 갖춘 사람이 아니라면 불가능하다고 본다). 따라서 여기서는 도로에 대해 토지 투자에 필요한 정도만 다루고자 한다.

토지에 투자하려면 도로에 대해 얼마나 알아야 할까? 간단히 말하자면 '내가 사려는 토지가 도로에 접해 있을 때, 그 도로가 건축법상 도로가 되는지 아닌지만' 알면 된다. 좀 더 구체적으로 말하자면 첫째, 건물을 짓고 그 도로를 통해 진입과 출입을 해도 되는지, 둘째, 그 도로 주인이 국가나 지자체가 아닌 개인이라도 동의 없이 건축허가를 받을 수 있는지 확인할 수 있으면 된다. 딱 그 정도만 구분해보자.

도로는 법률에서 도로로 인정했는지에 따라 크게 '법정도로'와 '비법정도로'로 구분할 수 있다. 이 중에서 건축법상 중요한 것이 바로 법정도로다. 법정도로는 ① 도시계획시설 도로 ② 도로법상 도로 ③ 사도법상 사도 ④ 농어촌도로정비법상 도로 등이 해당하며 비법정도로, 즉 법에 의해 정해지지 않은 도로는 사도와 현황도로 정도가 있다.

중요하다. 토지 투자자라면 이 중 도시계획시설 도로, 도로법상 도로, 사도(사도법상 사도가 아니다), 현황도로 정도만 정확히 구분하자. 사도법에서 정한 사도는 사도라는 넓은 범주에서 다루기로 하고, 농어촌도로정비법상 도로는 시골 동네의 도시계획시설 도로로 간주하여 도시계획시설 도로 범주에 넣어 다루기로 하자.

〈그림 3-19〉는 경기도 고양시 일산서구 덕이동과 파주시 야당동의 모습이다. 이 지도를 보며 도로에 대해 알아보자.

그림 3-19 **경기도 고양시 일산서구 덕이동과 파주시 야당동의 도로.** 출처: 카카오맵

❶ **도시계획시설 도로**는 지자체에서 만든 도로로, 당연히 도로 소유 및 관리를 맡는 이는 지자체다(국토관리청이나 도로공사가 아니다). 도로를 개설한 목적은 주변 '통행'도 하고 도로와 접한 필지 주인의 건축도 하라는 것이다. 즉 저런 도로에 접해 있다면 건축허가를 받을 때 건축법상 접도의무(대지가 너비 4m 이상의 도로에 길이 2m 이상 접해야 하는 의무)만 충족하면 건축허가를 받는 데는 문제가 없다. 따라서 특별한 사정이 없는 한 건축법상 도로에 해당한다. 대부분의 시내 도로가 이렇다고 보면 된다.

❷ **도로법상 도로**는 도시계획시설 도로와 무엇이 다를까? 해당 도로는 북쪽으로는 파주, 남쪽으로는 서울과 이어지는 도로다. 도로를 개설한 목적이 인

접 시군구로 '신속하게 이동'하려는 것이 크다. 여기서 '기왕 도로를 만들었으니 인접한 필지에서는 차량의 진입과 출입이 가능하게 하면 되겠네. 이것도 건축법상 도로가 되겠는걸' 하는 알뜰한 생각이 들 수도 있다. 하지만 생각해보자. '신속한 이동'을 위한 도로인데 인접 필지의 건물에서 수시로 차가 드나든다면 방해가 되지 않겠는가?

〈그림 3-20〉을 보면 도로구역이라는 단어를 볼 수 있는데, 인접 시군구로 신속한 이동을 위한 도로라는 의미로, 도로법상 도로로 지정되어 있음을 의미한다.

여기서 의문이 생긴다. 이 도로는 개설 목적이 인접한 도시로 신속하게 이동하는 것이다. 대개 국도, 지방도가 이에 해당한다. 도시계획시설 도로는 건

소재지	경기도 고양시 일산서구 덕이동			
지목	주유소용지 ❓		면적	1,379 ㎡
개별공시지가(㎡당)	2,760,000원 (2022/01) 연도별보기			
지역지구등 지정여부	「국토의 계획 및 이용에 관한 법률」에 따른 지역·지구등	제2종일반주거지역 , 개발행위허가제한지역(B블럭) , 지구단위계획구역(탄현역) , 대로2류(폭 30m~35m)(접합)		
	다른 법령 등에 따른 지역·지구등	가축사육제한구역(2019-11-29)(도시지역[주거,상업,공업,녹지(자연취락지구)])<가축분뇨의 관리 및 이용에 관한 법률>, 과밀억제권역<수도권정비계획법>		
「토지이용규제 기본법 시행령」 제9조 제4항 각 호에 해당되는 사항				

그림 3-20 고양시 일산서구 덕이동 토지이용계획.   출처: 토지이음

	소로1류: 폭 10~12m 미만
소로: 12m 이상 25m 미만인 도로	소로2류: 폭 8~10m 미만
	소로3류: 폭 8m 미만
	중로1류: 폭 20~25m 미만
중로: 12m 이상 25m 미만인 도로	중로2류: 폭 15~20m 미만
	중로3류: 폭 12~15m 미만
	대로1류: 폭 35~40m 미만
대로: 25m 이상 40m 미만인 도로	대로2류: 폭 30~35m 미만
	대로3류: 폭 25~30m 미만

표 3-3 도시계획시설 도로 도로 폭에 따른 분류.

축법상의 접도 의무만 충족하면 된다지만 이렇게 쌩쌩 달리는 도로는 내용이 달라진다. 지방도의 경우는 대개 지자체에서 도로 관리를 하기 때문에 진출입허가(도로와 대지의 연결허가라 하는데 쉽게 설명하기 위해 진출입허가라 하였다)가 그나마 용이한 편이다. 그러나 국도의 경우 국도관리청의 허가를 받아야 하는데 이 경우는 지자체의 사정보다는 지역과 지역 간의 신속한 이동에 좀 더 집중하는 경향이 있다. 진출입허가를 내는 데 있어 차량의 이동에 조그마한 방해 요소만 있어도 그 허가를 금하려 들기 때문이다.

그 대표적인 예가 고속도로의 휴게소다. 여러분은 고속도로를 달리다 휴게소에 들어갈 때 어떻게 움직이는가? 속도를 줄여서 고속도로로 진입을 하고 또 속도를 높여서 고속도로 본선에 오르도록 되어 있다. 그렇게 함으로써 차량의 흐름에 방해가 되지 않게끔 한 것이다.

본선 우측에 별도로 차선을 만들어 속도를 줄이게끔 하는 곳을 감속차로,

속도를 높이게끔 하는 곳을 가속차로라 한다. 이 감속차로와 가속차로가 없다면 시속 100km로 달리던 차가 급정거해 휴게소로 진입을 하면서 뒤따르는 차들이 연쇄 추돌하게 될 것이다.

따라서 이렇게 도로구역으로 표기된 도로에 접한 토지는 감속차로와 가속차로를 만들어주어야 건축허가가 가능하다. 차량의 설계속도, 건축하려는 건축물 등에 따라 가감속차로의 길이는 달라진다. 이러한 가감속차로의 설계에 관한 내용은 필요할 때 찾아보면 된다. 여기서는 도로구역으로 지정된 도로의 건축을 위해서는 반드시 가감속차로가 필요하다는 것만 기억하고 넘어가자.

그렇다면 가감속차로를 만들 수 없는 경우는 어떨까? 이를테면 가감속차로를 만들어야 할 공간에 교량이나 터널이 있다거나, 버스정차대(버스정류소)가 있거나, 이 버스정류소를 이용하는 버스의 가감속차로 공간과 겹치거나, 교차로가 가까이 있어 차량의 흐름에 방해가 되는 경우(교차로설치영향권)다. 이렇게 되면 가감속차로 설치허가가 나지 않는다. 번듯한 도로에 접해 있어도 '건축법상 맹지'가 되는 것이다. 토지 투자자들에게 이토록 무서운 단어가 있을까?

〈그림 3-21〉의 경매 물건도 대로1류라는 널찍한 도로에 접해 있는데 토지이용계획을 보면 해당 도로가 도로구역이라고 표기되어 있다. 이제 우리는 도로구역이라는 말을 듣는 즉시 자동으로 '가감속차로→ 교량, 터널, 버스정차대 전후, 교차로설치영향권은 안 됨'이 떠오르도록 훈련해야 한다.

지도를 확인해보면 〈그림 3-23〉의 토지는 신영1리 삼거리(교차로)와 불과 7~80m 거리에 위치하고 있다. 해당 도로의 설계속도는 시속 80km이고 해당 토지의 용도지역은 계획관리지역이다. 이런 경우에는 교차로설치영향권이 무려 120m나 된다. 즉, 이 물건은 해당 도로의 앞에 가감속차로를 만들지

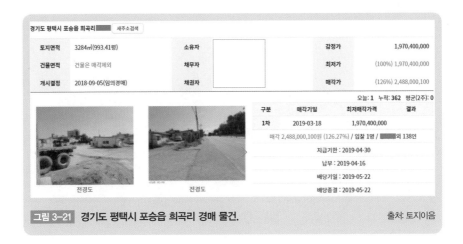

그림 3-21 경기도 평택시 포승읍 희곡리 경매 물건. 출처: 토지이음

그림 3-22 평택시 포승읍 희곡리 토지이용계획. 출처: 토지이음

그림 3-23 가감속차로를 만들어주어야 하는 사례. 　　　　　출처: 카카오맵

않아도 되는 몇 가지 예외에 들지 않는 한 일반적인 건축은 불가능하다. 신영1리 삼거리에서 나온 차들이 가속하는 구간과 겹치기 때문이다.

그렇다면 ❸은 어떤 도로일까?

이 도로는 인접 필지를 개발하며 개인이 도로를 개설한 것이다. 이 경우는 다세대주택 단지를 만들며 그 사이로 도로를 낸 것으로 보인다(〈그림 3-24〉). 이런 도로를 개인의 도로, 즉 **사도(私道)**라 한다. 사도는 태생부터 분쟁의 씨앗이 될 소지를 안고 있다. 명칭부터가 그렇다. 사(私), 사유재산이라 볼 수도 있고 도(道), 공공재적 성격인 도로로 볼 수 있지 않은가. 즉 사도는 사적인 재산의 성격이 강한지, 공공재적인 성격이 강한지에 따라 도로 소유자의 동의가 필요할 수도 있고, 필요하지 않을 수도 있다.

건축법에서 도로에 대한 정의를 보자.

건축법 제2조 1항 11호 발췌

11. "도로"란 보행과 자동차 통행이 가능한 너비 4미터 이상의 도로(지형적으로 자동차 통
행이 불가능한 경우와 막다른 도로의 경우에는 대통령령으로 정하는 구조와 너비의 도로)로
서 다음 각 목의 어느 하나에 해당하는 도로나 그 예정도로를 말한다.

가. 「국토의 계획 및 이용에 관한 법률」, 「도로법」, 「사도법」, 그 밖의 관계 법령에 따
라 신설 또는 변경에 관한 고시가 된 도로

나. 건축허가 또는 신고 시에 특별시장 · 광역시장 · 특별자치시장 · 도지사 · 특별자
치도지사(이하 "시 · 도지사"라 한다) 또는 시장 · 군수 · 구청장(자치구의 구청장을 말
한다. 이하 같다)이 위치를 지정하여 공고한 도로

'나'목에 보면 건축허가를 받으며 위치를 지정 공고한 도로 역시 건축법상의
도로가 된다고 정의하고 있다. 즉, 사도지만 장래에도 공공재적 성격이 있는
도로로 쓰겠다고 지자체에 도로로 지정 신청을 한 것이라는 말이다. 이런 경
우 법적으로 건축법상의 도로가 되니 도로 주인의 동의 없이 건축허가를 받
을 수 있도록 되어 있다.

그러나 실무에선 이야기가 조금 다르다. 우선 건축허가는 받을 수 있다 해
도 하수관, 우수관 등을 앞 도로에서 연결해야 건축이 가능해진다. 즉, 도로
굴착을 해야 한다는 말이다. 여기서 여러 문제와 민원이 생겨난다. 이 도로가

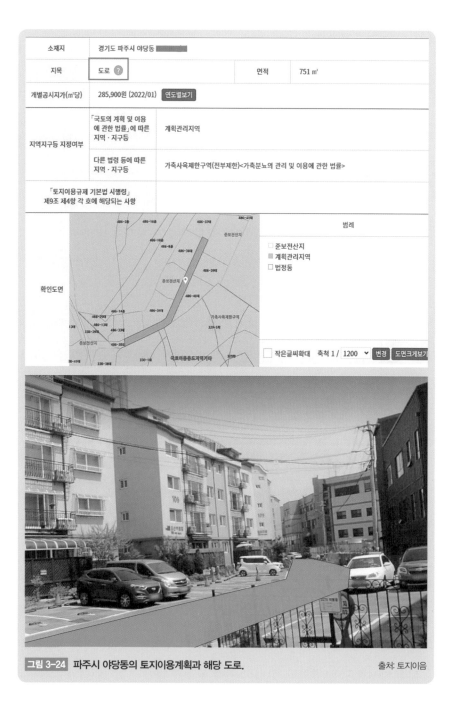

소재지	경기도 파주시 야당동 ▨▨▨▨▨			
지목	도로 ?		면적	751 ㎡
개별공시지가(㎡당)	285,900원 (2022/01) 연도별보기			
지역지구등 지정여부	「국토의 계획 및 이용에 관한 법률」에 따른 지역·지구등	계획관리지역		
	다른 법령 등에 따른 지역·지구등	가축사육제한구역(전부제한)<가축분뇨의 관리 및 이용에 관한 법률>		
	「토지이용규제 기본법 시행령」 제9조 제4항 각 호에 해당되는 사항			

범례

□ 준보전산지
■ 계획관리지역
□ 법정동

확인도면

□ 작은글씨확대 축척 1 / 1200 ▾ 변경 도면크게보기

그림 3-24 파주시 야당동의 토지이용계획과 해당 도로.

출처: 토지이음

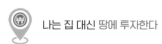

나는 집 대신 땅에 투자한다

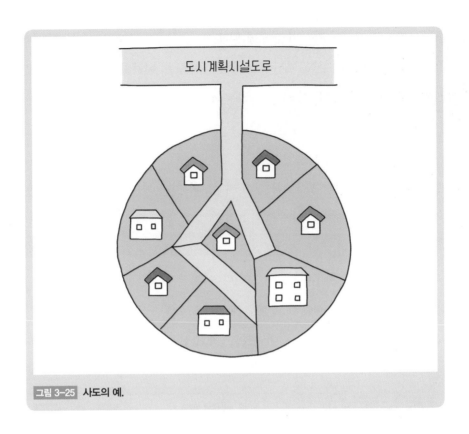

그림 3-25 사도의 예.

도로교통법상 도로가 아니기 때문에 차를 대놓고 빼지 않아 굴착을 못하게 해도 방법이 없다. 하수관을 연결할 때 거리가 멀어 사도를 크게 해치거나 인접 필지 주인의 통행에 방해가 될 경우에도 허가를 받기 어려울 수 있다.

행정청에서도 이런 문제가 예상될 경우 대개 건축허가를 반려하며 "먼저 도로 주인의 동의를 받아 오세요" 같은 말을 한다. 이 경우 행정청을 상대로 '승인 등 거부 처분에 대한 취소 소송'을 내어 건축허가를 받아내는 방법도 있겠으나 막상 이렇게 공사를 한다고 해도 앞에서 말한 대로 도로교통법상 도로가 아니기 때문에 여러 어려움이 닥칠 수 있다.

즉, 명백히 개인이 자신의 필요에 의해 낸 ③ 사도와 접한 땅에 투자할 때는 주의를 기울여야 한다. 자신이 토지 투자의 중수 이하라고 판단된다면 도로 주인의 동의를 먼저 구하고 투자하는 것이 옳다고 하겠다.

마지막으로 ❹는 어떤 도로일까?

토지이음에서는 〈그림 3-26〉과 같이 지적도와 일반 지도를 함께 볼 수 있는 서비스를 제공하고 있다. 먼저 일반 지도를 보자. 반듯하지 않은 도로가 북쪽에서 남서쪽으로 나 있다. 그런데 지적도에는 전혀 그 도로가 나타나 있지 않아, 그냥 길쭉한 모양의 대지로만 보인다. 어쩌면 일제강점기보다 더 전인 조선시대부터 사람들이 집을 짓고 살면서 생긴 도로일 수도 있겠다.

누구 하나 "내 땅을 도로로 내놓겠소" 하고 말하지 않았으나 오랜 시간 관

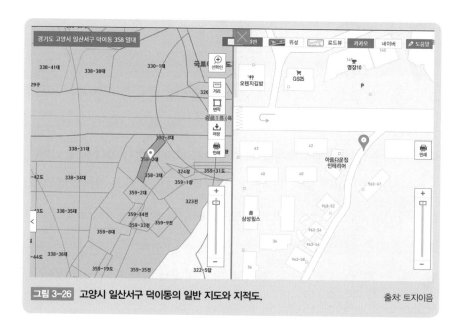

그림 3-26 **고양시 일산서구 덕이동의 일반 지도와 지적도.**　　　　　　　출처: 토지이음

습적으로 도로로 이용하다 보니 이제 와서 내 땅이라며 막을 수도 없다. 게다가 그 도로를 기반시설로 하여 건축허가도 더러 나 있다.

이를 실무에서는 '현황도로'라 부른다. 이 도로는 법정도로가 아닌 관습법상 도로다. 쉽게 말해 오랜 시간 동네 사람들이 통행로로 밟고 다니다 보니 법으로 도로라고 정한 적이 없는데 도로처럼 돼버린 것이다.

그렇다면 이런 도로가 건축법상 도로가 될까? 정답은 세모(△)다. 건축하려는 건물의 크기가 작고 인근에 이 도로를 건축법상 도로로 인정해 건축허가를 내준 이력이 있다면 건축법상 도로가 될 가능성이 크다. '된다'가 아니라 '가능성이 크다'라고밖에 말할 수 없다. 법에서 정한 것이 아닌 실무상 접근법이기 때문이다. 그러면 반대로 생각해보자. 인근에 건축허가를 내준 이력이 없다면 건축법상 도로가 될 가능성이 낮다. 건축허가를 내준 이력이 없

그림 3-27 〈그림 3-26〉의 현황로도 로드뷰.

출처: 토지이음

는 것은 무엇일까? 대표적으로 전이나 답 등이다. 따라서 전답 인근의 현황 도로와 접한 필지는 건축을 목적으로 할 때 어려움이 많은 토지라고 하겠다.

독자 여러분이 건축과 공무원이라고 생각해보자. 과거에 단 한 번도 건축 허가에 쓰인 이력이 없는 도로인데 내가 최초로 건축허가를 내주는 사람이 된다면 얼마나 부담이 되겠나. 해당 도로 주인이 달려와 "내 땅은 도로도 아 닌데 왜 멋대로 도로로 쓰게 허가했냐?" 하고 따질 가능성도 큰 데다, 추후 건축허가로 문제가 생겼을 때 민원을 제기할 인접 필지 주인들이 머릿속에 떠오르지 않겠나.

거기다 현황도로의 무서운 점이 한 가지 더 있다. 앞서 설명한 바처럼 지 적도상에 전혀 나타나지 않는다는 것이다.

〈그림 3-28〉의 토지이용계획은 경매 물건을 검색하다 찾은 것이다. 도로 에 접해 있는 자연녹지지역인 땅으로 지적도 및 토지이용계획 그 어디에도 해당 필지가 도로에 저촉되어 있다고 표시되어 있지 않다.

그런데 지도 앱을 통해 스카이뷰를 확인해보면 위와 같이 도로가 등장한 다. 토지 한가운데를 도로가 관통하고 있다. 옛날부터 주변 사람들이 도로로 쓰다 보니 이제 와 막을 수도 없는 관습법상 도로가 된 것이다. 그러니 이 물 건은 도로를 내어주고 남은 땅만 실제 내 땅이 되는 것이라 해도 무방한데, 규모가 작은 땅 2개가 돼버리니 가치가 매우 낮아질 수밖에 없다.

이런 토지 같은 경우는 도로의 존재 여부가 공적 장부만으로는 확인되지 않는다. 따라서 로드뷰를 통해 추가로 확인하는 과정이 반드시 필요하다. 토 지이용계획과 지적도를 살펴보고 지도 앱을 확인하는 온라인 임장만으로도 토지에 대한 대부분의 정보를 파악할 수 있다는 점을 기억하자.

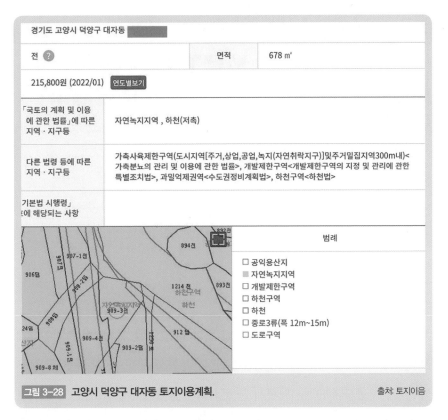

경기도 고양시 덕양구 대자동 [ ]			
전 ?		면적	678 ㎡
215,800원 (2022/01) 연도별보기			
「국토의 계획 및 이용에 관한 법률」에 따른 지역·지구등	자연녹지지역 , 하천(저촉)		
다른 법령 등에 따른 지역·지구등	가축사육제한구역(도시지역[주거,상업,공업,녹지(자연취락지구)]및주거밀집지역300m내)<가축분뇨의 관리 및 이용에 관한 법률>, 개발제한구역<개발제한구역의 지정 및 관리에 관한 특별조치법>, 과밀억제권역<수도권정비계획법>, 하천구역<하천법>		
「기본법 시행령」 에 해당되는 사항			

범례
- ☐ 공익용산지
- ■ 자연녹지지역
- ☐ 개발제한구역
- ☐ 하천구역
- ☐ 하천
- ☐ 중로3류(폭 12m~15m)
- ☐ 도로구역

그림 3-28 고양시 덕양구 대자동 토지이용계획. 출처: 토지이음

그림 3-29 고양시 덕양구 대자동 스카이뷰. 출처: 카카오맵

도로가 지나가는 땅은
가치가 낮을까?

처음 토지를 살 때 제대로 된 땅을 고른 것이 맞는지 걱정이 돼서 토지이용계획을 수십 번 확인했던 기억이 난다. 시험공부를 하듯이 토지이용계획을 구석구석 뜯어봤음에도 마지막까지 잘 이해되지 않았던 부분이 바로 도로 관련 내용이었다.

도로를 만들다 보면 필연적으로 도로에 접한 땅이 생기고 도로가 지나가는 땅이 생기게 된다. 도로에 접한 땅은 건축을 할 수 있고 접근성이 좋아지니 토지의 가치가 올라갈 테고, 도로가 지나가는 땅은 손실이 발생하니 국가나 지방자치단체에서 보상을 받게 될 것이다. 그렇다면 내가 관심 있는 토지가 도로와 접한 땅인지 도로가 지나가는 땅인지는 어떻게 알 수 있을까?

〈그림 3-30〉을 보면, 이 땅은 지목이 구거이며 확인도면상 파란 선으로 표시된 부분이다. 중로1류는 도로 폭에 따른 분류라고 앞에서 설명한 바 있고, 옆에 '저촉'이라고 적혀 있다. 저촉이란 쉽게 말해 도로가 토지를 침범한 상

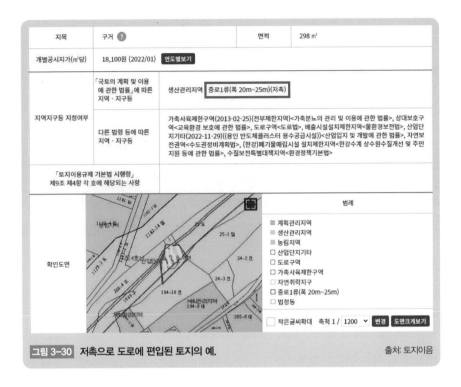

지목	구거 ❓			면적	298 ㎡
개별공시지가(㎡당)	18,100원 (2022/01) 연도별보기				
지역지구등 지정여부	「국토의 계획 및 이용에 관한 법률」에 따른 지역·지구등		생산관리지역 중로1류(폭 20m~25m)(저촉)		
	다른 법령 등에 따른 지역·지구등		가축사육제한구역(2013-02-25)(전부제한지역)<가축분뇨의 관리 및 이용에 관한 법률>, 상대보호구역<교육환경 보호에 관한 법률>, 도로구역<도로법>, 배출시설설치제한지역<물환경보전법>, 산업단지기타(2022-11-29)((용인 반도체클러스터 용수공급시설))<산업입지 및 개발에 관한 법률>, 자연보전권역<수도권정비계획법>, (한강)폐기물매립시설 설치제한지역<한강수계 상수원수질개선 및 주민지원 등에 관한 법률>, 수질보전특별대책지역<환경정책기본법>		
「토지이용규제 기본법 시행령」 제9조 제4항 각 호에 해당되는 사항					
확인도면	(지도)		범례 ■ 계획관리지역 ■ 생산관리지역 ■ 농림지역 □ 산업단지기타 □ 도로구역 □ 가축사육제한구역 □ 자연취락지구 □ 중로1류(폭 20m~25m) □ 법정동 ☐ 작은글씨확대 축척 1 / 1200 변경 도면크게보기		

그림 3-30 저촉으로 도로에 편입된 토지의 예.　　　　　　　출처: 토지이음

태를 의미한다. 도시계획시설 도로가 건설 또는 확장되면서 토지의 일부가 도로로 편입됐거나 앞으로 생길 예정인 도로가 지나갈 땅이라는 뜻이다. 이 땅은 노란색 표시 부분만큼 도로에 편입됐다.

　도로에 저촉되면 그 면적만큼 토지를 사용할 수 없게 되니 나쁘다고 생각할 수 있다. 하지만 토지 일부가 도로에 편입되면 나머지 토지는 도로와 접한 땅이 되니 땅의 가치가 높아진다. 게다가 도로가 지나가는 땅에 대해서는 국가나 지방자치단체로부터 보상을 받게 된다. 이런 토지도 또 하나의 투자 수단이 될 수 있는 것이다. 단, 보상은 도로 개설로 인해 상승한 토지 가격이 아니라 도로로 지정할 당시의 토지 가격을 기준으로 이뤄진다.

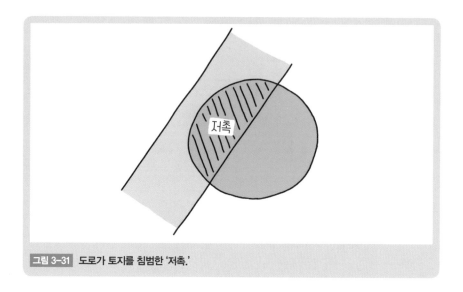

그림 3-31 도로가 토지를 침범한 '저촉.'

토지이용계획을 하나 더 살펴보자(《그림 3-32》). 지목이 전이고 도시계획시설 도로인 중로3류와 접한 토지다. 그런데 이번에는 저촉이 아니라 '접합'이라고 표시돼 있다.

접합이란 도로와 토지가 접해 있다는 뜻이다. 도로가 땅을 지나가는 게 아니라 땅에 맞닿게 된 상태다. 건축행위를 할 수 있는 상태로, 땅의 효용가치가 높다고 볼 수 있다.

현장에 나가 눈으로 보는 것만으로는 땅을 가로질러 도로가 난다는 것인지 도로 옆에 땅이 접한다는 것인지 파악하기가 사실상 불가능하다. 따라서 토지이용계획을 통해 꼼꼼히 확인하자. 도로는 곧 돈이 흐르는 길임을 잊지 말자.

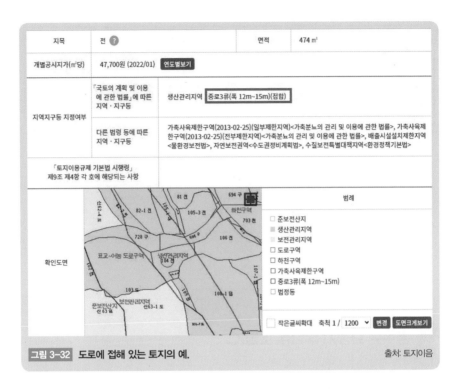

지목	전 ❓		면적	474 ㎡
개별공시지가(㎡당)	47,700원 (2022/01) 연도별보기			
지역지구등 지정여부	「국토의 계획 및 이용에 관한 법률」에 따른 지역·지구등	생산관리지역 중로3류(폭 12m~15m)(접합)		
	다른 법령 등에 따른 지역·지구등	가축사육제한구역(2013-02-25)(일부제한지역)<가축분뇨의 관리 및 이용에 관한 법률>, 가축사육제한구역(2013-02-25)(전부제한지역)<가축분뇨의 관리 및 이용에 관한 법률>, 배출시설설치제한지역<물환경보전법>, 자연보전권역<수도권정비계획법>, 수질보전특별대책지역<환경정책기본법>		
「토지이용규제 기본법 시행령」 제9조 제4항 각 호에 해당되는 사항				
확인도면				

그림 3-32 도로에 접해 있는 토지의 예.

출처: 토지이음

범례
☐ 준보전산지
☐ 생산관리지역
☐ 보전관리지역
☐ 도로구역
☐ 하천구역
☐ 가축사육제한구역
☐ 중로3류(폭 12m~15m)
☐ 법정동

☐ 작은글씨확대   축척 1 / 1200 ▼   변경   도면크게보기

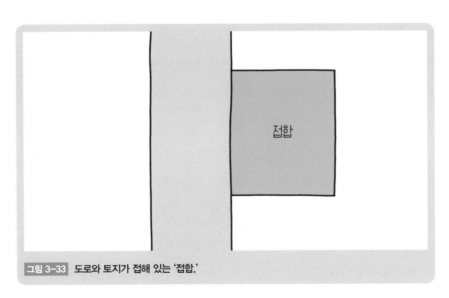

접합

그림 3-33 도로와 토지가 접해 있는 '접합.'

고속도로 IC가 개통할 때, 오르는 땅과 오르지 않는 땅

 경기도 화성시 우정읍 조암IC

땅 투자가 어렵다면 참 어렵고 쉽다면 참 쉽다. 나는 대개 쉽다고 말하는데 공부가 안 된 사람에게만 어렵기 때문이다. 땅 투자의 어려운 점 하나는 '장래가치 분석'이다. 어느 지역에 호재가 있어서 땅을 보러 가면 대개 호재 발표 전보다 가격이 올라 있다. 이렇게 오른 금액을 두고 대부분의 사람들은 더 오를지 아닐지 계산하는 데 어려움을 느낀다.

내가 토지 투자를 두고 쉽다고 하는 이유는 바로 여기에 있다. 토지 투자 시장의 플레이어라 할 수 있는 지역 공인중개사와 매도인, 그리고 매수인 모두 장래가치를 잘 몰라서 가격이 왜곡된 경우가 더러 있다. 3년만 지나면 2배는 족히 오를 땅인데도 안 팔려서 매물로 방치된 경우가 있는가 하면, 이미 과도하게 올라 3년이 지나도 별반 오를 게 없는 땅인데도 물건이 없어 안

달인 경우도 자주 보인다. 바로 이런 경우를 두고 쉽다고도 하고 어렵다고도 하는 것이다.

일반적으로 고속도로 IC 개통은 인근 부동산에 큰 호재다. IC가 개통하면 주변 대다수 유형의 토지 가격에 영향을 미친다. 그런데 생각해보자. 고속도로 하나가 개통하는 데 시간이 얼마나 걸리나? 기본계획이나 실시계획을 포함한 계획 단계만 5년이 넘게 걸린다. 구간별로 개통을 하니 공사기간을 단정적으로 말할 수도 없다.

서울-세종(포천-세종) 고속도로를 예로 들어보자. 2012년에 착공해 경기도 구간은 2023년 하반기 개통 예정이었다. 그러나 건축 자재 공급 등의 난항으로 공사가 지연되면서 개통 시기는 2024년 중반으로 연기됐다. 그나마도 2024년 개통 예정은 안성 구간까지의 이야기일 뿐, 세종 구간까지 모두 개통하려면 족히 2025년 이후는 돼야 할 것이다.

사업이 진척됨에 따라 토지 가격은 오른다. 처음엔 그 지역 전체가 오르고, 실시계획이 나오거나 착공을 하면 IC 위치가 알려지면서 IC와 가까운 땅과 그렇지 않은 땅의 가격 오름세가 달라진다. 그렇다면 개통 이후에는 어떻게 될까? 수요에 따라 가격이 크게 오르는 곳과 적게 오르는 곳, 그리고 거의 오르지 않는 곳도 있다.

우선 IC가 개통하면 산업단지나 물류단지 같은 수요가 늘어난다. 이런 수요를 대비한다면 계획관리지역의 땅이 제일 좋다. 최소한 자연녹지지역은 돼야 한다. 또 도로 폭이 6m 이상인 도로와 접한 땅, 혹은 그런 도로를 확보할 수 있는 땅을 골라야 한다. 대부분의 지방자치단체에서는 6m 이상의 도로를 확보해야만 공장이나 창고 같은 건축물의 허가를 내주기 때문이다. 지

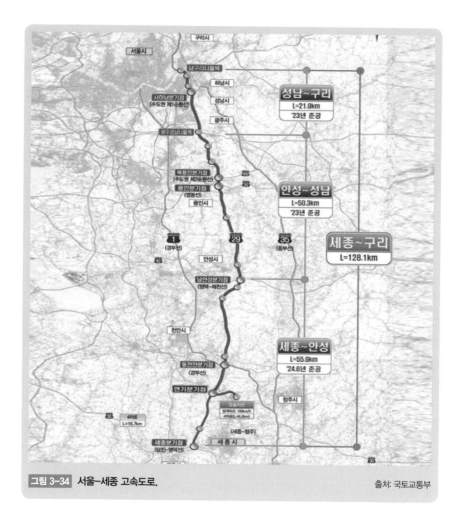

그림 3-34 서울-세종 고속도로.

출처: 국토교통부

자체 조례와 개발하려는 공장의 규모에 따라 달라지지만, 경기도의 경우는
소규모 공장이라도 6m 이상의 도로에 접할 것을 요구한다.

그렇다면 IC가 개통하여 작은 규모의 공단이 들어서는 곳, 그 인근의 땅은
어떨까?

〈그림 3-35〉는 경기도 화성시 팔탄면 OO리에 위치한 편의점으로, 가장

 나는 집 대신 땅에 투자한다

그림 3-35 경기도 화성시 팔탄면에 위치한 편의점.

출처: 카카오맵

주목해야 할 것은 지도에 빨간 선으로 표시된 도로다. 저 도로를 지나는 배후 수요는 노란색 점선 안의 공장들뿐이다. 국도변, 지방도변의 입지에서는 광역 상권이 커지고 그들의 차량 주동선상에 있는 것이 중요하다. 그런데 이 빨간 도로는 노란색 지역 내 공장이 아니면 지나다닐 수요가 거의 없는 것으로 보인다. 저런 자리를 매수할 때는 인근에 산업단지가 들어온다고 매출이 확 늘어날 것이라고 기대해서는 안 된다. 분명 매도인도 종전보다 금액을 올릴 텐데 장래가치가 기대치에 미치지 못할 가능성이 매우 크다.

편의점 점포개발 업무를 담당했던 경험으로 예상하건대, 저 편의점은 일 매출이 130만 원 전후로 높지 않으리라 판단된다.

🔍 IC 인근에 산업단지가 들어서면 사야 할 땅

만약 IC 인근에 산업단지가 들어선다면 어떤 땅을 사야 할까? 두 가지를 노려볼 수 있다. 산업단지가 생기는 지역은 분명 계속 거주하는 정주인구가 늘어나는데, ① 이들이 거주하려는 곳과 ② 트래픽(이동) 방향에 따라 상업적 가치가 올라가는 곳을 찾아야 한다.

〈그림 3-36〉은 인천-평택 고속도로 IC인 경기도 화성시 우정읍 조암IC 인근의 스카이뷰다. ① 노란색 점선으로 표시한 공단의 근로자들은 어디에 거주하려고 할까? 공장과 가까운 곳도 선호하겠지만, 실생활이 편한 곳을 원하는 사람이 많을 것이다. 혼자 산다면 모를까 가족이 있다면 먼저 초·중·고가 등하교 가능 거리에 있어야 한다. 아이가 아프면? 장을 보려면? 당연히 병원과 학원, 시장이나 대형 마트 같은 편의시설도 갖춰진 곳을 선호할 것이다.

2011년 공사 중인 고속도로가 보인다.   2021년 고속도로가 개통하고 산업단지가 많이 늘었다.

그림 3-36 경기도 화성시 우정읍 조암IC 인근 스카이뷰. 2011년(왼쪽) vs 2021년(오른쪽). 출처: 카카오맵

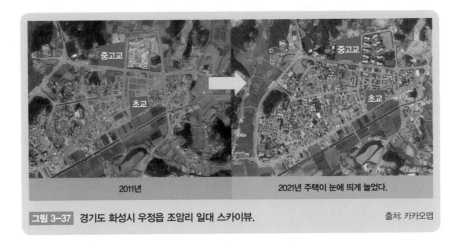

| 2011년 | 2021년 주택이 눈에 띄게 늘었다. |

그림 3-37 경기도 화성시 우정읍 조암리 일대 스카이뷰.　　출처: 카카오맵

〈그림 3-37〉은 화성시 우정읍 조암리 일대의 스카이뷰다. 초·중·고교와 우정읍사무소가 있고 주거단지가 발달해 상권과 편의시설이 혼재해 있다. 10년 동안 새로운 주택이 눈에 띄게 들어섰음을 확인할 수 있다.

이처럼 인근에 중소 규모의 산업단지가 들어선다면 그 바로 앞의 땅을 사는 대신 공장 근무자들이 선호할 그 일대 주거지역의 땅을 사서 기다리면 된다. 분명 이 지역에 빌라를 짓고 싶은 개발업자가 와서 당신의 땅을 사줄 것이다.

그렇다면 이렇게 늘어난 정주인구로 인해 ② 상업적 가치가 올라가는 땅은 어디일까? 이를 위해서는 큰 줄기가 되는 동선을 찾아야 한다. 산업단지 한두 개가 있는 잔잔한 줄기를 찾아서는 답이 없다. 잔가지들이 모이는 곳, 바로 IC 앞 땅을 노려야 한다.

〈그림 3-38〉을 살펴보자. 조암IC 인근의 노란색 동그라미 안에 있는 편의점 매출은 어떨까? 나의 추정으로는 일 매출이 300만 원 정도일 것으로 본다. 앞서 언급한 팔탄면 편의점의 2배가 넘는다. 왜 이런 차이가 나는 것일

그림 3-38 조암IC 인근의 편의점.

출처: 카카오맵

까? 바로 중소 규모 산업단지들의 자동화 때문이다.

　과거에는 소규모 공장들의 자동화 비율이 낮았다. 사람들이 직접 제조해야 하는 경우가 많았기 때문이다. 그러나 경제 성장과 최저임금 인상 등으로 인해 인력 소모가 많은 업종은 해외로 나가거나 자동화가 됐다. 과거처럼 작은 공장에 100명 가까이 붙어 앉아 일하던 시대가 아니다.

　실제로 화성이나 평택 같은 지역을 다녀보면, 지방도 주변 공장의 경우 대지가 300평 정도 되는 규모 있는 공장도 근무 인력은 10명 안팎인 곳이 대부분이다. 그마저도 외국인 노동자가 많은 수를 채우고 있다. 따라서 산업단지의 구매력이 예전 같지 못하다. 상가는 잔가지 같은 입지는 버리고 큰 줄기가 되는 입지를 골라야 한다.

역세권이냐 엿세권이냐

🔍 충남 당진시 합덕역세권 개발사업

"선생님, 여기 기차역(또는 지하철역)이 들어온다는데 인근에 땅을 사도 될까요?"

강의하다 보면 자주 받는 질문 중 하나다. 이 질문엔 장래에 역이 개통하면 역세권 토지가 되니 가격이 올라가지 않겠냐는 기대감이 잔뜩 담겨 있다. 이뿐이 아니다. 강의도 하고 책도 쓰며 자칭 전문가 행세를 하는 사기꾼들 중에도 역 개통 예정지 인근 토지를 권하는 경우가 있다(높은 확률로 수강생에게 지방 물건을 팔아먹는다). 부동산 투자를 하는 사람 중에 '역세권'이라는 말을 싫어할 사람이 있겠냐마는 토지 투자를 할 때는 역세권인지 엿세권인지 잘 구분하고 덤벼야 한다. 구분의 기준이 뭐냐고? '아파트가 팔리겠냐?'이다.

독자 여러분이 화천대유 같은 도시개발사업자라고 해보자. 충남 당진시 합덕읍에서 서해안복선전철 합덕역세권 개발을 하겠다며 사업자를 모집한다면, 사업제안서를 제출할 것인가? 아니면 합덕역세권 앞에 분양하는 아파트 용지를 사서 아파트 분양사업을 해볼 용의가 있는가? 그것도 아니면 합덕역세권에 분양하는 아파트를 살 생각은 있는가?

이 세 가지 질문은 모두 한 가지를 묻는 것이다. '거기 아파트가 팔리겠냐?'는 것이다. 역이 개통하고 이로 인해 토지 가격이 상승하려면 필수적으로 역세권 개발사업이 뒤따라야 한다. 이 역세권 개발사업의 사업성이 바로 '아파트 분양 가능성'에 달렸다. 역세권 개발사업 비용은 대개 아파트 용지 매각 수익으로 충당하기 때문이다.

과거 경기도 가평에 경춘선 기차역이 들어선다는 기대감으로 그 앞 토지 가격이 활짝 핀 적이 있다. 모 강사가 그 시골 허허벌판에 역이 개통하니 천지개벽을 할 것이라며 수강생들에게 땅을 권한 것도 한몫했다. 그러나 현실은 어떻게 됐나? 2010년 가평역이 개통하고 나서도 지역의 아파트 수요가 많지 않다 보니 사업성이 떨어지는 역세권 개발사업이 굉장히 늦어지고 있다. 공사 중일 때는 기대감이 꽃을 피웠는데, 막상 개통하고 나니 코스모스만 활짝 피었다. 아파트가 들어서야 할 자리에 덩그러니 말이다.

〈그림 3-39〉를 보면 합덕읍 인근에서 가장 비싼 아파트 매매가가 2억 5,000만 원 내외(33평형)임을 알 수 있다. 주변 시세가 이 정도라면 당장은 역세권 도시개발사업이 쉽지 않을 것이다. 역세권 개발사업을 하려면 먼저 상당한 기반시설 공사비가 든다. 또한 33평형 아파트의 토목공사에 드는 부대비용과 건축비 등을 계산하면 평당 1,000만 원 정도가 소요된다. 그런데 인근 새 아파트의 시세가 3억 원도 안 된다면?

합덕우강유탑유블레스아파트
33평형의 매매가 2.5억 원 내외

합덕역
예정지

그림 3-39 합덕역 예정지.   출처: 카카오맵

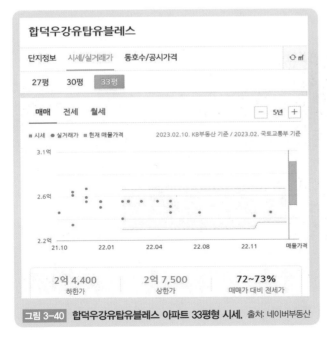

합덕우강유탑유블레스

단지정보   시세/실거래가   동호수/공시가격   ↻ ㎡

27평   30평   **33평**

매매   전세   월세   − 5년 ＋

■ 시세 ● 실거래가 ■ 현재 매물가격   2023.02.10. KB부동산 기준 / 2023.02. 국토교통부 기준

2억 4,400	2억 7,500	72~73%
하한가	상한가	매매가 대비 전세가

그림 3-40 합덕우강유탑유블레스 아파트 33평형 시세. 출처: 네이버부동산

역세권 개발사업에 나설 민간 사업자가 없을 것이다. 상당한 기간이 지나야 역세권 개발사업이 될 것을 짐작케 하는 대목이다. 전문가라는 사람에게 속아 저 지역에 역세권 농지를 산 사람들은 당분간은 지하철 타고 농사지으러 다니는 즐거움으로 만족해야 할 것이다.

그렇다면 경기도 광주시 같은 곳은 어떨까? 이런 지역은 역세권 개발사업이 잘될까? 경기도 광주시는 경강선이 개통하면서 광주시가 생긴 이후 처음으로 '역세권'을 경험하게 됐다. 당연히 역세권 개발사업에 관한 행정력이 부족할 것이고, 따라서 시 입장에서는 대규모의 역세권 개발사업이 부담스러울 것이다. 그럼에도 불구하고, 역세권에 아파트를 짓는다면 분양은 잘될 것이다. 분양이 잘되니 사업시행자도 나오고 사업 진척도 잘될 수 있는 곳이다. 수용 방식이든 환지 방식이든 말이다.

그림 3-41 2011년 당시 경기광주역 예정지.　　　　　　　　　　출처: 카카오맵

 나는 집 대신 땅에 투자한다

그림 3-42 광주역세권 개발사업 지역 주변. 출처: 카카오맵

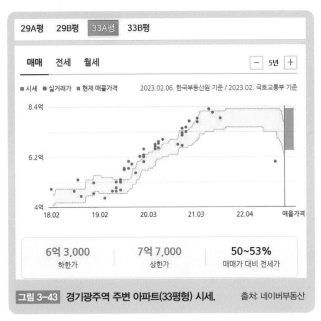

그림 3-43 경기광주역 주변 아파트(33평형) 시세. 출처: 네이버부동산

경기광주역 주변 아파트 시세는 어떨까? 역세권 개발사업보다 앞서 들어선 아파트 33평형들이 대개 6억 원 이상의 시세를 형성했다. 판교에 새로운 일자리가 늘어나면서 주택 수요도 늘어났는데 판교 집값이 비싸니 그 수요가 경강선을 타고 이곳으로 넘어온 것이다. 이러니 기존 아파트 값도 오르고 새로운 도시개발사업의 사업성도 생기게 됐다. 현재 경기광주역 주변에는 아직 개발 가능한 토지가 얼마든지 있다. 처음에 작은 규모로 시작했던 역세권 개발사업은 성공을 향해 가고 있다고 평가할 수 있다. 아파트 용지에 분양했던 아파트는 완판됐고 입주까지 완료했기 때문이다. 이에 몇 년 전부터 광주시는 광주역세권 2단계 사업에 시동을 걸었다. 다음의 광주시 공고처럼 2단계 지역 지정을 위해 개발행위허가제한 지역으로 지정해 민간의 개발을 억제하는 것이다. 역세권의 위상에 맞지 않는 산발적인 사개발을 3년 동안(2년 연장 가능) 막고 행정력을 모아서 계획 개발을 하려는 의지가 보인다.

광주시 공고 제2022-2728호

광주역세권(2단계) 도시개발사업 관련 공청회 개최

1. 경기도 광주시 장지동 191번지 일원의 광주역세권(2단계) 도시개발구역지정 및 개발계획 수립 추진 중 행정청의 필요에 따라 공청회를 개최하고자 하며, 이에 대한 사항을 토지소유자 등 이해관계인에게 알리오니 많은 참여 바랍니다.

2. 공청회의 기타 자세한 사항에 대하여는 미래전략사업본부 미래도시사업과(☎ 031-760-8902)로 문의하여 주시기 바랍니다.

2022년 10월 18일 광주시장

 나는 집 대신 땅에 투자한다

가. 광주역세권(2단계) 도시개발사업 공청회 개최

　1) 도시개발구역 지정 및 개발계획(안) 개요

　　－명칭: 광주역세권(2단계) 도시개발사업구역

　　－위치: 광주시 장지동 191번지 일원

　　－면적: 450,281m²(약 13만 평)

　　－시행자: 광주시장

　　－시행 방식: 구역 미분할 혼용 방식

　　－사업기간: 도시개발구역 지정일~환지처분일

　2) 공청회 개요

　　－개최 목적: 토지이용계획(안)에 대한 의견 수렴

　　－일시: 2022. 10. 28.(금) 14:00~16:00

　　－장소: 경안동행정복지센터 4층 대회의실(중앙로 125)

이처럼 역이 개통될 예정인 지역의 토지를 살 때는 아파트 사업의 타당성을 스스로 분석해 역세권이 될지 엿세권이 될지 가늠한 뒤 투자해야 한다. 역이 개통한다고 해서 모두 성공적인 역세권 투자가 되지 않는다는 점을 명심하자.

방구석에서 쉽게 하는 토지 측량

지금까지 건축허가를 받을 수 있는 요건에 대해 알아보면서 도로 폭과 도로와 대지가 접한 면의 길이가 중요하다는 사실을 확인했다. 우리가 반드시 기억하고 있어야 하는 것은, 토지가 폭 4m 이상인 도로에 2m 이상 접하고 있어야 한다는 것이다. 실무적으로는 주차장법상 도로와 3m 이상 접하고 있어야 대형 차량이 드나들 수 있으므로 유리하다.

그런데 도로의 폭과 토지의 길이는 어떻게 확인할 수 있을까? 줄자를 들고 현장에 가서 직접 재봐야 할까? 아니면 매번 측량업자에게 맡겨야 할까?

집에 편히 앉아서도 현장에서 측량한 것과 비슷한 효과를 얻는 방법이 있다. 이번에도 토지이음이 맹활약을 할 예정이다.

토지이음에서 지번을 입력해 〈그림 3-44〉와 같은 토지이용계획을 확인해보았다. 확인도면(지적도)의 축척은 기본적으로 1/1200으로 설정돼 있는데, 이를 1/1000로 변경한다. 그런 다음 바로 옆의 '도면 크게 보기'를 누르면 다

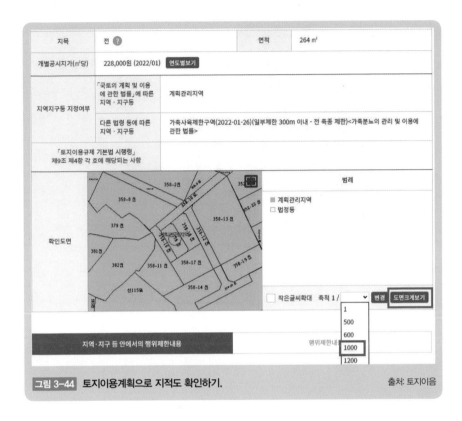

지목	전 ❓		면적	264 m²
개별공시지가(m²당)	228,000원 (2022/01) 연도별보기			
지역지구등 지정여부	「국토의 계획 및 이용에 관한 법률」에 따른 지역·지구등	계획관리지역		
	다른 법령 등에 따른 지역·지구등	가축사육제한구역(2022-01-26)(일부제한 300m 이내 - 전 축종 제한)<가축분뇨의 관리 및 이용에 관한 법률>		
「토지이용규제 기본법 시행령」 제9조 제4항 각 호에 해당되는 사항				

확인도면

범례

■ 계획관리지역
□ 법정동

358-2 전
358-8 전
379 전
381 전
382 전
358-11 전
358-17 전
358-13 전
358-14 전
358-1.9 전
산115전

□ 작은글씨확대 축척 1/ ▾ 변경 도면크게보기

1
500
600
1000
1200

지역·지구 등 안에서의 행위제한내용

행위제한내용

그림 3-44 토지이용계획으로 지적도 확인하기.

출처: 토지이음

음과 같은 화면이 나온다(<그림 3-45>).

축척이 1/1000로 제대로 변경됐는지 확인한 다음 출력한다. 출력한 지적도를 놓고 자로 토지나 도로의 길이를 측정해 1,000을 곱하면 된다.

토지를 중개하는 부동산중개소에 방문하면 공인중개사가 일명 스케일 자를 들고 설명해주는 경우가 많다. 스케일 자가 있다면 활용해도 좋겠지만, 집에 있는 일반 자로 재도 충분하다.

1/1000 지적도에 빨간색으로 표시된 토지의 도로와 접한 면을 재봤더니 0.9cm가 나왔다. 1,000을 곱하고 미터로 환산하면 9m다. 바로 인접한 도로

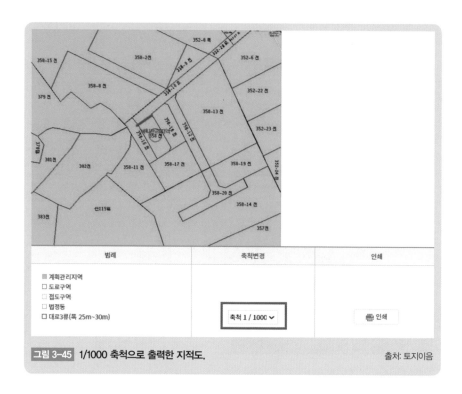

그림 3-45 1/1000 축척으로 출력한 지적도.

출처: 토지이음

그림 3-46 문구용 자로 쉽게 하는 토지 측량.

출처: 토지이음

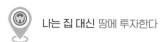

의 폭은 0.6cm로 역시 미터로 환산하면 6m다. 그렇다면 이 토지는 4m 이상 도로에 3m 이상 접하고 있는 토지에 해당하므로 건축법상 기준을 충족한다.

이처럼 프린터와 종이, 자만 있으면 줄자를 들고 현장에 가서 토지나 도로의 길이를 재는 고생을 하거나 비용을 들여 전문가에 의뢰해 측량하지 않더라도 비슷한 효과를 얻을 수 있다.

건물도 해를 봐야 자란다

어린 시절 나는 단독주택이 즐비한 동네에 살았다. 대부분 단층이거나 다락방이 있는 2층 단독주택들은 어느 날부터인가 하나둘 허물어지더니 다가구·다세대주택으로 다시 지어졌다. 그런데 신기하게도 다시 지어진 건물들은 네모 반듯한 모양이 아니라 위층으로 갈수록 면적이 줄어드는 〈그림 3-47〉과 같은 모양이었다. 어린 마음에 '왜 집을 저렇게 이상한 모양으로 지었을까?' 궁금해 했던 기억이 난다.

이 의문은 세월이 한참 흐르고 나서 공법 공부를 하며 해결이 됐다. 그 이유는 다름 아닌 일조권사선제한 때문이었다.

🔍 일조권사선제한

아파트 단지에서 집을 고른다고 생각해보자. 무엇을 기준으로 살펴봐야 할까? 사람들이 층과 구조 못지않게 중요하게 생각하는 것이 향이며, 남향집에 대한 선호는 가격에 반영될 정도다. 따라서 햇빛을 받을 수 있는 권리인 일조권(일종의 환경권에 해당한다) 또한 관심의 대상이 된다.

그렇다면 일조권은 무엇을 기준으로 판단하는 것일까? 법원은 일조권이 지켜지려면 동짓날 기준 일조 시간이 오전 9시부터 오후 3시 사이에 연속 2시간 이상 또는 오전 8시부터 오후 4시 사이에 총 4시간 이상 확보돼야 한다고 판결했다. 따라서 건축법 등에서도 이 기준에 부합하도록 건축물의 모양을 제한하게 됐다. 이렇게 생겨난 것이 바로 일조권사선제한이다.

일조권사선제한은 용도지역상 전용주거지역과 일반주거지역의 건물에 적용되는 규정으로, 건물을 지을 때 인근 건물의 일조권을 지키기 위해 높이를 제한하는 방식으로 이뤄진다.

자. 나란히 놓인 2개의 대지에 각각 단독주택이 있다

그림 3-47 일조권사선제한 규정 적용을 받는 다세대주택.

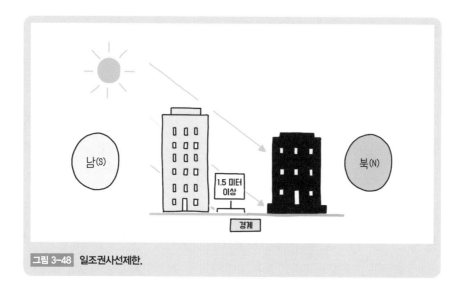

그림 3-48 일조권사선제한.

고 가정해보자. 남쪽에 있는 단독주택을 허물고 새로 다세대주택을 지어 건물이 높아지자 북쪽 대지에 있는 집에 해가 들지 않게 됐다(〈그림 3-48〉). 일조권사선제한이 지켜지지 않은 것이다. 북쪽 대지 건물주의 분노가 느껴지지 않는가?

이런 상황을 막기 위해 건축법에서는 정북 방향으로 인접한 대지의 경계선으로부터 일정 간격을 두고 건축하도록 정하고 있다. 북쪽 대지의 건물 일조권을 확보하기 위해서다.

〈그림 3-49〉에서 보듯 높이 9m에 해당하는 건물 3층까지는 일조권사선제한이 문제될 소지가 없다. 3층 이상으로 건물을 지을 때 일조권사선제한을 고려해 건물을 지어야 한다. 따라서 빌라나 다세대주택 등은 건물의 향보다 일조권사선제한이 훨씬 중요하게 된다.

일조권사선제한으로 인해 건물의 4층 이상은 3층 이하에 비해 면적을 좁

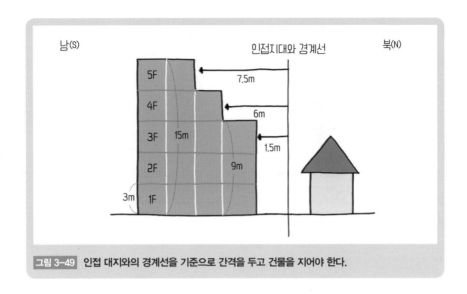

남(S)　　　　　　　　　　　　　인접지대와 경계선　　　　　　　북(N)

5F　　　　7.5m

4F　　　　6m

3F　15m　　1.5m

2F　　　9m

3m　1F

그림 3-49　인접 대지와의 경계선을 기준으로 간격을 두고 건물을 지어야 한다.

인접 대지와의 경계선을 기준으로

① 3층(9m)까지는 1.5m

② 4층(12m)까지는 6m(건물 외벽으로부터 4.5m 들여서 건축)

③ 5층(15m)까지는 7.5m(건물 외벽으로부터 6m 들여서 건축)

간격을 두고 건물을 지어야 한다.

게 지을 수밖에 없다. 방이나 화장실의 수가 줄어드는 것은 물론이다. 따라서 다세대주택을 건축할 경우 한 세대의 규모가 애매해지니 분양이 어렵게 되어 수익성이 줄어든다. 그러므로 주거지역에서는 건물을 새로 지을 때 남쪽으로 최대한 붙여서 짓는 것이 유리하다.

만약 인접한 북쪽 대지가 빈 땅인 나대지라도 일조권사선제한이 적용될까? 아쉽게도 답은 '그렇다'이다. 나대지는 현재 건축물이 없는 상태지만 추

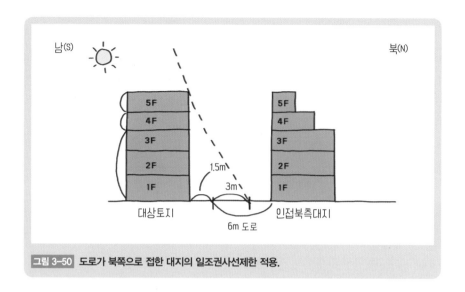

그림 3-50 도로가 북쪽으로 접한 대지의 일조권사선제한 적용.

후에 언제든지 건물을 지을 수 있는 땅이기 때문에 일조권사선제한이 적용된다.

다만 북쪽 대지가 도로와 접하고 있는 경우에는 예외가 적용된다. 일조권사선제한의 적용을 도로와 대지의 경계가 아닌 도로 정중앙(폭 6m 도로의 경우, 3m지점)으로 이동하여 적용한다. 따라서 일반주거지역의 토지를 매수하고 싶다면 북쪽으로 도로를 접하고 있는 토지를 사는 것이 좋다.

🔍 주거지역에 땅을 산다면

일반주거지역에서 다세대주택을 짓는다고 생각해보자. 먼저 토지를 매수하려는데 도로에 인접해 있는 동일한 넓이의 매물 A, B, C, D가 있다면 어느 매물

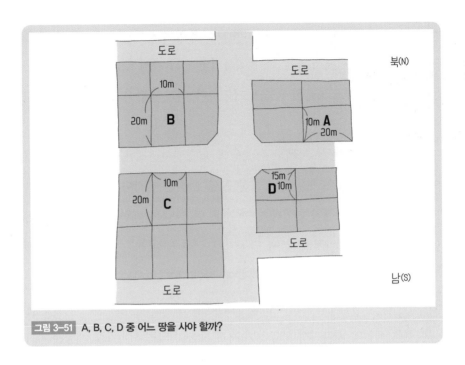

그림 3-51 A, B, C, D 중 어느 땅을 사야 할까?

을 사야 할까?

일조권사선제한을 고려하면, 북쪽으로 도로에 접한 땅이 유리하기 때문에 C, D를 사는 것이 좋겠다는 판단이 든다. 그렇다면 남쪽으로 도로를 접하고 있는 A와 B 중에서는 어떤 땅을 사는 것이 유리할까?

A의 경우 땅이 도로와 길게 접하고 있어서 좋아 보일 수 있다. 그런데 이런 땅에 다세대주택을 짓는다면 모든 세대가 일조권사선제한을 적용받게 된다. 한편 B는 도로와 접한 부분은 좁지만, 거실이 위치한 건물 전면을 동쪽으로 배치하면 일조권사선제한이 일부 세대에만 적용되기 때문에 훨씬 유리하다.

2종 일반주거지역에 다세대주택을 지을 목적으로 토지를 매수한다고 했을 때, 건축업자가 가장 선호하는 면적은 60~80평이다. 그런데 코너에 접한 땅은 50평 정도만 돼도 무방하다. C와 D는 북쪽으로 도로를 접하고 있어 일조권사선제한 측면에서는 둘 다 유리하지만, D와 같이 코너에 접한 땅은 면적이 약간 좁더라도 충분히 건축이 가능하다. 따라서 답은 D 〉C 〉B 〉A 순이다.

이쯤에서 '토지 공부 자체도 어려운데, 일조권사선제한 같은 내용까지 알아야 하나? 그냥 토지 투자를 포기하고 싶다' 하는 생각이 들 수 있을 것 같다. 그러지 말자. 우리가 기억해야 할 것은 일조권사선제한이라는 규정이 있다는 점, 그로 인해 주거지역에 귀퉁이가 잘린 듯한 모습으로 건물을 짓게 될 수 있다는 점, 그리고 도로가 북쪽에 접한 대지를 사는 것이 유리하다는 점 정도다. 나머지는 전문가에게 맡기면 된다.

다행히 세상이 좋아져서 부동산 투자에 도움이 되는 서비스를 제공하는 IT 업체가 많이 생겨났다. '부동산 자산(property)'과 '기술(technology)'을 결합한 일명 '프롭테크(proptech)'다. 그중에서도 일조권사선제한을 적용받는 건물의 가설계 서비스를 제공하는 사이트 랜드북(www.landbook.net)을 소개한다.

랜드북 '신축분석' 섹션에서 지번을 입력하면 〈그림 3-52〉와 같이 일조권사선제한을 적용받았을 때 건축할 수 있는 건물의 가설계 조감도를 확인할 수 있고, 수익률 예상도 가능하다. 주거지역의 신축 가능한 대지에 관심이 있다면 랜드북을 활용해보자. 대지에 건물이 어떻게 지어지는지 유형을 사전에 확인해볼 수 있을 것이다.

일조권사선제한은 일반주거지역에만 적용되는 규정이기 때문에 녹지지역이나 관리지역 토지에 관심을 두고 있다면 '이런 게 있었지' 하고 일단 넘어가도 좋다. 그렇지만 구도심의 낡은 주택을 사서 다가구·다세대주택을 짓고

그림 3-52 일조권사선제한을 적용받는 주거지역 건물의 가설계 서비스.   출처: 랜드북

싫은 예비 건축주라면 일조권사선제한은 반드시 알아두자. 수익률과 현금흐름을 좌우하는 중요 요소가 될 것이다.

토지를 더 알고 싶다면 공적 장부 확인을

토지이용계획을 통해 토지 분석을 마쳤더니 좋은 물건이라는 판단이 든 당신, 다음으로 어떤 것을 확인해야 할까?

답은 '서류'다. 토지는 다른 땅과의 경계나 구분, 위치 등을 현장에서 눈으로 확인하기 어렵기 때문이다. 따라서 서류를 꼼꼼히 읽고 이해해야 하는데, 이때 가장 중요한 서류가 토지의 기본 정보가 적힌 토지대장과 권리관계 내용이 담긴 등기부등본이다.

만약 토지대장과 토지 등기부등본의 내용이 일치하지 않는다면 어떻게 될까? 토지의 표시에 대한 사항, 즉 지번이나 면적 등은 토지대장 내용을 우선으로 하며 소유권, 근저당권, 압류 같은 권리관계는 등기부등본 내용을 기준으로 삼게 된다.

🔍 토지대장

우리는 내내 토지이용계획을 통해 토지의 지목과 면적을 확인했다. 그 근거가 되는 서류가 바로 토지대장(임야의 경우 임야대장)이다. 원칙적으로는 토지이용계획과 토지대장의 정보가 일치해야 하는데 간혹 다른 때도 있다. 이럴 때는 무엇이 우선할까? 토지대장에 기재된 정보가 기준이 된다. 따라서 토지이용계획에서 확인한 내용과 토지대장이 일치하는지 꼭 따져보자.

토지대장에는 토지의 소재, 지번, 지목, 면적, 소유자의 주소와 이름 등 기본적인 정보가 기재돼 있다. 무엇보다 인접한 필지의 소유권 관계와 분필(토지를 나누는 것), 합필(토지를 합치는 것) 등 주변 토지와의 관계를 파악할 수 있는 유용한 자료다.

토지대장은 정부24(www.gov.kr)를 통해 무료로 열람 및 발급이 가능하다.

〈그림 3-53〉의 토지대장을 보면, 이 땅의 지목은 전이고 면적은 474m²이며 2016년 7월 11일에 분필(분할)됐다는 사실을 알 수 있다. 현 소유자의 이름과 주소, 소유권 변동일자, 최근 7년간의 개별공시지가까지 알 수 있다. 개별공시지가는 나라에서 정한 단위면적(m²)당 토지 가격이라고 생각하면 쉽다. 시장·군수·구청장 등이 표준지공시지가를 기준으로 정한 공시지가로서, 각종 세금이나 보상금의 기준이 된다.

토지는 이렇게 토지이용계획과 토지대장, 지적도 등 다양한 서류를 확인하여 물건에 대한 정보를 파악한 다음, 서류에 드러나지 않은 부분은 현장답사로 확인해야 한다. 초보자는 무턱대고 현장에 갔다가 풀과 나무 구경만 하고 오는 경우가 허다하다. 공부하는 단계에서는 특히 '서류 다음에 현장'을 잊지 말자.

고유번호	41		-0000				도면번호	10	발급번호	202241500-00551-1994
토지소재	경기도 이천시				**토지 대장**		장변호	1-1	처리시각	18시 32분 16초
지번			축척	1:1200			비고		발급자	인터넷민원

토지 표시				소유자			
지목	면 적(㎡)	사 유		변동일자 변동원인		주 소 성명 또는 명칭	등록번호
(01) 전	470	(02)2016년 07월 11일 분할되어 본번에 -2를 부함		2020년 03월 10일 (03)소유권이전		경기도 김	
		─ 이하여백 ─		─ 이하여백 ─			

등급수정 년월일	1980.07.15. 수정	1984.07.01. 수정	1990.01.01. 수정	1991.01.01. 수정	1992.01.01. 수정	1993.01.01. 수정	1994.01.01. 수정	1995.01.01. 수정
토지등급 (기준수확량등급)	39	83	93	101	108	113	118	122
개별공시지가기준일	2016년 01월 01일	2017년 01월 01일	2018년 01월 01일	2019년 01월 01일	2020년 01월 01일	2021년 01월 01일	2022년 01월 01일	용도지역 등
개별공시지가(원/㎡)	31000	35800	38700	39700	41800	45500	47700	

토지 대장에 의하여 작성한 열람본입니다.
2022년 10월 17일

경기도 이천시장

그림 3-53 토지대장.

🔍 건축물대장

땅 위에 아무것도 없는 나대지를 매수할 수도 있지만, 지상에 건물이 지어져 있는 토지를 사게 될 수도 있다. 이를 대비해 건축물대장 보는 법에 대해서도 알아두자.

건축물대장은 건축물의 용도, 대지면적과 연면적, 허가일, 착공일, 소유자, 도면 작성자, 건축물의 변동사항 등이 기록돼 있는 공적 장부다. 역시 정부24에서 열람 및 발급이 가능하다.

건축물대장 확인이 중요한 이유는 첫 페이지인 갑지 우측에 위반건축물 여부가 표시되기 때문이다. 임대 목적으로 건물을 신축할 때 수익률을 높이

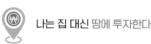

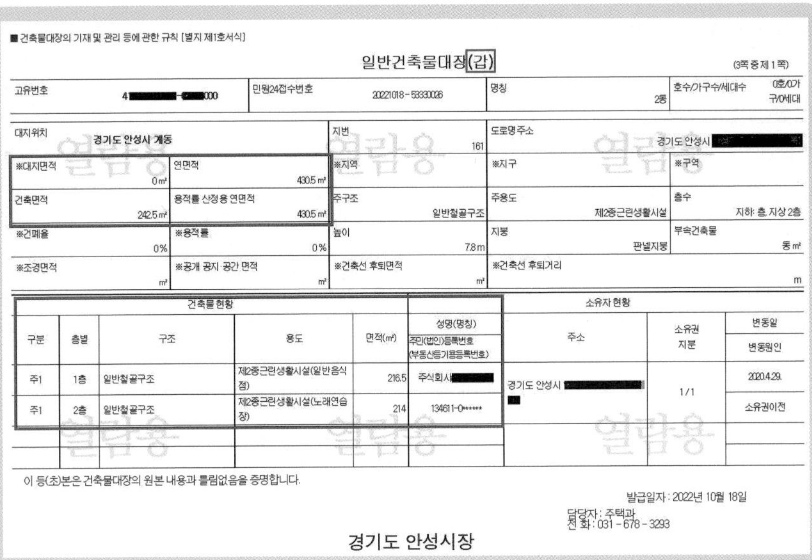

그림 3-54 건축물대장.

출처: 정부24

기 위해 불법 증축을 하는 경우가 있다. 신축 당시에는 매년 내야 하는 일종의 벌금인 이행강제금보다 위반건축물로 얻을 수 있는 임대료가 높기 때문이다.

하지만 건축물이 있는 토지에 투자하는 것이 목적이라면 위반건축물은 피하는 게 좋다. 위반건축물이 있다면 자신도 모르는 사이에 이행강제금 청구서가 날아드는 불상사를 마주하게 될 수도 있다. 이를 방지하기 위해서 이행강제금은 얼마인지, 미납금은 없는지, 철거비용은 얼마인지 검토 단계에서 꼼꼼하게 짚고 넘어가야 한다. 이행강제금은 갈수록 강화되는 추세로 이미 부과된 경우에는 불법건축물을 철거했더라도 납부하는 것이 원칙이다.

🔍 등기부등본

등기부등본이란 부동산에서 돈과 관계된 내용을 다루는 공적 장부로 소유권을 판단하는 기준이 된다. 등기부등본은 토지 등기부등본과 건물 등기부등본으로 구분할 수 있는데, 1필의 토지나 1개의 건물에 1개의 등기기록을 두는 것이 원칙이다. 만약 하나의 토지에 2채의 건물이 있다면 토지 등기부등본은 1개지만, 건물에 대해서는 총 2개의 등기부등본이 생기게 된다. 다만 아파트나 다세대주택 같은 집합건물은 1동의 건물 전체에 대해서 1개의 등기기록을 사용하며, 공동 소유라도 별도로 등기부등본을 마련할 수는 없다.

예전에 있었던 일이다. 한 여성이 내가 운영하는 부동산중개소에 들어와 아주 작은 목소리로 "저, 등기부등본을 뗄 수 있나요?" 하고 물었다. 보통 손님이 부동산중개소에 방문할 때는 본인 소유 부동산과 관련한 상담이나 물건을 매매할 목적인 경우가 대부분인데, 등기부등본을 뗄 수 있냐고 묻는 건 둘 중 어느 목적에 해당하는지 도통 알 수 없어 당황스러웠다.

'집을 내놓으러 온 손님인가?' 싶어 일단 등기부등본을 뗄 수 있다고 대답하니 그분은 본인 집의 주소를 불러줬다. 업장에서 거리가 살짝 있는 아파트라 여기까지 왜 왔을까 잠시 의아한 생각이 들었지만, 등기부등본을 떼보니 집을 매수할 때 담보대출을 받아 근저당권이 약간 설정된 것 말고는 특이사항이 없었다.

그 손님은 자기 집 등기부등본을 확인해보더니 "앞으로 등기부등본을 떼려면 어디로 가야 하나요?"라고 물었다. 인감증명서를 발급받으려면 동사무소에 가야 하듯이 등기부등본도 발급받을 수 있는 기관이 따로 있다고 생각

 나는 집 대신 땅에 투자한다

한 모양이었다. 혹시나 하는 노파심에서 독자들에게 등기부등본을 발급받는 방법과 읽는 법을 설명하고자 한다.

1. 등기부등본 발급받기

등기부등본은 대한민국법원 인터넷등기소(http://www.iros.go.kr)를 통해 간단하게 발급받을 수 있다.

로그인을 하거나 비회원으로 인증을 받은 다음 등기부등본을 발급받으려는 토지의 주소를 입력한다. 입력한 주소와 같은 토지가 검색됐는지 확인하고 선택을 하자.

다음으로 등기기록의 유형을 선택해야 한다. 등기부등본에 기록된 모든 내용을 확인할지 내게 필요한 내용만 확인할지를 선택하는 것이다. 경·공매 물건을 분석할 때는 '전부-말소사항 포함'으로 발급받는 것이 좋다. 해당 물

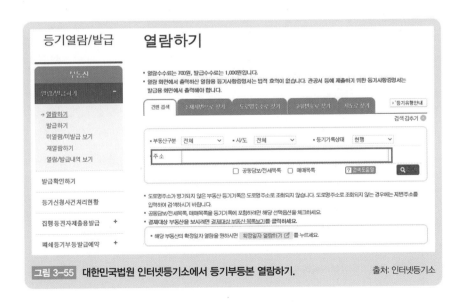

그림 3-55 대한민국법원 인터넷등기소에서 등기부등본 열람하기. 출처: 인터넷등기소

건이 어떤 사연으로 경·공매에 붙여졌는지 추측해볼 수 있고, 추후 명도를 위한 협상을 할 때 유리한 입장에 설 수 있는 단서도 발견할 수 있기 때문이다. 반대로 현재 소유자와 토지에 설정된 근저당권 등을 확인하는 것이 목적이라면 '전부-현재유효사항'으로 발급받아도 충분하다.

모든 선택을 마쳤다면 마지막으로 결제가 필요하다. 등기부등본은 열람 또는 발급을 선택할 수 있는데 비용은 열람이 700원, 발급은 1,000원이다. 어딘가에 제출할 목적이 아니라면 조금이라도 저렴한 열람용을 선택하자. 캡처해두면 두고두고 볼 수도 있다.

많은 이들이 본인 소유 부동산에 대해서만 등기부등본을 발급받을 수 있다고 오해하는데, 등기부등본은 해당 부동산의 권리관계를 공개적으로 보

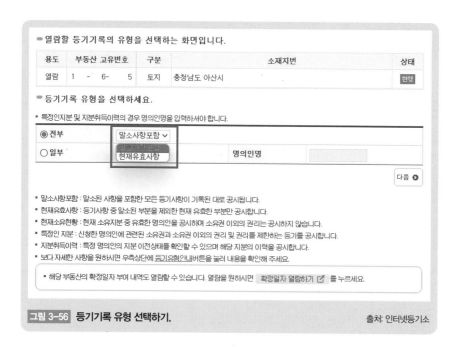

그림 3-56 등기기록 유형 선택하기.　　　　　　　　　　　　출처: 인터넷등기소

그림 3-57 결제하기.

출처: 인터넷등기소

여주기 위해 만든 문서다. 본인 소유 부동산은 물론 다른 부동산에 대해서도 수수료만 내면 모두 확인할 수 있다. 궁금한 토지 물건이 생겼다면 주저하지 말고 등기부등본을 열람해보자.

2. 등기부등본 읽는 법

등기부등본은 크게 토지의 표시(주소), 표제부, 갑구, 을구의 4부분으로 이뤄진다.

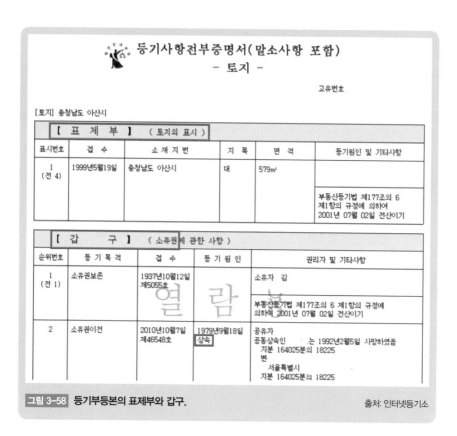

등기사항전부증명서(말소사항 포함)
- 토지 -

고유번호

[토지] 충청남도 아산시

【 표 제 부 】 (토지의 표시)					
표시번호	접 수	소 재 지 번	지 목	면 적	등기원인 및 기타사항
1 (전 4)	1999년5월19일	충청남도 아산시	대	579㎡	
					부동산등기법 제177조의 6 제1항의 규정에 의하여 2001년 07월 02일 전산이기

【 갑 구 】 (소유권에 관한 사항)				
순위번호	등 기 목 적	접 수	등 기 원 인	권리자 및 기타사항
1 (전 1)	소유권보존	1937년10월12일 제5055호		소유자 김
				부동산등기법 제177조의 6 제1항의 규정에 의하여 2001년 07월 02일 전산이기
2	소유권이전	2010년10월7일 제46548호	1979년9월18일 상속	공유자 공동상속인 는 1992년2월5일 사망하였음 지분 164025분의 18225 변 서울특별시 지분 164025분의 18225

그림 3-58 **등기부등본의 표제부와 갑구.**

출처: 인터넷등기소

표제부에는 해당 토지의 소재·지번·지목·면적·등기원인 및 기타사항이 표시된다. 갑구에는 소유권에 관한 변동사항이나 압류·가압류·가등기·경매개시결정등기·가처분금지 등의 내용이, 을구에는 소유권 이외의 사항이 표시된다. 보통 담보대출을 받을 때 설정한 근저당권이 적혀 있는 있는 경우가 많다. 그 밖에 지역권·지상권·전세권 등의 설정·변경·이전·말소 등도 기재되어 있다.

등기부등본을 읽는 일이 어렵게 느껴진다면 본인 소유의 집이나 사연을

그림 3-59 등기부등본의 을구.

잘 알고 있는 부동산의 등기부등본을 발급받아 차근차근 읽는 연습을 해보면 좋다. 예를 들어 우리 집은 매매로 샀는지 경매로 낙찰받았는지, 대출은 얼마를 받았는지 등 부동산에 발생한 사건과 권리관계를 내가 가장 잘 알고 있는 부동산이다. 그 내용들이 등기부등본에 어떻게 표시되는지 하나씩 맞춰보며 읽어나가면 된다.

　토지도 마찬가지로 등기부등본을 읽는 연습을 할 수 있다. 상가를 지을 땅을 사고 싶다면 주거지 근처 편의점(근린생활시설)이 있는 땅의 토지이용계획과 등기부등본을, 다세대주택을 지을 토지를 사고 싶다면 다세대주택이 이미 있는 땅의 토지이용계획과 등기부등본 내용을 확인해보자. 이미 지어진 건물의 토지이용계획과 등기부등본을 계속 살펴보다 보면 패턴이 보인다. 이런 훈련이 쌓이면 비슷한 조건의 토지를 발견했을 때 망설이지 않고 투자를 할 수 있다.

알고 해야 돈이 되는 농지·산지 투자

처음 토지를 공부하고서 자신감이 충만한 채 물건을 찾다 보면 결국 깨닫게 되는 사실이 있다. 비교적 만만한 가격대의 물건은 대부분 농지거나 산지(임야)라는 것을 말이다. 초보 투자자 입장에서 가장 부담 없이 시도할 수 있는 투자 대상은 단연코 농지 아니면 산지다. 개발호재를 만났을 때 상전벽해 수준으로 가장 많은 변화가 일어나는 토지도 농지 혹은 산지다. 따라서 높은 투자 수익을 기대할 수 있는 분야라 하겠다.

그런데 토지 투자에 실패해본 사람들의 이야기를 들어보면 가장 흔하게 실패하는 것도 농지와 산지다. 왜 이런 현상이 벌어지는 것일까?

이는 농지와 산지의 목적이 무엇인지 생각해보면 알 수 있다. 농지는 식량 공급, 즉 농업에 이용하도록 지정된 토지다. 또 산지는 산림자원을 조성하고 생태계를 보전하도록 지정한 토지다. 이 둘은 공익적 목적으로 정해놓은 토지이기 때문에 개인 소유라 해도 국가가 개입할 여지가 많다. 즉 행위제한이 강하다. 농지와 산지 투자에 실패한 경우는 계속 농사를 짓거나 나무를 키워야 하는 토지에 개발행위를 목적으로 투자했기 때문일 가능성이 높다.

다만 모든 농지와 산지가 원래 목적대로만 사용되는 것은 아니다. 농지와 산지 투자의 핵심은, 농사를 짓거나 나무를 키우기가 쉽지 않아 다른 용도로 변경됐을 때(규제를 풀어줬을 때) 사용가치가 훨씬 높아질 토지를 찾는 것이다.

🔍 농지 취득을 위한 필수 조건, 농지취득자격증명

농지는 공공성이 있는 토지로서 기본적으로 농사를 지을 사람이 매수해야 한다는 전제가 있다. 농지법에서는 농업인 또는 농업법인만이 농지를 취득할 수 있다고 정하고 있다. 따라서 농지를 매수하기 위해서는 농지취득자격증명(일명 농취증)을 발급받아야 한다. 다만 1,000m²(약 300평) 미만의 주말·체험영농 목적의 토지는 농업(법)인이 아니라도 농지취득자격증명을 발급받으면 매수가 가능하다.

농지취득자격증명은 농지 취득을 위한 필수 요건으로 이 서류를 첨부해야 소유권을 이전할 수 있다. 농취증 발급 신청은 관할 읍·면사무소나 정부24를 통해 할 수 있는데, 기존에는 처리 기간이 최대 4일이었으나 최근 농지법이 강화되면서 최대 7일로 변경됐다. 다만 농지위원회 심의 대상인 토지는 처리기간이 최대 14일이다.

이렇게 농지취득자격증명의 처리기간이 늘어난 것은 투자자 관점에서 살펴
봐야 할 부분이다. 일반 매매는 매도자와 협의해 농지취득자격증명 발급을 받
고 나서 계약을 진행하는 등 융통성을 발휘해 절차를 진행할 수 있다.

하지만 경매로 토지를 취득하는 경우 특히 주의해야 한다. 경매는 낙찰 후
7일 이내에 매각허가결정이 나는데, 이때까지 농지취득자격증명을 제출하지
않으면 입찰보증금이 몰수된다. 이때는 사전신청 제도를 이용하자. 사전에
경매 토지를 대상으로 농지취득자격증명 발급을 신청하는 것이다. 좀 아이

러니하게 들릴지도 모르지만 이 경우 농지취득자격증명을 신청하는 것이 가능하다. 물론 사전신청은 일반 매매의 경우에도 할 수 있다.

1. 농지취득자격증명 신청하는 법

농지취득자격증명을 신청할 때는 발급 목적에 따라 제출해야 할 서류가 달라진다. 주말·체험영농 목적으로 취득이 가능한 1,000m^2 미만의 토지는 신청

■ 농지법 시행규칙 [별지 제3호서식] <개정 2022. 5. 18.>

농지취득자격증명신청서

※ 뒤쪽의 유의사항을 참고하시기 바라며, [ ]에 해당되는 곳에 √표를 합니다 (3쪽 중 제1쪽)

접수번호	접수일시	처리기간 7일(농업경영계획서를 작성하지 않는 경우에는 4일, 농지위원회의 심의 대상인 경우에는 14일)

농지 취득자 (신청인)	①성명(명칭)	②주민등록번호 (법인등록번호 · 외국인등록번호)
	③주소	
	④전화번호	
	⑤취득자의 구분 [ ]농업인 [ ]농업법인 [ ]농업인이 아닌 개인 [ ]그 밖의 법인	

취득 농지의 표시	⑥소재지					
	시·군	구·읍·면	리·동	⑦지번	⑧지목	⑨면적(㎡)
	⑩농지구분					
	농업진흥지역		농업진흥지역 밖	영농여건 불리농지		
	농업진흥구역	농업보호구역				

⑪ 취득 원인	
⑫ 취득 목적	[ ]농업경영 [ ]주말·체험영농 [ ]농지전용 [ ]시험·연구·실습지용 등

「농지법」 제8조제2항, 같은 법 시행령 제7조제1항 및 같은 법 시행규칙 제7조제1항제2호에 따라 위와 같이 농지취득자격증명의 발급을 신청합니다.

년 월 일

농지취득자(신청인) (서명 또는 인)

시장·구청장·읍장·면장 귀하

210mm×297mm[백상지 80g/㎡]

그림 3-60 농지취득자격증명 신청서.

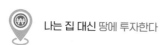

그림 3-61　주말·체험영농계획서(위), 농업경영계획서(아래).

나는 집 대신 땅에 투자한다

서와 주말·체험영농계획서를, 1,000m² 이상의 토지는 신청서와 농업경영계획서를 함께 제출해야 한다. 다만 주말·체험영농 목적으로 농지를 취득하는 경우에도 농업진흥구역에 해당하는 농지는 농업경영계획서를 함께 제출해야 한다.

2. 농지취득자격증명 발급이 안 될 때

농지취득자격증명은 필요 서류를 갖춰 신청하면 대부분 발급되지만 간혹 발급이 되지 않기도 한다. 다음과 같은 경우가 그렇다.

① 불법전용

해당 농지가 불법으로 다른 용도로 쓰인 경우다. 일반 매매라면 문제될 것이 없다. 매도인에게 불법 전용된 부분의 원상복구를 요청한 다음 복구를 확인하고 매매 계약을 하면 되기 때문이다.

문제는 경매로 취득할 때다. 낙찰자는 소유자가 아니므로 스스로 원상복구를 할 수도 없고, 채무자에게 원상복구를 요청하는 것도 현실적으로 불가능하다. 이때는 소유권을 취득하고 불법 전용된 부분을 원상복구하겠다는 원상회복계획서를 제출하면서 농지취득자격증명 발급을 요청할 수 있다.

② 추가 매수

직접 농사를 짓지 않고 다른 사람에게 농지를 빌려주고 있는 사람이 추가로 농지를 매수하는 경우다. 기존 농지에서도 농사를 짓고 있지 않은데 추가로 농지를 매수한다는 점에서 투기로 볼 수 있다고 판단한다.

③ 휴경 농지

농지가 휴경 상태인 경우에도 농지취득자격증명이 발급되지 않을 수 있다. 소유하고 있는 농지가 있다면 일부라도 꼭 농사를 지어야 한다는 점을 명심하자.

④ 공동 소유 인원 초과

1필지를 공동으로 취득할 때 발생한다. 지방자치단체의 조례로 정하는 공동 소유 인원(최대 7인)을 초과하면 농취증 발급이 제한될 수 있다. 농지를 공동 취득할 때는 각자 지분에 맞추어 위치를 특정해서 표시해야 한다는 점도 유의하자.

3. 농지취득자격증명 없이 취득 가능한 농지

반면 농지취득자격증명 없이도 농지 취득이 가능한 경우도 있다. 농업인이나 농업법인이 아닌 일반인, 일반법인도 농지를 취득할 수 있는 조건을 알아보자.

① 용도지역상 주거지역·상업지역·공업지역 내에 있는 농지

② 신도시로 예정된 지역 내의 농지가 신도시 지정이 되었을 경우

③ 상속에 의해 농지를 취득하는 경우

∴ 영농여건불리농지는 농업경영계획서는 필요 없으나 농취증은 필요함.

④ 녹지지역·개발제한구역 내에서 개발행위허가나 토지 형질변경허가를 받은 농지

 나는 집 대신 땅에 투자한다

법인으로 농지 투자를 하고 싶지만 현실적으로 농업법인을 만들기 어렵다면 위의 요건에 해당하는 농지를 찾아서 일반법인으로 투자하는 것도 한 가지 방법이 될 수 있다.

농지에 농사를 짓지 않으면 어떻게 될까?

농지취득자격증명을 발급받고 농지를 매수한다는 것은 농사를 짓겠다고 국가와 약속을 하는 셈이다. 따라서 농지 투자를 할 계획이라면 어느 정도는 직접 농사를 짓겠다는 각오로 임하는 것이 좋다.

지목이 전인 농지의 경우 경작할 수 있는 작물에 제한이 없으므로 상대적으로 기르기 쉬운 감자나 고구마 같은 구황작물을 심으면 좋다. 주말에 가족, 특히 아이가 있다면 친구까지 데리고 가서 고구마 캐기 체험도 할 수 있고 이웃들에게 인심 좋게 나눠줄 수도 있으니 농사짓기가 그렇게 어렵지 않을 것이다.

문제는 지목이 답인 경우다. 답은 상시적으로 물을 댄 상태에서 농사를 지어야 하는 작물을 재배해야 한다. 대표적인 것이 벼고 최근에는 연을 심기도 하는데, 밭에 비하면 난도가 월등히 높다. 토지 투자를 하려고 했는데 논농사까지 지어야 한다면, 시작도 하기 전에 지치게 된다. 따라서 농지 투자는 농사에 대해 어느 정도 계획을 세우고 접근해야 한다.

만약 농사지을 마음을 먹고 농지를 매수했는데, 도저히 농사를 짓지 못할 상황이라면 어떻게 될까?

농지법은 행위제한이 강하다. 처벌 수위 역시 센 편이다. 매년 9월부터 12월 사이 농지이용실태조사를 실시하는데, 이때 농사를 짓지 않는 농지는 정당한 사유가 없는 경우 적발됐을 때 처분의무 부과대상이 되고, 1년의 유예기간을 준다. 그런데 이 기간 안에 농사를 짓거나 농지를 처분하는 등의 조치를 취하지 않는다면 처분 명령이 내려지게 된다. 처분 명령이 내려지면 유예기간 없이 6개월 안에 해당 농지를 처분해야 한다. 처분 명령을 받고도 이를 이행하지 않으면 6개월이 지난 시점부터 매년 감정가격 또는 개별공시지가 중 높은 금액의 25%에 해당하는 이행강제금이 부과된다. 농지는 공시지가와 시세가 비슷한 경우가 많아서 몇 년간 처분하지 못하면 이행강제금으로 토지를 고스란히 날려버리는 불상사가 일어날 수 있다.

따라서 농사를 못 짓게 될 경우를 대비해두는 것이 필요하다. 농사짓기가 힘들고 대비도 힘든 상황이라면, 농지는 투자 대상에서 살짝 제외해도 좋다.

농지 투자의 핵심, 농업진흥구역이 해제될 곳을 노려라

누가 농지 투자의 핵심을 묻는다면, 나는 주저 없이 '농업진흥지역 중 해제될 곳 찾기'라고 답할 것이다.

농업진흥지역은 무엇일까? 앞서 국토의 계획 및 이용에 관한 법률의 용도지역·용도지구·용도구역과는 별도로 수도권정비계획법으로 과밀억제권역·성장관리권역·자연보전권역을 정한 것이 기억나는가? 이처럼 농지를 효율적으로 이용하고 보전하기 위해 농지법에서 지정한 것이 농업진흥지역이다.

농업진흥지역은 용도지역 중 도시지역인 녹지지역(특별시는 제외)과 비도시지역인 관리지역·농림지역·자연환경보전지역을 대상으로 지정하며, 다시 농업진흥구역과 농업보호구역으로 구분한다.

이 수업 내용을 들은 수강생들에게 시간이 좀 지나서 "농업진흥구역과 농업보호구역 중 행위제한이 더 강한 곳은 어디일까요?"라고 물으면 다수가

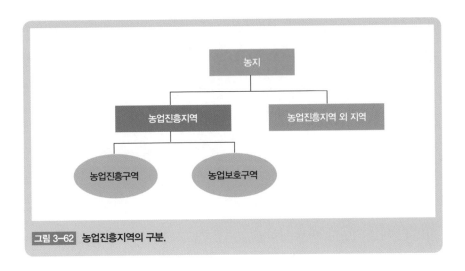

농지 | 농업진흥지역 | 농업진흥지역 외 지역 | 농업진흥구역 | 농업보호구역

그림 3-62 **농업진흥지역의 구분.**

농업보호구역이라고 답한다. '보호'라는 단어가 주는 느낌이 그만큼 강하기 때문일 것이다.

독자 여러분께도 질문해보겠다. 고3 학생을 둔 가정이 있다고 해보자. 고3 학생이 열심히 공부해야 하는 공간, 즉 고3진흥구역은 어디일까?

맞다. 바로 고3 학생의 방이다. 이 방에서는 진짜로 열심히 공부를 해야 한다. 공부를 돕는 휴식이나 체조 정도는 가능하겠지만 관련이 없는 행동은 허용되지 않을 것이다.

반면 거실은 어떤가? 이곳은 고3 학생이 열심히 공부해야 하는 공간은 아니다. 다만, 고3이 진흥구역에서 열심히 공부할 수 있게끔 분위기만 조성해주면 된다. 이를 고3보호구역이라고 하자. 거실에서는 시끄럽게 술판을 벌이면 안 되지만 조용히 만화책을 봐도 되고 잠을 잘 수도 있다. 고3진흥구역보다 행위제한이 월등히 약한 것을 알 수 있다.

이 비유를 그대로 농지에 적용해보자. 농업진흥구역은 '진짜 열심히 농사를 지어야 하는 곳'이다. 그러니까 농사를 돕는 데 필요한 농업용 공장이나 창고(일반 제조장이나 유통 창고가 아님), 농가주택 정도는 허가받을 수 있지만, 기본적으로 농사만 열심히 지어야 하는 땅이다.

이에 반해 농업보호구역은 농업진흥구역의 농사를 돕는 것이 목적인 곳이다. 고3이 방에서 공부할 때 거실에서 조용히 해야 하듯, 농사에 진심인 농업진흥구역을 위해서 농업보호구역에서는 농업용수를 오염시키는 행위 등을 하면 안 되는 것이다. 바꿔 말하면 농업용수를 오염시키지 않는 선에서 여러 가지 허가가 가능하다는 의미다. 관광농원이나 주말농원 같은 것은 물론, 수질 오염을 일으키지 않는 선에서 대부분의 1종 근린생활시설과 2종 근린생활시설의 허가가 가능하다. 수질 오염을 일으킬 염려가 없는 작은 규모의 상가는 웬만하면 다 허가가 난다는 뜻이기도 하다.

여기서부터가 중요하다. 지금부터 이야기하는 내용은 다른 토지 투자 책에서 찾아보기 힘든 내용이기 때문이다.

투자자 입장에서는 농업보호구역이 좋을까, 농업진흥구역이 좋을까? 많은 이들이 여기까지 오면 농업보호구역이 더 좋다고 답할 것이다. 내 견해는 조금 다르다. 우리에게 필요한 땅은 가격이 오를 땅이다. 농업보호구역이든 농업진흥구역이든 해제 가능성이 더 높은 땅, 해제됐을 때 땅값이 더 크게 오르는 곳을 골라야 한다는 말이다.

농업보호구역은 이미 농업진흥구역보다 비싼 땅이다. 행위제한이 완화돼 있어 근린생활시설이나 주택단지가 형성돼 있는 곳이 더러 있다. 둘 중 어떤 땅이 더 비싸냐고 묻는다면 농업보호구역이지만, 해제될 가능성을 묻는다면 농업진흥구역이라고 답하는 게 맞다.

왜 그럴까? 다시 고3진흥구역으로 돌아가보자. 만약 그 집 고3 학생이 대학을 갔다면 그 방은 고3진흥구역에서 해제되어 방에서 게임도 하고 친구랑 수다를 떨 수도 있다. 그렇다면 거실은 고3보호구역에서 해제되는 것일까? 아닐 수도 있다. 왜냐하면 그 집 둘째는 올해, 셋째는 내년에 고3이 될 예정이므로 거실은 여전히 조용히 지내는 보호구역으로 남을 수 있기 때문이다.

〈그림 3-63〉은 용인시 남사읍 창리의 한 저수지의 주변의 모습이다. 이곳은 저수지의 물을 농업용수로 보호하기 위한 농업보호구역으로, 근린생활시설인 소매점(편의점)도 있다. 이처럼 농업보호구역은 이미 농지의 기능을 벗어난 곳이 더러 있다. 가격이 비쌀 수밖에 없다. 그런데 이 농업보호구역이 보호해줘야 할 농업진흥구역이 계속 많이 존재한다면 어떻게 될까? 농업보호구역에서 해제되지 않고 그대로 남아 있게 될 가능성이 크다.

그림 3-63 경기도 용인시 남사읍 창리의 농업보호구역.

그렇지만 농업진흥구역은 사정이 다르다. 도로가 나면서 넓은 농업진흥구역이 분할되거나 주변 시가지의 기능이 커지면, 농업진흥구역이 해제되고 시간이 지나면서 용도지역도 녹지지역에서 주거지역으로 상향되곤 한다. 그러나 저수지를 여전히 농업용수로 보호해야 할 가치가 있다면 농업보호구역은 그대로 남아 있을 가능성이 높다.

이 책 2장에서 임은정 선생이 녹지지역을 설명하며, 남양주시 오남읍 사례를 예로 든 바 있다. 그 사례로 농업보호구역과 농업진흥구역 사례를 다시 들여다보자(〈그림 3-64〉).

남양주시 오남읍은 사실 몇 년 전(2015년)에 1종 일반주거지역으로 용도지역이 바뀐 곳이다. 그 전에는 생산녹지지역이자 농업진흥구역이었다. 그보다 더 이전에는? 비도시지역인 농림지역이자 농업진흥구역이었다.

시간 순서대로 설명하자면, 농림지역 + 농업진흥구역이던 오남읍에 널찍한 4차선 국가지원지방도 98호선 도로(지도의 검은 선)가 2013년 개통할 계획이 잡혔다. 터널을 지나 동쪽의 남양주시 수동면으로 향하는 도로다. 또 당시에 서북쪽에는 4호선 연장선인 오남역도 계획되어 있었다.

이렇게 계획했던 도로가 순차적으로 건설되고 오남역 개통도 속도를 내면서 용도지역이 농림지역에서 생산녹지지역으로 바뀐 것이다. 그럼에도 불구하고 농업진흥구역은 해제되지 않았다. 당장은 농사를 짓는 용도로 쓰라는 의미다. 독자 여러분은 이런 유형의 땅이 적당한 시점에 주거지역으로 상향될 잠재력이 넘친다는 사실을 반드시 알아두셔야 한다.

2015년 이 땅은 농업진흥구역 해제와 동시에 도시지역인 1종 일반주거지역이 됐다. 오남역은 22년 8월 개통됐고 지방도 98호선의 연장인 오남읍-수

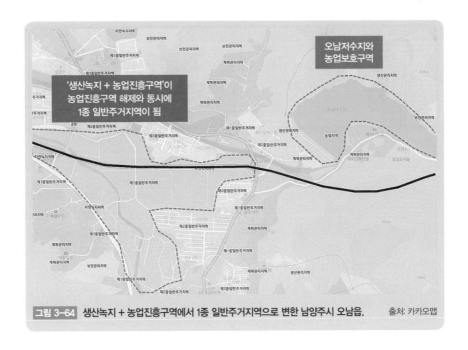

그림 3-64 생산녹지 + 농업진흥구역에서 1종 일반주거지역으로 변한 남양주시 오남읍. 출처: 카카오맵

동면 도로는 23년 7월 개통을 목표로 공사가 한창이다. 땅값은 2015년 생산녹지지역이며 농업진흥구역일 때 평당 100만 원 수준이었는데 도로 사정이 좋은 땅은 지금 평당 1,000만 원까지 한다.

그렇다면 오남저수지의 수질을 지키고 있는 농업보호구역의 땅값은 얼마일까? 정확하게 조사해보지는 않았지만, 당연히 해제를 거친 농업진흥구역만큼 큰 변화는 없을 것이다. 자, 이래도 농업보호구역이 더 좋다고 할 텐가?

개발행위허가로 땅의 가치 높이기

우리가 농지에 관심을 갖는 이유는 상대적으로 저렴한 가격에 토지를 매수해서 개발이 진행되고 나면 높은 시세차익을 기대할 수 있기 때문이다. 따라서 우리가 찾아야 할 농지는 농사만 지어야 하는 땅이 아니라 개발도 할 수 있는 땅이다.

지목이 대인 허허벌판 상태의 땅이 있다고 가정해보자. 이런 대지는 원래 농지였다가 용도를 다른 것으로 전환하는 농지전용허가를 받은 땅일 가능성이 높다. 이런 토지를 사면 전용허가에 드는 비용을 절약할 수 있어 향후 높은 수익률을 기대할 수 있다.

농지전용허가는 토지를 개발할 수 있도록 하는 제도인 개발행위허가에 포함되는데, 이때는 일종의 세금인 농지전용부담금을 납부해야 한다. 과거에 농지전용부담금은 '대체농지조성비용'으로 불렸다고 한다. 개발하는 만큼 줄어드는 농지를 다른 곳에 추가로 만들기 위해 납부하는 세금이라는 뜻이다.

농지전용부담금은 개별공시지가의 30%와 1m²당 5만 원(평당 16만 5,000원) 중 낮은 비용으로 결정된다.

> **농지전용부담금 = 전용신청면적(m²) × 개별공시지가의 30%**
>
> 또는 5만 원(개별공시지가 1m²당 5만 원 초과 시)

또 농지전용허가를 신청할 때는 해당 토지에 어떤 건축행위를 할지 건축 계획을 제출해야 하므로 건축설계 비용과 토목·측량 등의 비용이 추가로 발생한다.

농지전용허가를 통해 지목이 변경되면 그 즉시 인근에 있는 전이나 답보다 높은 값을 받을 수 있다. 따라서 개발행위허가를 받을 수 있는 땅을 매수해서 전용허가를 받은 다음 매도하는 것도 투자에 활용할 수 있는 하나의 방법이다.

같은 지역에 있는 대지 가격이 평당 300만 원이고 전의 가격이 평당 200만 원이라고 할 때, 전이 더 저렴하다고 할 수는 없다. 전은 도로에 비해 지대가 낮은 경우가 많아서 토지를 돋우는 성토 비용이 발생할 수 있기 때문이다. 따라서 농지전용허가를 받아 대지로 조성할 때 드는 비용을 계산할 때는 최초 토지를 매입한 비용에 농지전용허가 비용과 성토 비용까지 포함해야 한다. 이 총금액을 기준으로 인근 대지와 시세를 비교해야 한다.

산지(임야) 역시 전용허가를 통한 개발행위가 가능하다. 여기서 '음, 농지법이 나왔으니 산지법도 등장할 것 같은데? 또 법에 따른 분류가 나올까?' 하고 생각했다면 정말 훌륭하다. 산지관리법에 따르면, 산지는 크게 보전산지

산지		
보전산지		준보전산지
임업용산지	공익용산지	

표 3-4 **산지의 구분.**

와 준보전산지로 구분된다. 보전산지는 다시 임업용산지와 공익용산지로 구분할 수 있다.

만약 관심 있는 토지의 토지이용계획에 보전산지와 관련된 용어가 포함돼 있다면, 투자 대상으로서는 고려하지 않는 편이 정신 건강에 좋다. 앞서 여러 번 강조했듯 길이 보전해야 하는 산이기 때문이다. 임야에 개발행위를 하고 싶다면 준보전산지가 유리하다. 준보전산지는 개발행위를 할 때 용도지역의 행위제한을 따라간다.

그렇다면 전원주택을 짓기 좋은 용도지역은 어디일까? 바로 자연녹지지역이다(이유는 뒤에서 자세히 설명하겠다). 〈그림 3-65〉는 경기도의 한 전원주택 단지의 토지이용계획이다. 전원주택을 짓는 개발업자의 입장에서 생각해보자. 자연녹지지역의 어떤 땅을 사는 것이 좋을까? 전원주택은 산 좋고 경치 좋은 곳에 지어야 수요가 있다. 그렇다면 자연녹지지역의 임야를 사서 개발하면, 토지 매입 가격도 낮추고 경치 좋은 집도 지을 수 있을 것이다.

자연녹지지역은 건폐율이 20%에 용적률은 100%이다. 원형지(개발되지 않은 땅)를 사서 필지를 넓게 분할하면 마당이 넓은 단층집이나 이층집을 지을 수 있을 것이고, 땅값이 비싼 지역에는 필지를 작게 잘라서 3층 정도 되는 타

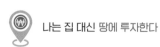

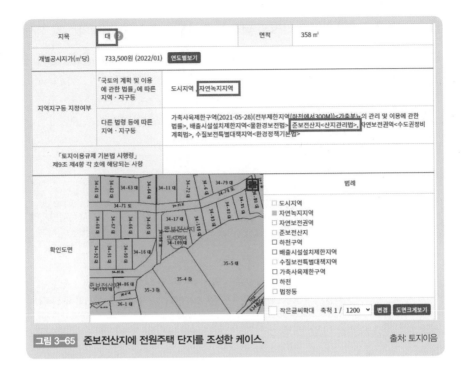

지목	대 ?		면적	358 ㎡
개별공시지가(㎡당)	733,500원 (2022/01) 연도별보기			
지역지구등 지정여부	「국토의 계획 및 이용에 관한 법률」에 따른 지역 · 지구등	도시지역 자연녹지지역		
	다른 법령 등에 따른 지역 · 지구등	가축사육제한구역(2021-05-28)(전부제한지역)(하천에서300M))<가축분뇨의 관리 및 이용에 관한 법률>, 배출시설설치제한지역<물환경보전법> 준보전산지<산지관리법>, 자연보전권역<수도권정비계획법>, 수질보전특별대책지역<환경정책기본법>		
「토지이용규제 기본법 시행령」 제9조 제4항 각 호에 해당되는 사항				

그림 3-65 준보전산지에 전원주택 단지를 조성한 케이스. 출처: 토지이음

운하우스를 지을 수 있을 것이다.

보전산지는 길이 보전해야 하는 땅이지만, '준'보전산지는 전원주택 등으로 개발행위를 다양하게 할 수 있다는 사실을 기억해두자.

다만 산지전용허가에서는 경사도가 중요하다. 너무 가파른 산에 개발행위를 하는 것은 쉽지 않기 때문이다. 산지관리법상 산지전용허가가 가능한 경사도는 25° 이하지만, 지방자치단체에 따라 조례로 다르게 정하고 있다. 산지 중에서도 경사가 완만한 준보전산지의 임야는 농지취득자격증명이 필요 없고 농사를 지어야 하는 의무도 발생하지 않기 때문에 활용도가 높아서 농지보다 유리한 측면이 있다. 따라서 임야 물건을 검토할 때는 준보전산지에 해당하는지, 용도지역은 무엇인지와 더불어 경사도를 확인하자. 대략적인 경사도는 환경부에서 관리하는 국토환경성평가지도(https://ecvam.neins.go.kr/)에서 찾아볼 수 있다.

농지와 마찬가지로 산지도 전용허가를 받기 위해서는 다음과 같이 대체산림자원조성비를 부담해야 한다.

준보전산지	보전산지	산지전용·일시사용제한지역
6,790원/m²	8,820원/m²	1만 3,580원/m²

여기에 해당 산지의 개별공시지가 1%를 더하면 납부해야 할 대체산림자원조성비가 나온다. 다만 개별공시지가의 1%에 해당하는 금액은 최대 6,790원으로 한정한다.

대체산림 자원조성비

=

산지전용허가

또는

산지일시사용허가 면적 × (단위면적당 금액 + 개별공시지가의 1%)

용도지역에 맞는 투자 비법

토지 투자에 실패하는 이유에는 여러 가지가 있다. 그중 가장 대표적인 것이 호재 발표도 안 된 지역에 너무 일찍 진입해서 원치 않는 장기 투자를 하게 되는 일이다. 별다른 목적도 없고 누구에게 매도해서 어떻게 수익을 낼지 고려하지도 않고 투자해 실패하는 경우도 많다.

다른 부동산도 마찬가지지만 특히 토지는 살 때부터 '누가 내 물건을 어떻게 사줄까?'를 염두에 두고 투자해야 한다. 가령 개발이 될 지역에 호재 실현 시점보다 조금 일찍 진입했다가 진행이 활발해지는 시점에 건축업자에게 매도하겠다든지, 땅을 사서 건축물을 지어 임대를 놓다가 시세차익을 실현하겠다든지 하는 계획이 있어야 한다. 그러려면 어떤 토지에 어떤 개발행위를 하는 것이 유리한지, 용도지역과 잘 어울리는 개발 유형은 무엇인지 먼저 알고 있어야 한다.

자, 이제 투자 목적에 맞는 용도지역은 무엇인지 확인해보자.

🔍 귀농·귀촌의 꿈, 전원주택지

내가 토지 투자에 관심을 두기 시작한 계기는 부모님의 귀농·귀촌이었다. 부모님의 고향에 텃밭을 가꾸며 살 전원주택 지을 땅을 알아보다가 토지 공부를 시작한 것이다. 토지에 관심 있는 사람들 중 이런 경우가 많다. 부모님에게 물려받은 땅이 있는데 뭘 하면 좋겠는지 알아보는 사람들이 가장 많고, 두 번째가 본인이나 가족이 살 전원주택이나 타운하우스를 지을 만한 땅을 찾는 사람들이다.

물려받은 땅은 토지이용계획을 통해 용도지역부터 확인해야 할 것이고, 전원주택이나 타운하우스를 짓기 좋은 땅은 따로 있다. 바로 자연녹지지역의 토지로, 입지 때문이다.

녹지지역은 도시지역 내 주거지역이나 상업지역 사이사이에 자리 잡고 있는 개발되지 않은 상태의 토지다. 〈그림 3-66〉에서 연두색 부분이 바로 자연녹지지역이다. 전원주택이나 타운하우스는 도시 생활에는 없는 장점을 많이 갖고 있지만, 단점은 도시와의 접근성이 떨어진다는 점이다. 예를 들어 한적한 외곽지역에 집을 짓는다고 해보자. 한적한 생활은 가능하겠지만 당장 음식 배달이나 택배 받기가 힘든 것부터 시작해 폭우나 폭설이 오면 집 밖을 나가는 일도 쉽지 않다.

하지만 도심지 인근에 있는 녹지지역에 집을 짓는다면 어떨까? 주거지역과 상업지역의 인프라를 이용할 수 있어 편리하고, 추후 도시가 확장되는 과정에서 주거지역으로 종상향이 되는 것도 기대할 수 있다. 이처럼 녹지지역은 개발 가능성이 있어 투자가치가 있음은 물론 실생활에도 장점이 많다.

그림 3-66 전원주택 짓기 좋은 자연녹지지역(연두색).   출처: 카카오맵

자연녹지지역의 건폐율은 20%이고 용적률은 100%이다. 그렇다면 30평쯤 되는 전원주택을 짓고 싶다고 할 때 면적이 어느 정도 되는 토지를 사야 할까?

일반적으로 국민평형이라고 하는 34평(115m²) 아파트의 전용면적은 84m²이다. 전원주택은 아파트와 달리 공용 공간 등이 따로 필요하지 않기 때문에 전원주택 30평은 아파트 34평보다 넓은 면적이라고 볼 수 있다. 그렇다면 30평의 전원주택을 짓고 싶을 때는 그 5배인 150평 정도의 토지를 사면 집을 지을 수 있다. 용적률이 100%이기 때문에 이론상으로는 바닥면적 30평의 집을 5층까지 지을 수 있지만 전원주택이나 타운하우스를 지으면서 5층까지 건축을 하지는 않을 것이다. 다만 이 용적률이 의미 있게 사용될 수 있는 때가 있다.

토지 가격이 비싼 지역은 넓은 땅에 전원주택을 짓기가 어렵다. 그래서 대

그림 3-67 토지 가격이 비싼 지역의 전원주택은 3층까지 건축하는 경우가 많다.

지 80~100평에 바닥면적 16~20평 정도로 3층까지 건축하는 경우가 많다. 1층에는 주방과 거실, 2~3층에는 방과 화장실을 배치하는 것이다. 남는 면적은 마당과 주차장 등으로 쓴다.

전원주택이나 타운하우스를 지을 목적이라면 용도지역이 자연녹지지역인 토지가 유리하고, 토지 가격이 비싼 동네라면 용적률을 최대한 활용할 수 있다는 점을 알아두자.

시장이 바뀔 때는 이런 투자를

최근 꼬마빌딩과 함께 가장 인기를 끌었던 투자 아이템 중 하나가 구도심의 주택을 매입해 근린생활시설로 용도변경을 하는 것이었다. 꼬마빌딩이 너무 비싸다 보니 위치 좋은 곳의 주택을 근린생활시설로 리모델링해서 예쁜 카페 등으로 탈바꿈시키는 방식을 택한 것이다.

이 방법은 2주택 이상 소유자의 취득세가 8%로 중과되면서 절세 수단으로도 많이 활용됐다. 구도심 주택을 살 때 근린생활시설로 용도변경을 해주는 조건으로 계약을 하면 4.6%의 취득세를 내고 매입을 할 수 있었기 때문이다.

하지만 2022년 10월 22일부터는 유권해석이 변경되어 주택 기준으로 취득세를 적용받는다. 2023년 2월 기준 개인의 경우 1주택과 2주택은 1~3%, 3주택은 4~6%의 취득세가 부과된다.

단독주택을 건축할 수 있는 용도지역은 크게 전용주거지역과 일반주거지역으로 나눌 수 있다. 사실 서울을 기준으로 전용주거지역은 연희동 등 몇 군데를 제외하면 많지 않지만, 구도심 주택을 근린생활시설로 변경하는 투자를 위해 방법을 알아두자.

전용주거지역은 단독주택 건축만 가능하고, 일반주거지역은 아파트를 포함한 주택 대부분을 건축할 수 있다. 따라서 활용도가 높은 일반주거지역의 땅은 가격이 비쌀 수밖에 없다. 보통 단독주택을 살 때 해당 집의 용도지역이 전용주거지역인지 일반주거지역인지는 눈으로 명확히 구별되지 않으며, 확인하고 사는 경우도 많지 않다. 같은 지역에 위치하고 있다면 주택 가격도 비슷한 수준인 경우가 대부분이다. 그런데 이 두 용도지역의 차이는 주택 상태에서는 문제가 되지 않지만, 근린생활시설로 변경할 때는 확연히 다른 결과를 만들어낸다.

근린생활시설은 쉽게 말해 주거지역 인근 편의시설, 즉 상가를 말한다.

그림 3-68 2종 일반주거지역 내 건물을 리모델링한 라라브레드 길동점.

근린생활시설은 크기와 목적에 따라 1종과 2종으로 나뉜다. 1종 근린생활시설은 비교적 소규모인 편의점이나 슈퍼마켓, 목욕탕, 이용원, 의원급 병원, 휴게음식점 등 일상생활에 꼭 필요한 시설이며, 2종 근린생활시설은 일반음식점, 학원, 기원, 헬스클럽, 대형 마트 등으로 어느 정도의 규모가 있는 시설을 말한다.

전용주거지역은 1종 근린생활시설로만 변경이 가능해 소규모 건축만 할 수 있다. 반면 일반주거지역은 2종 근린생활시설로 변경 가능하므로 더 큰 규모의 건축물을 지을 수 있다. 무엇보다 1종과 2종 근린생활시설의 차이는 주류 판매에 있다. 1종 근린생활시설의 휴게음식점은 주류 판매가 허용되지 않지만, 2종 근린생활시설의 일반음식점은 주류 판매를 할 수 있기 때문이다. 식당을 운영해본 분들은 잘 아시겠지만, 술을 팔 수 있는지 아닌지는 매출에 큰 차이를 만든다. 대한민국 성인이라면 대부분 감자탕에는 소주, 치킨에는 맥주, 탕수육에는 연태고량주를 곁들이지 않는가? 또한 1종 근린생활시설의 경우 입점할 수 있는 점포의 종류도 한정될 수밖에 없다.

따라서 구도심의 주택을 근린생활시설로 변경할 것을 염두에 두고 투자한다면 일반주거지역인지 전용주거지역인지를 반드시 확인하고 매수해야 한다.

🔍 준공업지역의 변신

용도지역상 공업지역은 쉽게 말해 산업단지 등 공장이 들어서 있는 지역이다. 공업지역은 다시 전용공업지역, 일반공업지역, 준공업지역으로 구분된다. 전용공업지역과 일반공업지역은 토지 규모가 커 조선소나 대규모 공장, 창고 등을 건축할 수 있다.

공장이 많다는 것은 어떤 뜻일까? 바로 일자리가 많다는 뜻이고 상주하는 인구가 많다는 뜻이다. 따라서 인구가 많은 지역의 공업지역 토지 투자는 매우 유망한 투자가 될 수 있다. 토지 투자를 잘하려면 이렇게 용어의 뜻이 무엇이며 어떻게 수익으로 연결될 수 있을지를 수시로 생각해보아야 한다.

요즘 투자 대상으로 주목받는 준공업지역은 공업지역과 무엇이 다를까?(바로 답을 보려 하지 말고 나름대로 생각해보자.) 준공업지역은 전용공업지역·일반공업지역 주변의 땅으로, 주거지역과 공업지역이 만나는 경계에 위치하며 주로 소규모 소비재인 수제화, 섬유, 인쇄산업 등의 공장용지로 사용된다. 서울을 예로 들면 성수, 영등포가 대표적인 준공업지역이다. 준공업지역이 인

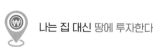

기를 끌게 된 이유 중 하나는 바로 지식산업센터를 건축할 수 있다는 점 때문이다. 과거 도시지역에 있던 경공업이 쇠퇴하면서 유휴부지로 있던 땅들의 개발 압력이 높아지자 활발하게 개발이 추진됐기 때문이다.

준공업지역이 돈 되는 땅으로 주목받게 된 이유로는 지식산업센터 외에 생활숙박시설(레지던스) 등의 건축도 가능할 정도로 활용도가 다양하다는 점이 꼽힌다. 생활숙박시설은 숙박용 호텔과 주거용 오피스텔이 합쳐진 개념으로, 호텔식 서비스를 제공할 수 있는 숙박시설을 말한다. 사실상 전용면적이 좁은 아파트와 유사한 형태다. 부동산 규제에서 자유롭고, 주택 수에 포함되지 않아 종합부동산세 부과 대상에서도 제외되며, 전세자금대출도 가능하다.

최근에는 시장 질서를 교란하는 변종 투자상품이라는 비판이 거세지는 상황이라, 생활숙박시설을 주거 목적으로 사용할 수 없게 규제하려는 움직임이 나오고 있다. 하지만 생활숙박시설은 취사시설을 설치할 수 있고 바닥 난방이 가능하기 때문에 장기 숙박은 물론 에어비앤비 등 단기로 렌트해 임대수익을 거두기에도 좋은 상품이다.

공업지역에는 공장 근로자들이 거주할 수 있는 주택의 임대 수요가 항시 존재한다. 그러니 토지를 매입해서 임대할 수 있는 원룸 등을 건축한다면 주거지역보다는 준공업지역을 먼저 찾도록 하자. 2종 일반주거지역의 건폐율은 60%, 용적률은 250%인 반면 준공업지역의 건폐율은 70%, 용적률은 400%다. 토지 가격의 차이를 감안하더라도 준공업지역이 규모 면에서 월등히 유리하다.

주거지역보다 건축 규모를 늘리는 것이 가능하며 무엇보다 주거지역과 달리 일조권사선제한이 적용되지 않아 호실을 훨씬 많이 지을 수 있다. 현금흐름을 만들 수 있는 수익형 부동산에 관심이 있는 투자자라면 준공업지역의 토지를 눈여겨봐야 한다. 주거지역보다 훨씬 좋은 수익을 기대할 수 있을 것이다.

지식산업센터가 뜰 때는 준공업지역 투자를

경제학을 배운 사람이라면 교과서 첫 페이지에 "생산의 3요소는 토지, 노동, 자본"이라고 쓰여 있던 것을 기억할 것이다. 토지 투자에도 이를 적용해보면 어떻게 될까? 토지는 건축물을 짓기 위한 생산요소다. 땅이 있어야 아파트도 있고 공장도 있고 상가도 있고 지식산업센터도 있고 업무용 빌딩도 있는 것이다.

무슨 당연한 소리를 하냐고? 용어에 담긴 뜻을 투자로 연결해보자. 내가 사는 곳 주변의 공장 가격이 오르고 있다면? 용도지역상 계획관리지역이나 공업지역의 토지를 사면 된다. 공장 지을 곳이 부족해지면 내 토지를 사지 않겠는가. 아파트 가격이 오르는 곳이라면? 녹지지역이나 주거지역 중 도시 개발사업 가능성이 높은 토지를 사야 한다. 공급이 부족해지면 도시개발사업 지정을 통해 아파트를 더 지어야 할 테니 말이다.

수도권에서 지식산업센터 붐이 일고 있다. 지식산업센터의 인기가 언제까지 지속될지는 알 수 없지만 이미 지식산업센터를 짓기 좋은 땅의 가격은 많이 올랐고 앞으로도 오를 것으로 전망된다.

지식산업센터가 생기면 인구가 얼마나 늘어날까?

군포시, 옛 두산유리 공장부지에 업무시설 · 지식산업센터 신축 속도

군포시 당정동 옛 두산유리 공장부지에 업무시설과 지식산업센터 신축이 속도를 내고 있다. 군포시는 당정동 공업지역에 빈터로 남아 있던 옛 두산유리 공장부지에 업무시설과 지식산업센터를 신축하는 내용의 주민제안 지구단위계획안이 최근 접수됐다고 13일 밝혔다.

(하략)

출처: 〈경기일보〉 2020.7.13.

2020년 7월 13일자 〈경기일보〉를 보면 군포시 당정동에 지식산업센터를 신축하는 계획이 접수됐다고 나와 있다. 과거 두산유리라는 기업의 소유였던 곳이며 용도지역은 준공업지역이다. 이곳의 준공업지역에 지속적으로 지식산업센터가 지어진다면 어떤 변화가 생길까?

우선 지식산업센터를 짓기 위한 용지를 사려는 이들이 늘어나면서 준공업지역 땅값은 분명히 오를 것이다. 만약 지식산업센터가 하나 들어섰는데 분양도 잘된다면? 주변에 지식산업센터를 지을 만한 토지를 사놓고 또 다른 시행자의 입질이 오기를 기다리는 투자를 하면 된다.

그림 3-69 두산유리의 옛 모습과 철거 뒤 입주하게 될 지식산업센터의 조감도.

노후 산업단지에 지식산업센터가 들어서면 근로자(정주인구)가 30배가량 늘어난다는 연구가 있다. 나는 이를 건국대학교 부동산대학원 선배이신 김성혜 박사님을 통해 배웠다. 이렇게 되면 해당 지역은 구매력이 매우 커진다. 다시 말해, 인근에 지식산업센터가 들어서면 상권이 좋아진다는 말이다.

수원의 경우 일반공업지역 토지는 2023년 초 기준으로 호가가 평당 2,000만 원을 넘어서고 있다. 이 역시 지식산업센터의 효과다. 수원은 지식산업센터 인허가가 영통구 일반공업지역과 준공업지역에 집중되어 있다. 첫 번째 이유는 이 일대에 공업지역이 많기 때문이며, 두 번째 이유는 삼성전자의 협력업체로 입주하기에 적합하기 때문이다. 이로 인해 이 지역의 공업지역 땅값도 급격한 가격 상승을 보였다.

〈그림 3-71〉을 보자. 경기도 수원시 영통구 일반공업지역에 있는 이 경매 물건은 낙찰가 11억 8,888만 원, 평당 약 644만 원에 낙찰됐다. 이게 겨우 2018년 3월에 일어난 일이다. 그런데 이 일대 일반공업지역과 준공업지역 땅값이 2023년 초 기준 평당 1,500만~2,000만 원을 오가고 있다. 이는 순

그림 3-70 수원시 영통구 일반공업지역.

출처: 카카오맵

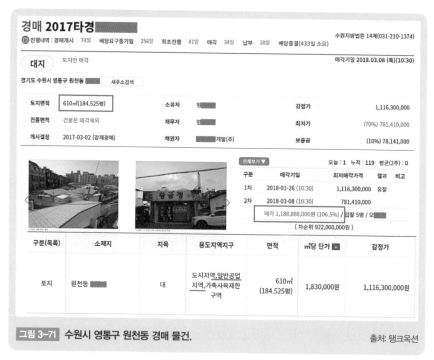

그림 3-71 수원시 영통구 원천동 경매 물건.

출처: 탱크옥션

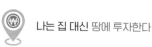 나는 집 대신 땅에 투자한다

전히 지식산업센터를 만들어내는 생산요소이기 때문에 오른 것이다. 어느새 수원은 준공업지역을 넘어 일반공업지역도 지식산업센터로 용도가 바뀌고 있다.

준공업지역 종합발전계획

서울은 어떨까? 서울시는 대놓고 준공업지역 땅이 유망하다는 발표를 했다. 2009년에 발표한 '준공업지역 종합발전계획'이 그것이다. 서울의 준공업지역은 도봉구 창동 일대, 성수, 영등포, 구로와 금천구 일대에 산재해 있다. 문제는 투자하려니 그 많은 준공업지역 중 어느 곳이 언제부터 본격적으로 좋아질지 알 수가 없다는 것이다. 물론 가장 인기 있는 준공업지역으로는 단연 성수가 꼽힌다.

2007~2008년, 나는 유통회사에서 성수동 지역의 점포개발 담당을 했었다. 2005년에 아파트 분양을 받은 후 재건축 투자를 주로 하던 내가 성수에 관심이 없을 리 없었다. 그런데 낡은 공업지역과 좁디좁은 골목의 낡은 주택가와 뚝도시장까지, 뭐 하나 마음에 드는 구석이 없었다. 그때의 나는 그 지역이 뜰 것이라고는 조금도 예상하지 못했다. 심지어 성수가 뜨고 있을 때도 그 상황이 지속될 것이라고는 예상하지 않았다. 과거의 낡은 모습을 너무 진하고 징하게 기억한 탓이다.

아무튼 그렇게 성수지역의 점포개발 담당을 하면서도 성수의 성수기를 놓친 내가 주목한 곳은 영등포였다. 성수의 준공업지역이 강세를 보인 것은 여러 핫플레이스가 등장한 덕도 있겠지만 직장인 수요가 가득한 지식산업센터의 활기도 한몫했다.

이런 상황을 머리에 담으며 나는 '영등포 준공업지역으로는 언제 지식산업센터 시행자들이 걸음을 옮겨오나' 관심을 기울였다. 국내 최고 지식산업센터 전문가인 김성혜 박사님과 재야의 고수 황OO 선생님에게도 문의를 했다. 그 무렵 뉴스는 물론 영등포구청 도시재생과의 자료도 이제 때가 왔다고 나에게 확신을 주었다.

〈그림 3-72〉의 자료를 보면 영등포구청이 문래역 이면 준공업지역은 재생사업을 할 예정이며, 경인로변의 준공업지역은 블록 단위의 개발을 유도한다는 것을 알 수 있다. 블록 단위의 개발이 뭘까? 그것도 준공업지역에서.

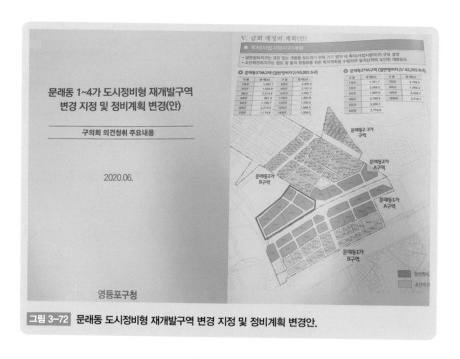

그림 3-72 문래동 도시정비형 재개발구역 변경 지정 및 정비계획 변경안.

바로 지식산업센터다.

나는 우리 회원들과 이 지역의 물건을 샅샅이 뒤지다시피 했다. 거의 모든 부동산에 들러 매물을 확보하고 그중에 괜찮은 물건을 골라내는 회의를 거쳤다. 그렇게 몇 건의 투자를 했다. 2021년에 계약을 하고 2022년 2월에 잔금을 치른 물건은 등기권리증이 나오기가 무섭게 지식산업센터 개발업자가 붙었다. 등기된 주소로 우편물이 날아오는 것을 넘어 매입하려는 이들이 직접 찾아왔다. 현재 협의 중인 금액은 평당 6,000만 원이 넘는다. 9억 원에 작은 공장 옆 상가를 산 지 채 1년이 지나지 않은 지금, 20억 원 가까운 금액에 매도 의향서를 작성하고 매매 협상을 진행 중이다.

우리가 매입한 곳의 건너편에는 이미 평당 6,500만 원에 전체 블록이 매매되어 지식산업센터 사업 시행을 앞둔 곳도 있다는 이야기가 들려온다. 이렇게 되면 이 블록의 가격은 6,500만 원이 하한선이 될 가능성이 커진다. 영등포 준공업지역의 가격이 정말 순식간에 오른 것이다.

그렇다면 이 지역이 지식산업센터로 탈바꿈했을 때 다음으로 뜨는 곳은 또 어디가 될까? 당연히 상업적 가치가 크게 오를 곳을 찾아야 한다. 대한민국 최고의 상가 전문가가 쓴 책 《1일 매출로 보는 대한민국 상가투자 지도》를 보면 지식산업센터 내의 상가에 대한 설명이 있다.

유일무이한 이 책에 따르면, 지식산업센터 입주가 시작되면 10평당 1명의 근로자가 유입된다고 한다. 앞서 공업지역에서 지식산업센터로 용도가 바뀌면 같은 면적에 근무하는 사람의 수가 무려 30배 증가한다는 것도 배웠다. 거기다 근로자들의 소득 수준도 향상되는 것을 감안하면 같은 면적에서 늘어나는 구매력은 50배 정도로 추정할 수도 있을 것이다.

이에 따라 서쪽에 지식산업센터가 들어선다면 이미 핫플레이스로 뜨고 있는 문래역 이면의 상권이 더 각광받을 것으로 전망한다.

여기서 한 가지를 더 배워가셨으면 좋겠다. 어떻게 영등포 준공업지역을 그렇게 기막힌 타이밍으로 샀는지 말이다. 첫 번째는 도움을 준 분들(김성혜 박사님과 황OO 선생님)이 계셨기 때문이고, 두 번째는 먼저 개발된 성수의 준공업지역 사례를 보았기 때문이다.

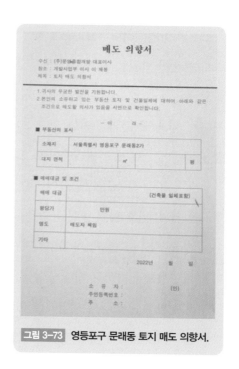

그림 3-73 영등포구 문래동 토지 매도 의향서.

반복해서 말하지만 이미 호재가 실현된 사례를 보고 지금 호재가 진행 중인 곳을 살피면 된다. 이런 '패턴 관찰 + 실전 경험' 횟수가 늘어날수록 투자가 명확해진다. 시간이 지나면 또 영등포 준공업지역의 사례가 인근 준공업지역의 좋은 참고 자료가 될 것이다.

지식산업센터가 들어서면 상권이 바뀐다고?

건국대학교 부동산대학원에서 〈서울시 지식산업센터 투자 특성에 관한 연구〉로 박사학위를 취득하신 김성혜 박사님은 준공업지역 내 1층 공장이 있던 자리에 지식산업센터가 들어서면 정주인구가 30배 늘어남을 밝혀내신 바 있다. 이뿐만이 아니다. 공장에 근무하던 이들보다 지식산업센터에 근무하는 이들의 급여가 더 높으며 구매력이 향상되므로 주변 상권에도 긍정적인 변화를 미친다. 과연 상권이 어떻게 달라질지 궁금하지 않은가?

우리나라의 대표적인 지식산업센터 밀집지역인 구로공단역의 상권이 어떻게 변화했는지 살펴보자. 마침 우리나라에서 상가 투자와 부동산 강의를 가장 잘한다고 알려진 강사의 책에 지식산업센터 주변 프랜차이즈 매출 조사 자료가 있다.

〈그림 3-74〉를 살펴보면 2호선 구로디지털단지역이 있고(명칭 또한 구로공단역에서 구로디지털단지역으로 바뀐 것이 변화를 짐작하게 한다) 서남측으로 넓게 지식산

그림 3-74 구로디지털단지역 인근 지식산업센터와 편의점.

출처: 카카오맵

업센터가 포진한 것이 보인다. 그리고 그들의 출퇴근 동선은 분명 미니스톱 구로공단역점 앞을 지날 것이다. 바로 이 편의점이 이 지역의 최고 매출 점포다. 일 매출은 얼마일까? 놀라지 마시라. 무려 600만 원이다.

알아두어야 할 점은, 과거에는 이 매출의 절반에도 미치지 못했다는 것이다. 2004년 개점 초기에는 일 매출이 200만 원을 조금 넘는 수준이었다. 그러다 안쪽의 공장들이 하나둘 사라지고 그 자리에 지식산업센터가 들어서면서 매출이 점차 오르며 지금 단계에 이르게 된 것이다. 이 지역의 거의 모든 지식산업센터 건물에 편의점이 하나씩 있음에도 매출이 이렇게 나온다.

그뿐만이 아니다. 뒷골목에 있는 식당들도 30평 기준으로 월 매출 1억 원은 족히 넘는 곳이 많다. 특히 배후 수요인 지식산업센터에서 지하철역 출구로 이어지는 주동선에 있는 식당들은 매출이 더 높다. 그런 곳은 1층 상가 임대료가 평당 30만 원이 넘는 경우가 대부분이다.

즉, 지식산업센터가 인기를 끌면 시행자에게 매각할 요량으로 준공업지역을 먼저 사놓고 기다리면 되고, 지식산업센터가 공사하고 분양에 들어가면 상권이 좋아질 역세권 인근의 상가를 사놓고 때를 기다리면 좋다. 단, 지식산업센터 내의 상가를 분양받는 것은 입지와 지식산업센터의 연면적에 따라 달라지므로 주의해야 한다는 것도 알아두자(최근에 분양하는 지식산업센터 내의 상가 가격이 높아 별로 권하고 싶지 않은 것이 많다).

4장

토지,
남보다 잘 사는 방법

초보 투자자가 접근하기
좋은 경매와 공매

토지를 사는 방법은 크게 세 가지로 구분할 수 있다. 공인중개사를 통한 일반 매매, 경매, 그리고 공매다. 일반 매매의 장점은 안전하게 거래를 할 수 있다는 것이다. 공인중개사를 통해 토지이용계획이나 건축 가능 여부, 권리분석 등 기본적인 사항을 확인할 수 있다. 개발호재나 지역의 상황 및 분위기, 현재 시세 등을 직접 조사하는 대신 공인중개사에게 듣고 투자 여부를 결정할 수도 있다. 물론 공인중개사가 제공하는 정보가 정말 믿을 만한지 가려내는 안목을 갖추는 것은 스스로의 몫이지만 말이다.

단점은 일단 토지를 전문으로 취급하는 부동산중개소를 찾기가 어려우며, 힘들게 찾았다고 해도 공인중개사가 내게 좋은 물건을 소개해줄 리 만무하다는 것이다. 하물며 토지 투자를 처음 시도하는 초보자의 공부에 도움이 되도록 본인의 매물 정보를 기꺼이 오픈하는 중개업자는 존재하지 않는다고 생각하는 편이 좋다.

그렇다면 초보자는 어떻게 해야 할까?

물건 분석 연습을 하는 수단으로는 경·공매만 한 것이 없다. 전국에 있는 수천, 수만 개의 물건이 매주 경·공매 시장에 쏟아져 나오기 때문이다. 토지 공부를 위해 분석할 물건이 필요한 초보자에게 이만큼 정보를 얻기 쉬운 통로가 또 있을까? 관심 지역의 부동산중개소를 찾아다닐 필요도 없고, 물건 정보를 얻고자 공인중개사와 친분을 쌓으려 애쓸 필요도 없다.

경·공매 사이트에 관심 지역을 설정해두면 원하는 지역의 물건을 손쉽게 찾을 수 있다. 호재를 파악하는 뉴스 읽는 연습과 함께 경·공매 물건만 매주 1건씩 분석해도 투자 실력을 쌓기에 충분하다.

토지 분석 연습이 어느 정도 된 후에 경·공매 공부까지 해서 물건을 낙찰받는다면 시세보다 저렴하게 토지를 매수할 수도 있다. 최근에는 시장 분위기가 한풀 꺾여 낙찰가율이 감소하는 추세지만, 아파트 같은 경우 시장이 좋을 때는 낙찰가율이 100%가 넘는 경우도 흔하다. 하지만 토지는 시장 분위기가 좋을 때도 낙찰가율이 보통 70~80%이다. 운이 좋으면 감정가의 50% 이하에서 낙찰되는 경우도 제법 많다. 우리는 흔히 "내가 타임머신을 타고 과거로 돌아갈 수 있으면 ○○에 땅을 사놓을 텐데" 하는 말을 한다. 경·공매를 통해 타임머신의 꿈을 실현할 수 있는 것이다.

그런데 경·공매는 일단 어렵다고 생각하는 사람들이 많다. 왜 그러냐고 물어보면 대부분 명도가 힘들지 않느냐고 반문한다. 주택의 경우 낙찰을 받은 뒤 거주하는 소유자(또는 임차인)를 내보내는 명도 과정이 중요하지만, 토지는 명도 문제의 중요도가 낮기 때문에 상대적으로 유리하다.

다만 농지의 경우 낙찰을 받았을 때 농사를 짓고 있는 사람이 존재할 수 있다. 농작물은 소유권이 토지 소유자가 아닌 경작자에게 있다. 이제 내 소유의 땅에 있는 작물이라고 해서 내 마음대로 수확해서는 절대 안 된다. 토지 위의 농작물에 대한 명도는 그 해 농사가 마무리되어 농작물을 수확할 때까지 기다려야 한다. 그래도 사람을 내보내거나 협의하는 것보다는 훨씬 수월하다.

이와 같이 경·공매는 토지 투자와 만났을 때 많은 시너지를 낼 수 있는 수단이다. 특히 초보일수록 경·공매 사이트와 친하게 지내자. 이 책에 등장한 사례와 비슷한 유형의 토지는 무엇이 있는지 물건 검색부터 시작하는 것을 추천한다.

🔍 토지와 경·공매가 만났을 때

경매와 공매는 국가가 시행하는 대표적인 공개 매각 절차다. 경매는 개인 간의 채무, 공매는 세금 체납을 정리하기 위한 목적이다. 그렇다면 생각해보자. 몇 천만 원 이하의 물건이 경·공매에 나왔다는 건, 이런 자산까지 담보로 잡혀 돈을 빌렸을 만큼 소유자의 형편이 좋지 않다는 것이다. 그 정도로 시장에 나올 소액 물건이라면 가치가 있을 확률이 얼마나 될까? 초보의 경우 대부분 소액 투자를 생각하는데, 싼 가격에만 중점을 두고 경·공매에 접근하면 양질의 물건을 만날 가능성이 높지 않다.

그럼 얼마 정도의 물건이 적절할까? 토지에 자산의 전부를 투자하려는 경우는 많지 않을 것이다. 보통 부담 없이 생각하는 토지 가격은 1억 원에서 5

억 원 사이인데, 경매 시장에서도 이 금액에 해당하는 토지는 경쟁이 굉장히 치열하다. 물건에 대한 세심한 조사와 입찰가 산정에 엄청난 눈치 게임이 필요하다. 하지만 이런 단점을 상쇄하는 장점 또한 많다.

가장 큰 장점은 대출이 굉장히 유리하다는 사실이다. 주택처럼 대출에 온갖 규제가 없기 때문이다. 따라서 충분한 공부를 거친 후에 경쟁률이 상대적으로 낮은 10억 원 이상의 물건에 입찰하는 전략을 써볼 수 있다. 10억 원 이상이라면 아주 큰 금액으로 느껴지겠지만, 매수 절차를 진행하다 보면 일반 매매로 부담 없는 가격대의 땅을 살 때와 경매로 10억 원 이상의 땅을 낙찰받았을 때 실제로 투입되는 금액에는 큰 차이가 없다. 다만 내가 대출 이자를 감당할 수 있는지 꼼꼼히 계산하고 투자해야 한다.

만약 소액 투자를 원한다면 경매보다는 공매를 활용할 수 있다. 공매는 세금 체납으로 국가에 의해 매각 절차가 진행되기 때문에 소유자의 의사와 상관없이 알짜 물건이 나올 수 있다. 또한 국가가 보유하던 재산을 공매를 통해 매각을 진행하기도 한다. 경매에 비해 덜 알려져 있다 보니 경쟁률도 높지 않다.

공매에서 소액 투자로 수익을 거둘 수 있는 물건은 무엇일까? 가장 흔하게는 '알박기'가 있다. 도심지에 위치한 작은 토지인데 이 땅이 있어야만 바로 옆의 땅에 건축이 가능하거나, 도로와 토지 사이에 있는 작은 땅이지만 통행에 꼭 필요한 경우가 해당된다. 이렇게 소액으로 수익을 내는 토지 투자를 하고 싶다면 경매보다는 공매 물건 위주로 찾는 편이 좋다. 다만 소액 물건은 내 땅을 필요로 하는 대상의 범위가 좁은 편이므로 협상과 소송 능력이 필요하다.

예전에 김종율 원장님의 토지 강의를 수강할 때 한 수강생이 "토지 투자를 하려면 경매를 반드시 알아야 합니까?" 하고 질문한 적이 있다. 반드시 알아야 하는 것은 아니지만, 경·공매를 알면 남들과는 다른 출발선에서 토지 투자를 시작할 수 있다.

공인중개사를 통해 토지를 매매할 때

토지 초보에게는 경·공매를 위주로 추천했지만, 우리가 영원히 초보 단계에 머물 것은 아니지 않는가. 부동산중개소를 통해 토지 매매를 할 때 알아두면 좋을 꿀팁들을 소개해본다.

온라인에서 중개사를 찾는다

토지를 취급하는 부동산중개소를 어디서 찾느냐는 질문을 평소에 많이 받는다. 아파트나 상가는 해당 지역에 가면 쉽게 찾을 수 있지만, 토지는 관심 있는 지역에 가서 들판을 하염없이 돌아다녀도 부동산중개소를 찾기 힘들다.

이러한 단점은 토지를 취급하는 공인중개사들도 잘 알고 있다. 따라서 행동력 있는 공인중개사들은 블로그, 유튜브, 인스타그램 등을 운영하는 경우가 많다. 유튜브에 시골집이나 전원주택, 집 지을 땅 등을 소개하는 부동산 채널이 여럿 있는데, 주 대상은 귀농·귀촌에 관심 있는 50대 이상의 시청자다. 예상보다 훨씬 높은 조회수와 많은 댓글을 보고 시골집에 관심 있는 사람이 이렇게나 많구나 싶어 깜짝 놀란 적이 있다.

따라서 힘들게 동네 부동산을 뒤지기 전에 먼저 SNS부터 검색해보자. '○○ 지역 공장부지' 식으로 검색해보면 자신의 물건을 적극적으로 홍보하는 공인중개사들의 콘텐츠를 쉽게 확인할 수 있다. 최근에는 네이버 부동산 등 포털사이트에도 토지 물건을 광고하는 중개소가 많다. 여러 방면으로 검색해보고 관심 있는 물건을 취급하는 공인중개사에 연락해 브리핑도 받아보고, 나의 필요에 맞는 다른 물건을 소개받을 수도 있다.

토지가 다른 부동산에 비해 품이 더 드는 것은 사실이지만, 이런 과정을 몇 번만 거치고 나면 투자에서 훨씬 유리한 고지를 선점할 수 있다. 누구나 하지 않기 때문에 더 많은 기회를 찾을 수 있다.

반대로 토지를 매도해야 하는 입장이라면 어떨까? 지역 내에서 매수자를 수소문하거나 인접한 대도시의 중개소에 매물을 내놓는 것이 유리하다. 만약 서울에 사는 사람이 은퇴 후에 한적한 시골로 내려가 유유자적하는 삶을 살고 싶다면 어디를 떠올릴까? 대부분은 경기도나 강원도를 고려할 것이다. 마찬가지로 수요자들은 해당 지역의 거점 도시에 인접한 외곽지역의 토지를 사고 싶어 할 가능성이 높다.

일례로 지인이 전라도에 증여받은 토지를 처분해달라고 한 적이 있다. 포털사이트에 광고해서 매수자가 나타날 때까지 기다리는 방법도 있었지만, 나는 빠른 현금화를 도와주고 싶은 마음에 전라도 광주에 있는 중개소에 공

동중개를 요청했다. 신기하게도 매물을 내놓은 지 일주일이 채 안 되어 충북 청주에 거주하는 분이 매수하고 싶어 한다는 연락을 받았다. 사연을 들어보니 물건이 위치한 지역이 매수자의 고향인데, 은퇴 후 고향에 내려가 살 준비를 하던 차에 광주 중개소에서 올린 광고를 보고 자신에게 딱 맞는 매물이다 싶었다는 것이다. 하지만 이 땅은 아쉽게도 그분과 인연이 닿지 못했다. 왜냐고? 물건을 내놓기 무섭게 다음 날 바로 인근에 거주하시는 분이 매수 의사를 밝혀 그분께 매매가 됐기 때문이다.

토지는 거래 루트가 많이 오픈돼 있지 않아 어렵게 느껴질 수 있다. 하지만 내 땅을 필요로 하는 수요자가 명확하다는 장점이 있다.

⊕ 중개수수료는 사전에 협의한다

"토지 중개수수료는 왜 이렇게 비싸요? 아파트의 2배 이상 되는 것 같아요."

많이 듣는 소리다. 법정 중개수수료는 주택의 경우 거래 금액에 따라 0.4~0.9%, 상가나 토지는 최고 0.9%를 받을 수 있다(매매 기준). 주택보다 수수료율 자체가 높으니 토지의 중개수수료가 더 비싼 것이 맞다.

사실 토지는 중개수수료 기준이 조금 모호하다. 법정 최고 요율은 매매 금액의 0.9%지만 현장에서는 이 수수료율이 잘 지켜지지 않는 경우가 더러 있다. 토지는 매물로 나오는 과정이 다른 부동산과 조금 다르다. 도시지역이 아닌 외곽의 토지일수록 이런 특징이 흔하게 나타나는데, 토지가 매물로 나오는 과정에서 이장님이나 지역 유지 등 토지 거래에 관여하는 당사자가 많기 때문이다. 즉 수수료를 나눠야 하는 대상이 여러 명이 되는 것이다.

이런 상황을 인정작업이라고 하는데, 사정이 이렇다 보니 사전에 협의하지 않으면 생각지도 못한 중개수수료를 요구받는 경우가 왕왕 있다. 거래가 완료된 다음 중개수수료로 얼굴을 붉히는 일을 만들고 싶지 않다면 처음부터 중개수수료에 대해 협의해두는 것이 좋다.

공인중개사에 의존하지 않는다

부동산에 대해 제법 오래 공부하고 투자도 했지만, 공인중개사가 되어 직접 중개소를 운영하면서 알게 된 사실이 하나 있다. 공인중개사는 부동산 전문가라기보다는 부동산 '거래' 전문가라고 보는 편이 맞겠다는 것이다.

공인중개사는 거래를 성사시켜야 돈을 버는 직업이다. 따라서 공인중개사에게 개발호재를 설명하는 일은 보유하고 있는 물건이 좋다는 점을 어필하는 수단이다. 물론 부동산 중개를 하기 위해서는 시장 흐름이나 개발호재 이슈는 물론 관련 규정과 법률 등을 꾸준히 공부해야 한다.

하지만 공인중개사 입장에서는 이 지역에 어떤 개발호재가 있고 앞으로 어떻게 변화될 것이라는 청사진을 그리는 것보다는, 당장 해당 매물의 특징을 잘 파악하고 손님이 필요로 하는 물건을 추천해서 거래를 성사시키는 것이 훨씬 중요하다. 예를 들어 지상에 건축물이 있는 토지를 매매할 때, 해당 건축물이 위반건축물인지 아닌지는 계약 성사를 위해 공인중개사가 반드시 확인해야 하는 사항이다. 하지만 그 토지의 개발호재가 언제 실현되느냐는 공인중개사가 꼭 확인해야 할 사항은 아니다.

따라서 공인중개사를 통해 거래할 때는 지역의 특징이나 개발호재에 대한 다양한 정보를 요구하되, 판단은 스스로 할 수 있어야 한다. 공인중개사는 어디까지나 나의 투자와 거래를 도와주는 사람일 뿐 나의 투자를 책임져주는 사람이 아니다.

이런 생각으로 공인중개사와 협업한다면 많은 도움을 받을 수 있을 것이다.

토지 시세를 파악하는 법

토지 투자를 어렵다고 느끼는 또 하나의 이유는 가격이 비싼지 싼지 판단하기 어렵기 때문이다. 예를 들어 같은 위치에 나란히 있는 두 토지라도 도로에 접한 땅과 맹지의 가격은 전혀 다르다. 따라서 해당 지역의 토지 가격 평균이 얼마인지 기준을 잡기가 어렵다. 안타깝게도 토지는 시세를 조사하는 것도 손품을 꽤 팔아야 한다.

공시지가

가장 먼저 참고할 것은 공시지가다. 보통은 공시지가의 2~3배 정도를 매매 가격으로 보는데 이 기준 역시 지역마다 많은 차이가 있다. 어떤 지역은 공시 지가와 매매가가 비슷한 경우도 있다. 이런 경우는 농지연금에 가입하면 연금

수령의 기준이 되는 감정가를 높게 받을 수 있어 유리하다. 반면 도시개발사업이 활발하게 일어나는 지역은 토지 가격의 상승을 공시지가가 따라가지 못해서 공시지가와 매매가의 차이가 5~10배까지 나기도 한다. 일반적인 아파트보다는 재개발·재건축 프리미엄이 붙은 아파트의 공시가격과 매매가가 차이가 큰 것과 비슷하다. 따라서 공시지가는 어디까지나 대략의 시세를 참고하는 기초 자료 정도로 활용해야 한다.

🔍 실거래가

다음으로는 지금까지 거래된 토지의 실거래가를 참고해서 대략의 시세를 조사해볼 수 있다. 디스코, 밸류맵, 땅야 등의 사이트에서 확인할 수 있다. 〈그림 4-1〉을 보면 같은 지역의 토지임에도 가격이 천차만별이다. 면적에 따른 차

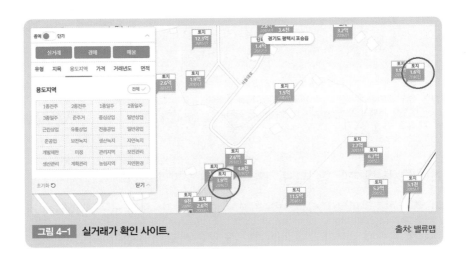

그림 4-1 **실거래가 확인 사이트.**　　　　　　　　　　　　　　　출처: 밸류맵

토지 1

392,500,000원 ❶

· 거래시점	· 토지면적당 단가 ⟲단위
2016년 09월	900,431원/3.3㎡ 거래면적 : 435.90(3.3㎡)

토지정보 ⟲단위   용어설명 보기

[28] 지목 전	✓ 이용상황 전	% 용도지역 계획관리	↗ 면적(㎡) 1,586
/i\ 도로 세로(가)	⊡ 형상 사다리형	◁ 지세 평지	∿ 공시지가(㎡) 221,900원

그림 4-2   매매가 약 3억 9,000만 원에 거래된 토지.   출처: 밸류맵

토지 2

164,700,000원 ❶

· 거래시점	· 토지면적당 단가 ⟲단위
2016년 05월	549,963원/3.3㎡ 거래면적 : 299.48(3.3㎡)

토지정보 ⟲단위   용어설명 보기

[28] 지목 전	✓ 이용상황 답	% 용도지역 계획관리	↗ 면적(㎡) 990
/i\ 도로 맹지	⊡ 형상 사다리형	◁ 지세 완경사	∿ 공시지가(㎡) 173,600원

그림 4-3   매매가 약 1억 6,000만 원에 거래된 토지.   출처: 밸류맵

이도 존재하겠지만, 토지의 위치와 용도지역에 따라 가격에 많은 차이가 난다. 빨간 동그라미로 표시한 두 토지를 비교해보자. 두 토지 모두 2016년에 거래됐으나, 매매 금액이 크게 차이난다. 두 땅은 서로 어떤 점이 다른 것일까?

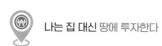

나는 집 대신 땅에 투자한다

약 3억 9,000만 원에 거래된 토지 1은 지목이 전이고, 용도지역이 계획관리지역이며, 도로에 접한 평지다. 1평당 약 90만 원에 거래됐다.

한편 약 1억 6,000만 원에 거래된 토지 2는 지목 역시 전이고, 용도지역도 계획관리지역으로 동일하지만 맹지다. 또한 완경사가 있는 땅이다. 1평당 약 55만 원에 거래됐다.

우선 도로에 접하지 않아 당장 건축이 어렵다는 점, 경사가 있어서 토목비용이 많이 발생할 것이라는 점 등이 약 2배의 금액 차이를 만들어냈다고 볼 수 있다.

따라서 토지의 가격이 적정한지 조사할 때는 실거래가를 참고하되 용도지역과 지목이 동일하고, 가까운 지역 내의 '대규모 아파트 단지 인근의 2차선 도로 옆 토지' 식으로 조건이 비슷한 토지가 어느 정도의 가격에서 거래됐는지를 확인해야 한다.

🔍 경·공매 감정 가격

관심 있는 지역에서 경·공매에 나온 물건이 있다면 감정 가격을 참고할 수도 있다. 감정평가사가 어떤 기준으로 감정가를 정했는지 확인해보는 것은 토지 시세 파악에 도움이 된다(간혹 해당 물건에 대해 깊이 있게 알아보지 않고 감정평가서를 작성한 경우도 있으니 맹신하지는 말고 참고만 하자).

시세차익형 부동산 투자의 기본은 지금 이 물건을 사서 몇 년 후에 비싸게 파는 것이다. 토지를 현재 시세보다 저렴하게 사는 것도 중요하지만, 더 중요한 것은 본인이 생각하는 매도 시점에 가격을 얼마나 받을 수 있을지 파악하는 것이다. 그렇다면 매수 시점에 이 땅의 미래가치가 얼마나 될지 알 수 있어야 하며, 이는 비슷한 패턴으로 개발된 지역의 토지 시세를 통해 가늠해볼 수 있다고 강조했다. 예를 들어 반도체 클러스터가 들어올 예정인 용인 원삼면의 토지에 투자한다면, 반도체 관련 산업단지로 이미 개발된 수원이나 평택의 사례를 통해 시세를 참고해야 한다.

토지는 개별성이 워낙 강하기 때문에 완벽하게 가격을 조사하거나 완전히 똑같은 물건을 찾기가 어렵다. 따라서 공시지가나 실거래가, 경·공매 물건의 감정가, 포털사이트에 올라와 있는 매물의 시세 등을 바탕으로 대략의 시세를 추측해볼 수 있다. 이렇게 조사한 시세에 비해 터무니없는 가격을 제시하는 토지가 아니라면, 현재 가격이 아니라 미래가치를 보고 접근하는 것이 투자에 성공하는 방법이다.

토지 대출 잘 받는 법

이제 투자의 필수 요소인 대출에 대해 알아볼 시간이다. 알다시피 주택의 경우 LTV·DTI 요건, 규제지역 지정 유무, 다주택자 대출 제한 등 온갖 엄격한 기준을 만들어 대출을 규제하고 있다. 이 때문에 상대적으로 규제가 적은 토지나 상가 등으로 투자 대상을 바꾼 투자자들은 당연히 매매가의 70~80%는 담보대출을 받을 수 있는 것으로 생각하다 낭패를 보는 일이 많다. 이런 놀라운 경우를 여러 번 접한 나는 책에 반드시 토지 대출에 관해 써야겠다고 마음먹었다.

토지가 주택에 비해 대출 문턱이 낮은 것은 사실이지만, 다른 부동산 담보대출과 토지 담보대출은 엄연한 차이가 있다. 토지는 개별성이 강해 가격 차이가 크기 때문이다. 특히 시세와 공시지가의 차이가 큰 농지는 담보대출이 매매가 기준으로 실행되는 것이 아니라, 개별공시지가 수준으로 실행되기도 한다. 개발에 대한 기대감 등으로 토지 가격이 급격히 상승한 지역의 경우,

금융기관에서는 토지의 담보가치를 시세가 아닌 공시지가 기준으로 매우 보수적으로 산정하기 때문이다.

아파트는 보통 KB 시세를 기준으로 담보대출을 실행하지만, 토지는 대출을 실행할 때 기준으로 삼을 지표가 딱히 없다. 따라서 금융기관에서는 토지의 경우 탁상 감정을 진행하여 감정가를 산정하고, 이렇게 산정된 감정가를 기준으로 대출을 실행하게 된다.

우리는 보통 1금융권인 은행을 통해 대출을 알아본다. 은행은 아파트를 포함한 대부분의 부동산 담보대출을 취급한다. 그런데 은행 중에는 토지 담보대출에 필요한 탁상 감정을 진행하는 인력이 없는 곳이 많다. 따라서 토지 담보대출을 아예 취급하지 않거나 감정가를 보수적으로 산정하는 경향이 있다. 또한 토지 담보대출은 주로 취급하는 상품이 아니기 때문에 금리 역시 높게 책정하는 편이다.

토지 담보대출은 1금융권인 은행보다는 단위농협 등 2금융권에서 더 많이 취급한다. 따라서 2금융권에서 대출받는 것이 수월하다. 2금융권에 해당하는 금융기관에는 단위농협·축협·신협·저축은행·새마을금고 등이 있다. 단위농협은 농협은행이 아닌 지역 이름이 들어간 농협을 말한다. 농협은행은 '은행'이 붙어 있으므로 1금융권에 해당한다.

토지 담보대출을 받을 때는 해당 토지와 가까운 곳에 위치한 단위농협 등 2금융권이 가장 좋다. 단위농협에서는 그 지역 일대의 거래 사례를 많이 파악하고 있으므로 토지의 담보가치에 대한 데이터를 가장 많이 확보하고 있다. KB 시세처럼 해당 지역 토지의 가치 평가 기준을 가장 정확하게 파악하고 있는 것이다. 따라서 담보가치를 가장 높게 평가받을 수 있다.

1금융권	특수은행: 한국산업은행, 한국수출입은행, IBK기업은행, NH농협은행 등
	일반은행: 국민은행, 신한은행, 우리은행, 하나은행 등
	지방은행: 부산은행, 경남은행, 대구은행, 광주은행, 전북은행, 제주은행 등
	외국계은행: SC제일은행 등
	인터넷전문은행: 카카오뱅크, 케이뱅크, 토스뱅크 등
2금융권	상호금융조합: 지역 농협, 지역 수협, 산림조합, 새마을금고, 신협 등
	상호저축은행
	우체국
	종합금융회사
	증권회사, 보험회사, 카드회사, 캐피탈 등

표 4-1 금융기관의 분류.

다만 2금융권에 해당하는 금융기관은 소속된 조합에 따라 개별적으로 운영되는 경우가 많다. 따라서 발품을 많이 팔아 여러 곳에서 상담을 받고 비교해보는 과정이 필요하다. 대출 시기, 금융기관이 위치한 지역의 상황은 물론 조합원 가입 여부, 농업인에 해당하는지 등에 따라 대출 금액과 금리에 차이가 존재할 수 있다.

토지 투자 시 활용하기 좋은 사이트와 앱

토지 투자를 할 때는 먼저 최대한 손품을 팔아서 해당 정보를 꼼꼼하게 챙긴 후 서류에 없는 부분을 현장에서 확인해야 한다고 거듭 강조했다. 이 책의 곳곳에 토지 정보를 확인할 수 있는 사이트와 앱을 소개했지만, 초보 투자자를 위해서 한 번에 정리해두려고 한다. 컴퓨터에는 즐겨찾기를, 휴대전화에는 앱을 설치해두고 마음껏 활용해보자.

토지이음(www.eum.go.kr)

토지이음은 토지이용계획뿐 아니라 개발행위 가능 여부와 용적률·건폐율은 물론 도시계획까지 토지에 대한 모든 정보를 한 번에 검색할 수 있는 필수 사이트다. 관심 물건의 주소를 입력하면 토지의 지목, 면적, 개별공시지가, 용도지역, 용도지구, 용도구역, 지적도, 관련 법령, 해당 지자체 조례 등을 확인할 수 있다.

그림 4-4 토지이음.

여기서 확인할 수 있는 용도지역, 용도지구 등의 의미만 제대로 파악할 수 있어도 해당 토지에 투자할지 스스로 판단할 수 있을 것이다. 토지이음을 투자 의사결정의 첫 번째 기준으로 삼아보자.

카카오맵(map.kakao.com) & 네이버지도(map.naver.com)

카카오맵이나 네이버지도는 휴대전화에 이미 설치돼 있는 경우가 대부분일 것이다. 길 찾기, 네비게이션 등 일상생활의 편리함을 위해 설치해둔 지도 앱은 토지 투자에도 유용하게 활용할 수 있다.

카카오맵 또는 네이버지도에 지번을 입력하면 〈그림 4-5〉와 같이 지도가 검색된다. 오른쪽 상단의 웹캠 모양을 클릭하면 로드뷰도 볼 수 있다. 현장에 가지 않고도 토지의 모습을 확인할 수 있다. 물론 단차가 존재하는 등 로드뷰와 실제 모양에 차이가 있을 수 있다. 상세한 조사를 위해서 현장답사는

그림 4-5 카카오맵.

필수다.

　지적편집도도 볼 수 있다. 마름모 2개가 겹쳐진 모양을 클릭하면 주변 일대의 용도지역이 지도상에 표시되는데, 해당 지역의 개발 현황을 파악할 수 있어 역시 유용하다.

　현장답사는 같은 지역 내의 토지라도 거리가 먼 경우가 많기 때문에 아파트처럼 지역을 정해놓고 한 번에 돌아보는 일이 쉽지 않다. 토지 간 이동거리도 생각해야 하고, 운전이 능숙하지 못한 사람은 포장되지 않은 시골길을 달리는 것부터 난관에 봉착할 수 있다. 관심 토지가 나왔다고 해서 매번 현장으로 달려가는 일이 여간 번거롭지 않다.

　따라서 토지이음을 통해 토지이용계획을 확인했을 때 괜찮은 토지라는 판단이 들었다면 카카오맵이나 네이버지도를 통해 온라인 임장을 해보자. 대부분 하나만 사용해도 충분하지만, 간혹 카카오맵으로 확인되지 않는 부분은 네이버지도로 더블 체크를 하면 보다 정확한 정보를 얻을 수 있다. 지도 앱이나 사이트만 잘 활용해도 궁금한 점의 대부분을 집에서 편하게 앉아 해소할 수 있다.

인터넷등기소(http://www.iros.go.kr/)

등기부등본 열람 및 발급을 인터넷으로 손쉽게 할 수 있도록 대법원에서 제공하는 서비스다. 과거에 말소된 기록까지 모두 열람하거나 현재 유효한 사항만 열람하는 것을 선택해서 등기기록을 조회할 수 있다. 등기부등본 열람은 700원, 발급은 1,000원의 비용이 들며 타인 소유의 부동산도 열람이 가능하니 권리관계가 복잡할 것으로 예상되는 토지는 등기부등본을 반드시 확인해보자.

그림 4-6 인터넷등기소.

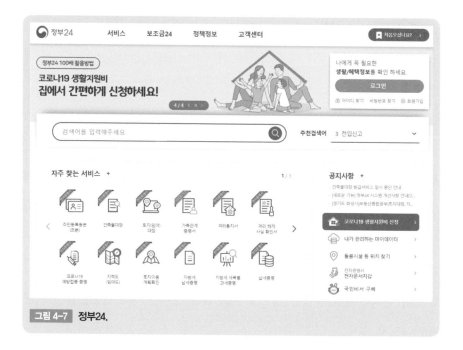

그림 4-7 정부24.

정부 24(www.gov.kr)

주민등록등본을 발급할 때 한 번쯤은 이용해본 경험이 있을 것이다. 정부에서 운영하는 대표 서비스 포털로서 주민등록등·초본은 물론 토지대장(임야대장), 건축물대장, 지적도(임야도)도 발급받을 수 있다. 대부분의 서류가 무료 열람이 가능하고 행정복지센터를 방문해서 발급받는 것보다 수수료가 저렴하다.

랜드북(www.landbook.net)

조건에 맞는 토지를 찾아주는 매물 서비스와 사업성 예측·분석 서비스를 제공하는 사이트다. 특히 일조권사선제한이 적용되는 전용주거지역과 일반주거지역은 인접 대지와 경계선으로부터 일정 간격을 두고 건축을 해야 하는데,

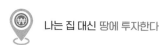

나는 집 대신 땅에 투자한다

그림 4-8 랜드북 AI 건축분석.

이 가설계와 예상 조감도를 랜드북을 통해 확인할 수 있다.

건축사를 통해 확인해볼 수도 있지만, 공부나 조사를 하는 과정에서 매번 건축사에게 비용을 지불하고 가설계를 의뢰하는 것은 부담이 될 수밖에 없다. 이럴 때 랜드북AI 서비스를 통해 해당 토지에 지을 수 있는 건축물을 확인하면 투자가치를 검토하고 건물의 형태를 예측할 수 있다.

디스코(www.disco.re)

디스코는 주변의 매매 사례와 시세 조사를 하는 데 활용하기 편하다. 현재 나와 있는 매물의 정보는 물론 과거에 거래된 토지의 실거래가를 확인할 수 있다. 무엇보다 토지이용계획, 건축물대장, 등기부등본, 로드뷰 등을 일일이 열람하지 않고도 사이트 내에서 한 번에 확인할 수 있기 때문에 간단하게 조사할 때 편리하다.

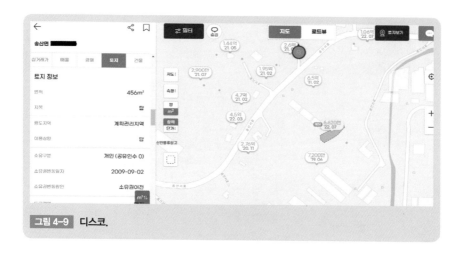

그림 4-9 디스코.

밸류맵(www.valueupmap.com)

밸류맵은 토지를 비롯해 건물, 빌딩, 공장 등의 실거래가는 물론 매물 정보와 경·공매 물건 정보를 제공한다. 특히 토지는 지목별, 용도지역별 검색이 가능하다. 토지 시세를 조사할 때 유용하다.

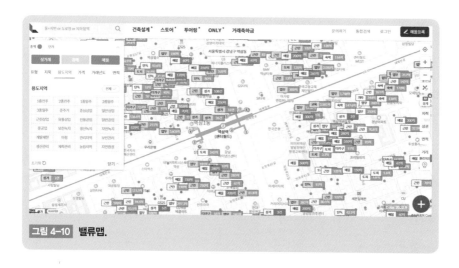

그림 4-10 밸류맵.

 나는 집 대신 땅에 투자한다

그림 4-11 땅야.

땅야(www.ddangya.com)

토지 투자에서 가장 어려운 일 중의 하나가 시세 파악이다. 땅야는 전국의 토지 실거래가 조회가 가능하고 토지 매매·거래·투자·경매·공매 등 토지에 대한 모든 서비스를 제공하고 있어서 토지 가격과 시세 조사를 하는 데 많은 도움을 얻을 수 있다.

국가법령정보센터(www.law.go.kr)

법제처에서 제공하는 법령 검색 시스템이다. 법률, 시행령, 지방자치단체의 조례와 규칙까지 모든 단계의 법령을 검색할 수 있다. 각종 판례 검색도 가능하며, 최신 법령은 물론 관보·공보에 게재된 구 법령도 찾아볼 수 있다. 건축 허가에 있어서 주차장 설치 기준 같은 경우는 지방자치단체마다 다른데, 이런 내용을 검색하는 데 유용하게 쓸 수 있다.

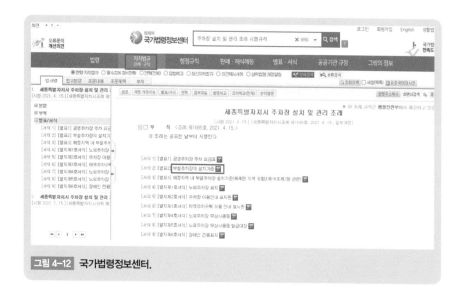

그림 4-12 국가법령정보센터.

경기부동산포털(gris.gg.go.kr)

경기도청에서 운영하는 사이트다. 경기도 개발 정보를 비롯해 부동산 관련 정보를 조회할 수 있다. 민원 발급, 물류창고와 부동산중개소 조회 등 경기도

그림 4-13 경기부동산포털.

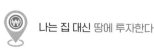 나는 집 대신 땅에 투자한다

내 부동산과 관련한 안내 서비스를 제공한다. 토지이음과 중복된 내용이 많지만 경기도 토지에 대해서는 토지이음보다 상세한 정보를 파악할 수 있다.

SEE:REAL(seereal.lh.or.kr)

한국토지주택공사(LH)에서 운영하는 부동산 정보 포털사이트다. 경기부동산 포털과 마찬가지로 토지이음과 정보가 중복되는 부분이 많지만 부동산 정책이나 통계, 트렌드, 청약 정보 등을 확인할 수 있다.

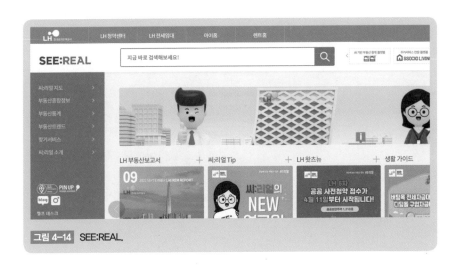

그림 4-14 │ SEE:REAL.

다양한 사례로
풀어보는 토지 투자

개발제한구역 투자의 정석

 경기도 수원시 당수동 단독주택

용도구역 중 개발제한구역, 흔히 말하는 그린벨트에는 어떻게 투자하는 것일까? 이에 대해서는 토지를 가르치는 교수님들의 견해도 두 부류로 나뉜다. 개발제한구역 투자를 권하는 쪽은 과거 10년간 개발제한구역이 해제된 예를 들며 철도나 도로가 신설되고 개발 압력이 높은 곳이라면 사도 좋다는 식으로 설명한다. 반대로 말리는 쪽은 전체 개발제한구역 가운데 해제된 비율은 극히 낮으니 억세게 운이 좋지 않는 한 성공 확률이 희박하므로 사지 말라고 한다.

둘 다 맞는 말이다. 하지만 내 생각은 다르다. 내가 개발제한구역에 투자하는 경우는 두 가지다. 첫 번째는 개발이 될 것을 알고 투자하는 것이다. 두 번째는 개발제한구역이 해제되지 않더라도 인근의 배후 수요가 늘어남에 따라 그에 따른 가격 상승을 내다보고 투자하는 것이다.

내가 지금까지 읽은 토지 투자서 중 최고로 꼽는 책,《나는 오를 땅만 산다》(2018) 201페이지에 나오는 개발제한구역 투자 사례를 보자. 경기도 수원시 당수동 개발제한구역 내 단독주택 경매 물건이 등장한다. 저자(나다!)는 당수1지구가 개발사업에 대한 보상업무에 착수하니 개발 기대감도 커지고, 또 개발제한구역 지정 이전부터 지목이 대인 토지이므로 근린생활시설 신축이나 증축이 가능하여 당수지구 입주 후 가격이 오를 것이 당연하다고 설명하였다. 저자는 자신만만하게 2022년에는 이 토지의 가격이 어떻게 변할지 독자들에게 질문했다(210페이지).

자, 과연 어떻게 되었을까? 2017년 10월에 토지 약 322평, 건물 101평인 이 단독주택과 창고를 감정가의 81%인 7억 6,000만 원(토지 기준 평당 236만

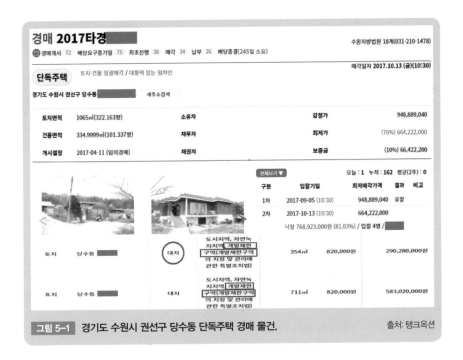

그림 5-1 경기도 수원시 권선구 당수동 단독주택 경매 물건. 출처: 탱크옥션

원)에 경매로 낙찰받았다. 7억 원을 대출받았고, 주택을 임대해 보증금 1억 3,000만 원, 창고를 임대해 월세 약 90만 원을 받고 있다. 대출과 보증금을 이용하여 실투자금 0원(정확히는 0원이 아니라 돈이 남았다)으로 초기 투자금이 매듭지어졌다. 매달 월세를 조금 웃도는 대출이자를 충당하곤 있지만 흔히들 말하는 '무피' 투자를 한 것이다.

이 자리를 2019년 5월 당수2지구로 개발하겠다는 발표가 났다. 먼저 지정한 당수1지구의 경우 2018년 말 '자연녹지 + 지목 대'인 토지가 평당 450만 원 정도의 보상금이 나왔다. 그에 비춰 이 땅은 평당 500만 원 이상은 보상을 받으리란 예상을 했다. 실제로 당수1지구의 사업 속도가 붙으며 시세도 평당 500만 원 가까이 오르기도 하였다. 당수2지구 개발과 무관하게 말이다.

①	낙찰가	768,923,000	
②	취득가	807,369,150	취등록세, 법무비 등 낙찰가의 5% 포함.
③	대출	700,000,000	
④	임대보증금	130,000,000	주택 부분 임대 보증금. 창고 임대료 별도.
⑤	실투자금	-22,630,850	② - ③ - ④ / 투자금이 남았음.
ⓐ	취득가	807,369,150	
ⓑ	토지보상가	1,769,730,000	채권 할인 고려치 않음.
ⓒ	건물보상가	134,071,500	보상받은 토지 평당가와 동일하게 적용.
ⓓ	총 보상가	1,903,801,500	+ 협의양도인 택지 프리미엄 별도.
ⓔ	매각 차액	1,096,432,350	ⓓ - ⓐ
ⓕ	실투자금 대비 수익률	∞	투자금이 0원이라 수익률이 누운 팔자다. 투자금 없이 수익이 10억 원이라는 것이 배가 아프다.

표 5-1 당수동 토지 투자 예상 수익률.

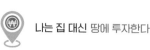

결과는 어떻게 됐을까? 다행히 이 책의 출간 전에 보상 안내문이 날아왔다. 독자들의 정신건강을 위해 알려드리고 싶지 않은 금액이지만, 정확한 정보 전달을 위해 보상 안내문을 공개한다(〈그림 5-2〉).

토지는 총 17억 7,000만 원(평당 548만 원), 주택과 창고 등 건축물은 총 1억 3,400만 원의 보상금이 책정됐다. 19억 원이 넘는 보상금이 나온 것이다. 초기 투자금이 0원이었던 개발제한구역 물건에서 양도차액이 무려 11억 원이 발생했다.

한국토지주택공사 경기지역본부

문서번호 :
수　신 : 김▨▨ 귀하
제　목 : 손실보상협의요청

　　수원당수2 공공주택지구에 편입된 귀 소유 토지 등에 대한 손실보상계획을 다음과 같이 정하고 「공익사업을 위한 토지 등의 취득 및 보상에 관한 법률」 제16조 및 같은 법 시행령 제8조제1항에 따라 협의를 요청하오니 계약체결기간내에 협의에 응하여 주시기 바랍니다.

- 다　음 -

계약체결기간	2022.12.19~2023.02.10	협의 및 계약체결장소	수원당수지구 LH 조성사업소 ('22.12.19~12.23) LH 경기지역본부 별관 ('22.12.26~'23.02.10)
계약 및 지급조건	['별첨' 보상 안내문 참조]		
제출요구서류	['별첨' 보상 안내문 참조]		

손실보상액내역

구분	소재지	지번	지분면적(㎡)	물건의 종류	구조및규격	수량	보상액(원)	비고
토지	경기도 수원시 권선구 당수동	▨▨	1,065.00				1,769,730,000	
물건	경기도 수원시 권선구 당수동	▨▨		가옥-주택외 28건	조적조, 연와조, 슬라브지붕, 스라브 위 강판기와, 목조천장		134,071,500	

그림 5-2 손실보상 안내문.

그런데 이게 다가 아니다. 나는 이 물건을 투자할 때 수강생에게 전입신고를 하라고 권했다. 왜냐하면 이 지역이 추가로 신도시로 지정될 가능성도 있기 때문에 '딱지' 투자를 권한 것이다.

한국토지주택공사나 경기주택도시공사 등이 수용사업을 통해 OO지구 개발을 할 때, 대개는 지정 전(정확히는 사업인정고시일 지정 1년 이전)에 전입한 사람의 경우 이주대책의 일환으로 이주자택지라는 옵션을 보상금 외에 추가로 지급한다. 신도시 내 점포주택지에 지어진 건물이 이에 해당한다.

만약 전입하지 않았거나 주택이 아니기 때문에 전입할 수 없다면, 협의양도인택지를 받을 가능성도 있다. 이는 사업시행자에게 보상금에 대한 이의를 제기하지 않고 협의한 대로 토지를 양도하는 소유자에게 주는 옵션이다. 한국토지주택공사나 경기주택도시공사 등이 사업시행을 맡는다고 반드시 협의양도인택지를 지급하는 것은 아니지만 택지지구 중 80% 정도는 지급하는 경향이 있다.

이 협의양도인택지는 과거에는 지정 전에만 1,000m² 이상의 토지를 소유하면 지급했는데, 최근 LH직원들이 내부 정보를 이용하여 신도시 지정 예정지 인근 토지를 매입하는 사태가 발생하자 지정 1년 이전에 1,000m² 이상의 토지를 소유한 사람에게 지급하는 것으로 변경됐다. 대개 2층짜리 단독주택지를 감정가로 살 권리를 주는데, 신도시가 들어선 뒤 고급스러운 타운하우스 같은 형태를 띠는 곳이 바로 협의양도인택지로 조성된 곳이다.

당수지구 단독주택 물건은 전입 조건을 충족하지 못했지만, 면적이 1,000m²를 살짝 초과한 1,065m²여서 협의양도인택지를 받을 수 있게 됐다. 향후 당수지구 입주가 완료되면 이 물건의 가격은 얼마나 오를까?

6. 협의양도인 택지 및 주택

가. 협의양도인 택지

구 분	내 용
대 상 자	기준일(공람공고일) 이전부터 사업지구 내 토지를 소유(공유지분인 경우를 포함)하여온 분으로서 당해 사업지구 내에 소유한 토지(『공익사업을 위한 토지 등의 취득 및 보상에 관한 법률』 제3조의 규정에 해당하는 물건이나 권리가 있는 경우에는 이를 포함)의 **전부를 협의**에 의하여(토지, 물건, 영업손실 등 어느 하나라도 수용재결 신청하면 대상자 부적격) 공사에 양도한 분 중 협의양도한 토지의 면적이 다음 각호의 기준면적에 해당하는 분에게 **협의양도인택지 공급** - 기준면적 : 1,000㎡ 이상 ※ 협의양도한 토지를 지분으로 공유하고 있는 경우 **개인별 지분면적 기준**으로 산정. 다만, 협의양도한 1필지 내 공유지분 면적이 기준면적 미만인 경우에는 그 미만 소유자 전원(다른 토지에 의하여 별도로 협의양도인택지를 공급받는 분을 제외)의 지분 면적의 합계가 기준면적 이상이면 그 전원을 1인의 공급대상자로 함 ※ **법인이나 단체(종중 포함)는 제외**
공급대상	• 주거전용 단독주택용지 (140㎡ ~ 265㎡ 기준)
공급가격	• 감정가격
공급위치	• 공급대상 토지들을 대상으로 추첨으로 결정
공급시기	• 공사에서 추후 결정

그림 5-3 당수2지구 보상 안내문 중 협의양도인택지에 대한 안내.

이는 인근 호매실지구의 단독주택용지가 얼마에 거래되는지 참고하면 알 수 있을 것이다. 보통 협의양도인택지의 권리보다 이주자택지의 권리가 수익이 더 크다. 프리미엄이 훨씬 더 많이 붙기 때문이다.

자, 개발제한구역 투자 한 번 잘하면 초기 투자금은 0원에 예상 수익은 10억 원 이상도 가능하다는 것을 확인했다. 이걸 안 한다고? 위험할 것 같아서 안 한다고? 그렇다면 뭐가 위험한지, 어떤 리스크가 있는지 알아보자.

개발제한구역 투자의 리스크라고 하면 떠오르는 것이 개발제한구역이 해

그림 5-4 | 호매실지구의 이주자택지에 조성된 점포주택지. 호매실 카페거리로 형성되어 있다.

그림 5-5 | 호매실지구의 협의양도인 택지에 조성된 단독주택지. 1층에도 점포가 없다.

제되지 않아 투자금이 묶이고 땅값이 오르지 않는 경우일 것이다. 이 물건의 경우 당수2지구 지정에 대한 정보가 전혀 없었으니 개발제한구역 해제를 확신할 수 없었다. 나는 어떻게 생각했을까?

당시 당수1지구는 보상업무가 착수된 뒤였다. 당수1지구가 들어서면서 개발제한구역 지정 전부터 지목이 대인 인근의 토지 가격이 상승하기 딱 좋은 타이밍이라고 판단했다. 신도시가 들어서고 나면 그 주변 단독주택이 백숙집 같은 식당으로 변하지 않던가? 이처럼 개발제한구역이 해제되지 않더라도 주택을 근린생활시설로 사용할 수 있으면 땅값이 오르므로 이 물건에 투자할 가치는 충분할 것으로 보았다. 그렇게 된다면 가격은 얼마나 할까? 앞에서 말한 대로 호재가 이미 실현된 곳의 가격을 파악하면 된다. 찾아보시라. 백숙집이 있는 단독주택의 땅값은 평당 500만 원은 할 것이다.

카피하라, 유형은 늘 비슷하다

 부천종합운동장 일원 역세권 개발사업

2011년 당시 경기도 부천시 부천종합운동장역 이면에는 개발제한구역, 즉 그린벨트가 좀 있었다. 서울에서 오는 지하철 7호선이 공사를 하고 있었으므로 부천의 끄트머리에 관심받지 못하는 개발제한구역으로 남았던 것이다.

잠시 그때로 돌아가 생각해보자. 이곳은 7호선이 개통하면 역세권 개발제한구역이라는 영예(?)를 얻을 수 있는 땅이 된다. 그런데 그때 서해안복선전철인 대곡-소사선(고양시-부천시) 사업에 시공사가 선정되는 등 또 다른 철도 사업에도 진척이 있었다. 만약 서해안복선전철까지 개통하면 그 지역은 졸지에 '더블 역세권 개발제한구역'이 되는 상황이었다.

그런데 개발제한구역, 쉬운 말로 그린벨트와 더블 역세권은 영 어울리는 조합이 아니다. 사이즈가 크면 국토부, 작으면 지자체 주관으로 개발제한구역 해제 논의가 나올 법한 상황이다. 그런데 여긴 사이즈가 작았다.

이 정도 단계에서 투자를 할까? 나는 못한다. 개발제한구역의 유일한 공통점은 주변이 온통 풀밭에 어수선해서 사고 싶은 마음이 하나도 들지 않는 비주얼을 가졌다는 점이다. 나 역시 마찬가지라 기대감만으로 투자하기엔 자신이 없었다. 가격이 아주 싼 일부 지역이 아니라면 일단 째려보기만 한다.

 부천시, 종합운동장 일대 상업 · 문화 공간 재개발

경기도 부천시는 원미구 춘의동 종합운동장 일대 72km²를 상업 · 문화 · 주거 · 교육 공간을 갖춘 복합단지로 개발하는 방안을 추진하고 있다고 18일 밝혔다. 시는 이를 위해 곧 운동장 일대 개발사업의 타당성 검토와 기본계획 수립을 위한 용역을 발주한다. 이곳은 내년 10월 개통 예정인 서울지하철 7호선 부천 연장 구간과 2016년 하반기 완공될 부천소사~고양대곡 전철이 각각 동서와 남북으로 통과한다.

(중략)

시는 사업이 타당성이 있는 것으로 나오면 국토해양부에 그린벨트 해제를 신청하고 기본설계, 행정안전부의 사업융자심사, 민자사업자 공모 · 선정 등을 거쳐 2016년까지 실시설계 등을 마치고 2017년 착공한다는 구상이다.

구체적인 사업시기, 사업비, 사업추진 방식 등은 기본설계 단계에서 윤곽이 드러날 것으로 보인다.

출처: 〈연합뉴스〉 2011. 10. 18

 부천종합운동장역 주변 역세권 개발사업 본격 추진

부천종합운동장약 주변 역세권 개발사업이 본격 추진된다. 부천시 최근 LH(한국토지주택

공사)와 '종합운동장 일원 역세권 융·복합개발'을 본격적으로 추진하기 위한 사업시행 기본협약을 체결했다고 16일 밝혔다. 이번 협약으로 부천시는 인허가 지원과 관련된 업무를 수행하고 LH는 사업계획 수립, 보상, 공사 시행과 판매 등을 진행하게 된다. 세부 사항에 대해서는 실무협의회를 구성해 실시협약을 체결하기로 했다.

출처: 〈경인일보〉 2017. 4. 16

2017년 4월 16일자 기사를 보면 사업시행자인 LH가 부천시와 부천종합운동장 역세권 개발사업을 위한 협약을 맺는다고 돼 있다. 드디어 사업시행자에 대한 뉴스가 구체화됐다. 시행자가 LH라고 하니 이 얼마나 신뢰가 가는가? 머지않아 수용 방식의 도시개발사업이 진행될 것을 예상케 하는 대목이다.

이 뉴스 이후 역세권 개발사업 비대위원장님을 만나 매도자들이 좀 있냐는 질문을 드린 적 있다. 그리고 운 좋게도 비대위원장님으로부터 오래전에 토지를 매입한 그의 지인을 소개받았다. 비대위원장님은 양측이 알아서 가격을 흥정하고 비대위 활동만 잘 도와달라고 했다. 당시 내 수강생이 이 물건에 관심을 가졌는데 결국엔 투자하지 않고 끝이 났다. 내가 중개업을 하는 사람이 아니다 보니 친절한 설명이 빠진 게 한몫했을 테고, 무엇보다 개발제한구역이라 주변이 고물상, 낡은 주택, 그것도 아니면 나대지, 논밭이라 사고 싶지 않게 생겼기 때문일 것이다.

2017년 4월 부천시와 LH가 협약을 맺고 몇 개월 지나지 않아 개발제한구역이 해제되고 도시개발구역으로 지정됐다. 그리고 GTX-B 노선이 정차한다는 뉴스와 함께 가격이 폭등했다. 물론 내가 GTX-B까지 예상한 것은 아니다. 이는 덤으로 같이 온 호재다. GTX-B가 아니라도 크게 가치가 올랐

부천시 고시 제2017-호

도시개발구역 지정 및 개발계획 수립 고시, 지형도면 고시

경기도 부천시 춘의동 8번지 일원에 대하여 「도시개발법」 제3조 및 제4조 규정에 따라 부천종합운동장 일원 역세권 용·복합개발사업 도시개발 구역지정 및 개발계획을 수립하고, 같은 법 제9조 및 같은 법 시행령 제15조, 「국토의 계획 및 이용에 관한 법률」 제32조 및 「토지이용 규제 기본법」 제8조, 같은 법 시행령 제7조 규정에 따라 지형도면을 작성하여 이를 고시합니다.

2017. 12. 26.

부 천 시 장

1. 도시개발구역의 명칭 : 부천종합운동장 일원 역세권 용·복합개발사업 도시개발구역
2. 도시개발구역의 위치 및 면적
   가. 위 치 : 경기도 부천시 춘의동 8번지 일원
   나. 면 적 : 490,158㎡

그림 5-6 부천종합운동장 일원 도시개발구역 지정 및 개발계획 수립 고시.

을 지역임에는 틀림없다.

부천종합운동장역과 앞에서 설명한 수원 당수지구의 공통점은 무엇인가? 두 지역 모두 개발제한구역 해제를 위해 지자체에서 행정계획을 먼저 내고 몇 년이 지나 사업시행자 공모를 했다는 점이다. 그리고 사업시행자와 협약을 맺은 뒤 개발제한구역이 해제되고 개발구역으로 지정이 됐다.

모든 개발제한구역이 이와 같은 패턴으로 해제되는 것은 아니다. 그러나 작은 규모의 개발제한구역은 지자체에서 이런 순서로 진행된다.

어느 시·군에서 개발제한구역을 해제한다고 하거든 먼저 들어가지 말고 일단 째려보시라. 그리고 사업시행자에 대한 소식이 구체화될 때까지 기다렸다 투자를 하시라. 이 패턴만 알아도 좋은 토지를 찾을 수 있다.

취락지구 투자로 돈 벌기

 경기도 의정부시 고산동 취락지구

자, 수원시 당수동 단독주택 사례의 핵심은 무엇이었나? 인근에 당수1지구가 들어서며 개발제한구역 내 지목이 대인 토지가 용도변경이 가능하기 때문에 가치가 오른다는 것이었다. 1차적으로는 택지지구로 개발되면서 정주인구가 늘고, 그로 인해 상업적 가치가 오르면서 주거환경까지 개선되어, 당수2지구로 지정되지 않더라도 땅값이 오르게 된다. 그리고 2차적으로는 개발제한구역의 해제 가능성이 있다는 이야기였다.

이런 유형의 토지들이 생각보다 많다. 〈그림 5-7〉의 경매 물건을 보면서 이야기를 이어나가보자.

경기도 의정부시 고산동의 대지 308평, 건물 58평의 단독주택이다. 토지이용계획을 살펴보면 개발제한구역 내 취락지구의 물건이고 지목은 대다.

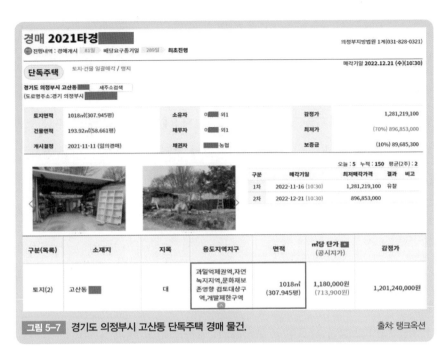

그림 5-7 경기도 의정부시 고산동 단독주택 경매 물건. 출처: 탱크옥션

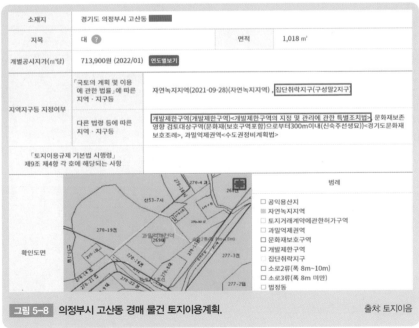

그림 5-8 의정부시 고산동 경매 물건 토지이용계획. 출처: 토지이음

2018년 출간된 훌륭한 토지 투자 책(제목이 《나는 오를 땅만 산다》 맞다) 6장을 보면, 이런 취락지구는 인근에 택지지구가 들어서며 가격이 오른다고 쓰여 있다. 용도지구 중 하나인 취락지구는 주로 자연녹지지역, 계획관리지역, 개발제한구역 등에서 취락을 정비하기 위해 지정한 곳으로 주변에서 대규모 개발이 일어나 변화가 있을 때 가격이 크게 오른다. 의정부 고산동 물건은 《나는 오를 땅만 산다》의 취락지구 설명에서 이어지며, 당수2지구 개발제한 구역 내 지목 대인 땅과도 맥을 같이한다.

〈그림 5-9〉를 보면 이 물건이 표시된 지점의 동측에 고산지구가 들어선 것이 보인다. 그리고 이에 맞춰 포천-세종 고속도로의 동의정부 IC(빨간 동그라미)도 인근에 개통해 있다. 게다가 '의정부 리듬시티'로 표기된 새로운 택지지구는 이미 보상을 완료하고 부지 조성 공사도 완료 단계에 접어든 상태였

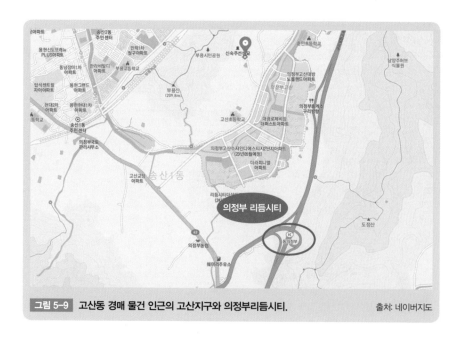

그림 5-9 고산동 경매 물건 인근의 고산지구와 의정부리듬시티.   출처: 네이버지도

 나는 집 대신 땅에 투자한다

그림 5-10 고산동 취락지구 도로가 정비된 모습.

다. 고산지구는 2015년부터 보상이 진행됐고 의정부 리듬시티는 2019년부터 진행했다.

이런 사업에 속도를 맞춰 이 지역 취락지구의 도로 같은 기반시설도 한 단계 개선됐다. 2015년의 흙길이 2019년 말끔하게 포장된 도로로 변한 것만 봐도 알 수 있지 않은가?(《그림 5-10》) 이런 변화에 발맞춰 이 지역에 개발이 가능한 땅은 가격이 꽤 많이 올랐을 것이다.

한 가지 더 생각해보자. 취락지구에 왜 저런 반듯한 도로를 개설했을까? 인근 택지지구 입주만이 그 이유는 아닐 수 있다. 도시계획에 대한 지자체의 입장에 따라 다르지만, 대개 '자연녹지지역 + 취락지구'에 기반시설이 개선되면 용도지역상 주거지역(보통 1종 일반주거지역이나 가끔 1종 전용주거지역)으로 종상향이 논의되곤 한다.

2023년 1월, 이 물건은 7억 9,000만 원(토지 기준 평당 256만 원)에 낙찰됐다. 앞으로 주거지역으로 종상향이 될까? 종상향이 되지 않더라도 땅값은 얼마나 오를까? 답은 시간이 알려줄 것이다.

수용지 보상 투자로
수익 내는 법

용인시 보정동 종교용지

수용보상이 된다는 건 개인이 보유한 부동산과 그에 딸린 여러 권리를 공공의 사업시행자에게 넘겨주고 그 대가를 받는 것이다. 지자체에서 도로나 공원을 조성하기 위해 개인의 토지를 사들이거나, LH나 지방 공사가 사업시행자가 되어 'OO지구'를 조성할 때도 해당된다.

이때 팔고 싶지 않아도 강제로 팔아야 하는 것이 수용인데, 이를 잘 활용하면 예상 매각 시점에 예상 매각 금액(수용보상금액)으로 매각하는 재미가 있다. 특히 2023년 초와 같이 주택경기가 나쁜 시점에 큰 차액으로 수용보상을 받을 건이 생긴다면 얼마나 행복하겠나.

용인시 기흥구 보정동에는 매우 좋은 입지임에도 개발제한구역인 녹지지역들이 있었다. 북서쪽으로는 수지구 풍덕천동, 동남쪽으로는 기흥구 보정동, 마북동 일대와 접하고 있으며 신분당선 수지구청역, 분당선 보정역과 구성역 등이 매우 가깝다. 이뿐만이 아니다. GTX-A 노선의 용인역이 구성역 남쪽으로 들어선다. 이미 개통한 SRT와 노선을 함께 쓰면서 말이다.

당연히 째려보는 지역 중 하나였다. 그러던 2018년 4월, 이 일대가 '마북 경제신도시'를 건설하겠다며 개발행위허가 제한지역으로 지정됐다. 제한 사유는 다음의 고시문에 나온 대로 역세권 개발사업을 위해 마스터플랜을 짜고 있으니 사개발을 3년간 멈춰달라는 것이다.

이게 무슨 뜻일까? 3년 이내에 GTX-A 용인역세권 일대를 수용하여 신도시개발사업의 구체적인 계획을 세울 테니 사적 개발을 하지 말라는 것이다. 아무래도 수용을 하려면 지상에 건물이 있는 경우 보상가도 올라갈 뿐만 아니라 그 건물을 다 철거해야 하는데 이는 사회적으로도 낭비이기 때문이다.

용인시 고시 제2018-170호

고시

2035년 용인 도시기본계획이 수립 중인 용인시 기흥구 보정동, 신갈동, 마북동 일원의 관련계획이 결정될 경우 개발행위허가의 기준이 크게 달라질 것으로 예상되는 지역에 대하여 「국토의 계획 및 이용에 관한 법률」 제63조 및 동법 시행령 제60조의 규정에 의한 개발행위허가제한을 다음과 같이 고시합니다.

2018. 04. 02.

용인시장

1. 제한지역

대상지역	위 치
GTX 역세권	기흥구 보정동, 신갈동, 마북동 일원

※ 개발행위허가 제한지역 지형도면: 게재 생략

2. 제한사유

용인 GTX 역세권 일원을 수도권 남부 핵심 거점 및 자족형 복합신도시 조성을 위한
Master-Plan 수립, 전략적 개발계획 구상 및 도시기본계획 수립 중에 있는 바, 관련계획이
결정될 경우 개발행위허가 기준이 크게 달라질 것으로 예상되는 지역으로 「국토의 계획 및
이용에 관한 법률」 제63조 제1항 제3호의 규정에 의거 개발행위허가 제한지역 지정을 통해
무질서한 난개발 방지 및 토지 소유자(이해관계인 포함)의 재산상의 피해를 최소화하고자 함.

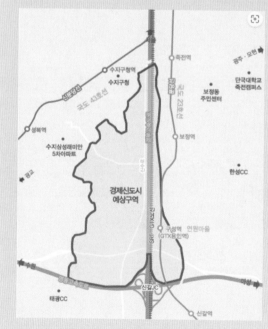

보정 · 마북 경제신도시 예상 구역

이때 반드시 생각할 것이 있다.

'과연 개발사업이 사업성이 있을 것인가?'

사업성이 있다면 용인시에서 국토부 승인을 거친 후 LH와 유사한 OO공사와 협약을 맺고 개발을 하려 할 것이다. 만약 여의치 않다면 민간도시개발사업 시행자 공모를 통해 개발사업을 하려 할 것이다. 이 경우 대개 민간과 공공이 특수목적법인을 만든다. 그 말 많은 판교 대장지구가 이런 방식의 사업을 한 것이다.

앞서 설명한 대로 용인 플랫폼시티의 입지는 개통이 예정된 역을 포함해 총 4개의 역 그리고 충분히 비싼 가격의 아파트 지역과 맞닿아 있어 사업성은 정말 좋아 보였다. 따라서 부천종합운동장역처럼 지자체와 사업시행자 간에 협약을 맺기 전에도 사볼 만하다고 판단했다. 단, 정말 좋은 물건이 있다면 말이다.

예상 보상가 계산하기

2018년 여름, 이 지역 답사를 하면서 개별공시지가가 무척이나 싼 $4,309m^2$ (1,305평)의 종교용지를 찾았다. 매도하겠다는 금액은 개별공시지가의 2배에 가까운 $1m^2$당 30만 원이었다. 도시개발사업을 할 때 수용지는 대개 개별공시지가의 2배 이내에서 보상가가 정해진다고들 하는데 꼭 그런 것은 아니다. 이 물건처럼 개별공시지가와 표준지공시지가가 몇 배씩 차이를 보이며 따로 놀 때는 특히 그러하다. 과연 보상가를 얼마로 예상해야 할까? 먼저 표준지공시지가와 개별공시지가 찾는 법을 알아보자.

표준지공시지가는 부동산공시가격알리미(www.realtyprice.kr)에서 찾아볼 수 있다. 국토교통부의 표준지공시지가 열람 사이트인데, 여기서 내가 보상받을 땅과 가장 비슷한 땅을 찾아서 감정평가를 하듯 따라 해보면 된다.

토지 감정평가 산식

표준지공시지가 × 시점 수정 × 지역 요인 × 개별 요인 × 기타 요인 = 보상 적용 단가

아주 간략하게 표시하자면, 토지의 감정평가 산식은 위와 같다. '시점 수정'이란 공시지가가 1월 1일 기준으로 만들어지므로 감정 시점이 10월 1일이라면 10개월치 증액분을 계산하는 것이다. 별로 큰 비중을 차지하지 않는다. '지역 요인'은 대개 같은 지역을 대상으로 삼기에 1로 적용하는 것이 일반적이다. '개별 요인'은 땅의 모양, 도로에 접했는지 아닌지, 지목, 주변환경 등 여러 가지를 기준으로 표준지와 보상 대상 토지를 비교하는 것이다. 비슷한 땅을 대상으로 삼으나 차이가 큰 경우도 가끔 있다. 그렇더라도 개별 요인 값이 0.8~1.2를 벗어나는 경우는 별로 없다. '기타 요인'은 시세에 맞춰 보정하기 위해 있는 것으로, 대개 시세가 공시지가보다 더 비싸기 때문에 1.5~2배 정도

개별공시지가: 표준지의 공시지가를 기준으로 각 지차체에서 책정한 개별 공시 가격. 국세와 지방세, 개발부담금 등의 부과 기준이 됨. 즉 징수의 목적.
표준지공시지가: 전국의 토지 중 대표성 있는 토지의 가격을 책정한 것으로 보상 및 감정평가의 목적으로 쓰임.

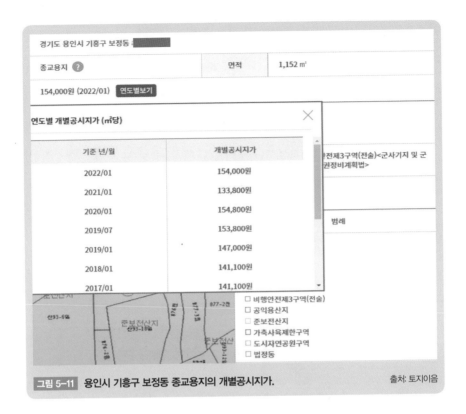

경기도 용인시 기흥구 보정동

| 종교용지 ❓ | | 면적 | 1,152 ㎡ |

154,000원 (2022/01) [연도별보기]

연도별 개별공시지가 (㎡당)   ✕

기준 년/월	개별공시지가
2022/01	154,000원
2021/01	133,800원
2020/01	154,800원
2019/07	153,800원
2019/01	147,000원
2018/01	141,100원
2017/01	141,100원

안전제3구역(전술)<군사기지 및 군
권정비계획법>

범례

□ 비행안전제3구역(전술)
□ 공익용산지
□ 준보전산지
□ 가축사육제한구역
□ 도시자연공원구역
□ 법정동

출처: 토지이음

그림 5-11 용인시 기흥구 보정동 종교용지의 개별공시지가.

로 적용되는 것이 일반적이다.

그렇다면 이 땅은 어떤 땅을 표준지로 삼을 것인가? 용인시 기흥구 보정동 876번지 인근의 표준지가 둘 있는데 하나는 지목이 전이고 하나는 대이다. 아시다시피 전은 밭이고 대는 일반적인 건물이 있는 토지다. 용도지역은 모두 동일하다.

그런데 이 땅은 종교용지다. 정말 애매한 것이 지목은 '종교용지'인데 지상에 종교시설(건물)이 없다. 그렇다고 아예 나대지도 아니다. 엄연히 절을 에워싸고 있는 땅이다. 충분히 절의 부속토지로 볼 만한 땅이라는 뜻이다. 절의 부속토지로 본다면 '대'를 표준지로 삼을 것이고 그렇지 않다면 '전'을 표준지로 삼을 것이다. 투자는 늘 최악의 상황도 염두에 둬야 하는 것이기에 둘 다 경우의 수로 넣고 계산해봤다.

〈그림 5-13〉에서 보듯이 2018년 당시 지목이 대인 표준지는 1m²당 99만 원, 전은 68만 원이다. 대가 전보다 무려 1.45배 높다. 금액 차이가 상당할 것이다. 두 가지 경우의 수로 본 보상가는 다음과 같다.

① 표준지 '대'로 보상할 경우

99만 원 × 1.2(시점 수정. 실제로 보상은 2018년이 아니라 몇 년 뒤에 이뤄지므로

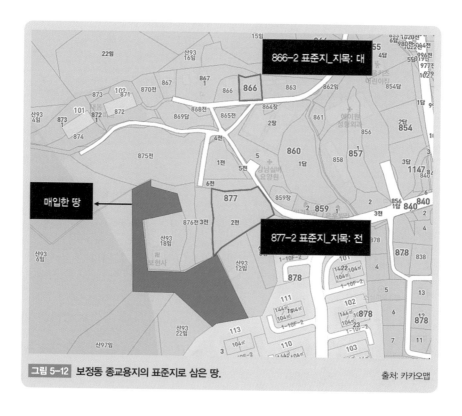

그림 5-12 보정동 종교용지의 표준지로 삼은 땅.

출처: 카카오맵

20% 할증을 했다) × 1(지역 요인) × 0.6(개별 요인. 지적도상 도로에 접하지도 않았

고 땅 모양도 표준지에 비해 형편없다) × 1.7(기타 보정) × $4,309m^2$(면적) = 52

억 2,147만 3,840원

② 표준지 '전'으로 보상할 경우

68만원 × 1.2(시점 수정) × 1(지역 요인) × 0.7(개별 요인. 전보다는 종교용

지가 우위에 있기 때문에 대에 적용했던 0.6보다는 높았다) × 1.7(기타 보정) ×

$4,309m^2$(면적) = 41억 8,421만 1,360원

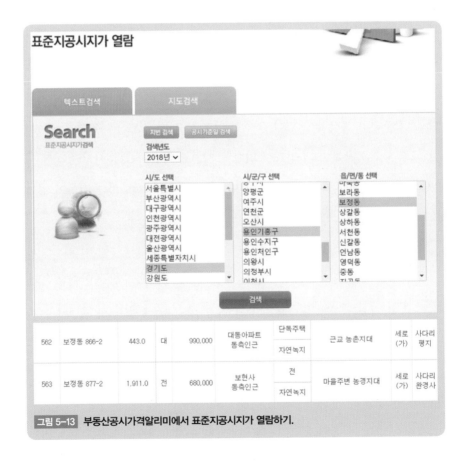

562	보정동 866-2	443.0	대	990,000	대동아파트 동측인근	단독주택	근교 농촌지대	세로 (가)	사다리 평지
						자연녹지			
563	보정동 877-2	1,911.0	전	680,000	보현사 동측인근	전	마을주변 농경지대	세로 (가)	사다리 완경사
						자연녹지			

그림 5-13 부동산공시가격알리미에서 표준지공시지가 열람하기.

예상 보상가가 무려 10억 원 이상 차이가 났다. 그래도 매도하겠다는 금액이 15억 원을 하회했기 때문에 투자를 하기로 과감히 결정했다. 여러 번 가격 흥정을 하다 14억 2,000만 원에 매매하기로 합의를 했다. 14억 2,000만 원에 매입해도 절반 정도는 대출을 받고 보상금이 40억 원만 나온다 해도 꽤 괜찮은 투자라 여겼기 때문이다.

🔍 예상 보상가 계산하기

이렇듯 이 물건은 표준지를 어떤 땅으로 삼을지가 상당히 중요한 건이었다. 종교용지라고 하니 지상에 절이나 교회가 있는 토지로 여겨 당연히 표준지를 '대'로 잡으리라 생각할 수 있다. 하지만 이 땅은 사정이 조금 다르다.

〈그림 5-14〉를 보자. 우리가 매입한 토지는 지목은 종교용지지만 정작 사찰(보현사)은 인접한 필지에 있다. 그리고 그 사찰의 부속토지는 지목이 임야로 돼 있다. 지목이 서로 바뀌어 있는 모양새다.

나는 여기서 수강생들에게 한 가지 제안을 했다.

"표준지를 대로 잡아서 보상금이 10억 원 정도 더 나오게 할 방안이 있는데, 모두 내가 시키는 대로 할 수 있겠어요? 여성들도 예외 없이 해야 합니다."

다들 그러겠다고 하였다. 그래서 내가 내린 처방은 이러했다.

"그럼 다들 머리를 미세요. 감정평가 때 우리 땅이 사찰의 부속토지라 주장하는 겁니다."

수강생들이 "그럼 선생님부터 솔선수범을 보여주세요!" 하고 역공을 하는

보정동 종교용지 스카이뷰.
출처: 카카오맵

바람에 삭발 작전은 수포가 됐지만, 보상금이 나오기 전까진 마음을 놓을 수 없는 상황이었다.

2022년 11월 25일 금요일, 사업시행자인 경기도시공사로부터 보상 안내 문이 우편으로 날아왔다. 총 보상금은? 72억 2,700만 원이 조금 넘었다. 계산 해보지 않아도 표준지를 대로 삼았고 내가 계산한 것보다 개별 요인을 좋게 평가한 것을 짐작할 수 있었다.

1,305평의 토지를 14억 2,000만 원에 매입하면서 7억 원을 대출받았으니 이자와 취·등록세까지 약 8억 원의 투자금이 들어갔다. 8억 원을 투자했는 데 양도차액이 무려 57억 원이 넘는다. 물론 양도소득세 문제와 수용재결 등

①	매입가	1,420,000,000	
②	취득가	1,491,000,000	취등록세, 법무비 등 낙찰가의 5% 포함.
③	대출	700,000,000	
④	실투자금	791,000,000	② - ③
ⓐ	취득가	1,491,000,000	
ⓑ	876-1 보상가	2,338,560,000	필지를 4개로 분필하여 매입함. 이로 인해 필지별 보상가가 모두 다름.
ⓒ	876-2 보상가	1,564,935,000	
ⓓ	876-3 보상가	1,633,275,000	
ⓔ	876-4 보상가	1,690,310,000	
ⓕ	총 보상가	7,227,080,000	ⓑ + ⓒ + ⓓ + ⓔ
ⓖ	매각 차액	5,736,080,000	ⓕ - ⓐ
ⓗ	실투자금 대비 수익률	725%	(ⓔ / ④) X 100 , 양도소득세, 이자비용, 채권 할인비용 등은 고려하지 않은 수치임.

표 5-2 보정동 토지 투자 예상 수익률.

앞으로도 헤쳐 나가야 할 일이 산적해 있다. 그럼에도 기쁜 마음으로 세무사와 변호사 등을 만나며 수용재결 등의 업무를 진행하고 있다.

참고로 수용재결이란 보상 협의가 제대로 이루어지지 않는 사업의 경우, 사업시행자가 수용재결을 신청하면 관할 토지수용위원회는 법적 절차에 따라 당사자의 의견을 듣고 관계자료 등을 재검토한 후 보상금액을 다시 결정한다.

수용재결을 통해 사업시행이 원활하게 진행되는 효과를 얻을 수 있고, 토지 소유자는 정당한 보상금을 받을 수 있도록 양 당사자의 이해를 조정해주는 절차라고 할 수 있다.

나는 집 대신 땅에 투자한다

필지를 4개로 분할하여 매입한 이유

대개 OO지구의 신도시가 만들어지면 소유주의 부동산이 어떤 것이냐에 따라 추가적인 보상이 나온다. 당수동의 개발제한구역 물건에 대한 예상 수익을 계산할 때 언급한 것과 동일하다.

우리는 필지를 1,000m²로 분할하면 협의양도인택지를 각각 추가로 받을 권리가 생길지 모른다는 기대를 했다. 협의양도인택지는 시행자가 토지 소유자에게 반드시 지급해야 할 법적 의무가 있는 것은 아니다. 동탄, 판교 등 규모가 큰 신도시에서는 대부분 지급했지만 수서역세권 개발사업처럼 규모가 작거나 사업성이 좋지 않은 사업지에는 협의양도인택지 옵션이 나오지 않기도 한다.

애석하게도 용인플랫폼시티 사업에 협의양도인택지는 주어지지 않았다.

초보는 모르는 고수의 투자법

 경기도 평택시 도일동 폐차장

토지 투자에서는 여러 가지를 복합적으로 해석하는 안목이 있어야 투자가 가능한 물건들이 보인다. '아, 이렇게 풀면 돈이 되겠구나' 하고 감이 오는 물건들이다. 이런 경우 큰 수익을 얻거나 안정적인 가격 상승이 오는 경우로 귀결됐다. 그런데 풋내기들은 그렇게 수익을 내는 방법을 모르다 보니 금액을 보고 "너무 비싸게 샀다" 같은 시기 어린 말을 하는 경우가 있다. 이번 건이 그런 오해를 받은 경우다.

투자 포인트 1. 경매

경기도 평택시 도일동에 폐차장으로 운영 중인 토지와 건물이 경매로 나왔다. 내가 여러 수강생과 함께 답사하고 내린 결론은 '신건 입찰'이었다. 4명의 회

경매 **2021타경**▮▮▮▮

진행내역 : 경매개시 **92일** 배당요구종기일 **298일** 최초진행 **0일** 매각 **30일** 납부 **29일** 배당종결 (449일 소요)

매각일자 2022.03.21 (월) (10:00)

| **자동차관련시설** | 토지·건물 일괄매각 |

경기도 평택시 도일동 ▮▮▮▮▮필지 새주소검색
(도로명주소:경기 평택시 청원로 ▮▮)

토지면적	6085㎡(1840.713평)	소유자	▮▮ 외 2명	감정가	5,842,547,060
건물면적	3074.89㎡(930.154평)	상대방	▮▮ 외 1명	최저가	(100%) 5,842,547,060
개시결정	2021-02-24(공유물분할을위한경매)	신청인	이▮▮▮	매각가	(111%) 6,508,490,004

물건보기 ▼			오늘:1 누적: 461 평균(2주): 2
구분	매각기일	최저매각가격	결과
	2021-11-08	5,842,547,060	변경

매각 6,508,490,004원 (111.4%) / 입찰 2명 / 송▮▮ 외4명
(차순위 6,212,000,001원)
매각결정기일 : 2022-03-28 - 매각허가결정
지급기한 : 2022-04-29
납부 : 2022-04-20

구분(목록)	소재지	지목	용도지역지구	면적	㎡당 단가 ⊕ (공시지가)	감정가
토지(1)	도일동 ▮▮▮▮	잡종지	가축사육제한구역, 자연녹지지역,토지 거래계약에관한··· ⌄	4072㎡ (1231.78평)	855,000원 (651,100원)	3,481,560,000원
토지(3)	도일동 ▮▮▮▮	잡종지	가축사육제한구역, 자연녹지지역,도로 구역,토지거래··· ⌄	2013㎡ (608.933평)	855,000원 (651,100원)	1,721,115,000원
	계			6085㎡ (1840.713평)		5,202,675,000원
건물(2)	청원로 ▮▮▮▮ (도일동,에이 동)	지하 층	기계실	철근콘크리트조 및 경량철골조 (철근) 콘크리트스라브 및 경량철골지붕	35.19㎡ (10.645평)	224,000원	7,882,560원	▶사용승인일:1994-02-02
건물(2)	청원로 ▮▮▮▮ (도일동,에이 동)	1층	폐차장 작업 장 및 사무실, 창고, 화장실 등	철근콘크리트조 및 경량철골조 (철근) 콘크리트스라브 및 경량철골지붕	955.95㎡ (289.175평)	253,000원	241,855,350원	▶사용승인일:1994-02-02
건물(2)	청원로 ▮▮▮▮ (도일동,에이 동)	2층	창고, 화장실 등	철근콘크리트조 및 경량철골조 (철근) 콘크리트스라브 및 경량철골지붕	955.95㎡ (289.175평)	253,000원	241,855,350원	▶사용승인일:1994-02-02
건물(2)	청원로 ▮▮▮▮ (도일동,에이 동)	3층	창고, 사무실, 휴게소, 화장 실 등	철근콘크리트조 및 경량철골조 (철근) 콘크리트스라브 및 경량철골지붕	890.8㎡ (269.467평)	156,000원	138,964,800원	▶사용승인일:1994-02-02
	계				2837.89㎡ (858.462평)		630,558,060원

전경도 전경도

| **그림 5-15** 경기도 평택시 도일동 폐차장 경매 물건. | 출처: 탱크옥션 |

원이 감정가를 웃도는 65억 원이라는 높은 금액에 낙찰받고 47억 원을 대출받아 잔금을 치렀다. 원래 경매에 나오기 전 3명이 소유했던 물건으로, 그중 1명이 경매에 참여하여 차순위가 됐음을 알려둔다.

투자 포인트 2. 고속도로 수용보상

〈그림 5-16〉에 표시된 것 외에도 건물이 일부 있지만, 경매에 나온 대부분은 1,840평의 토지와 858평의 건물이다. 우리는 왜 이 물건에 입찰하기로 했을까? 〈그림 5-16〉의 빨간 점선으로 표시한 도일동 186-15번지 약 608평의 토지, 그리고 (가)로 표시된 건물 중 일부(파란 세모)가 2025년 개통 예정인 평택 동부고속화도로에 저촉(침범)하게 되어 보상받을 것이며, 남은 땅은 고속도로 IC 개통으로 가치가 올라갈 것이라고 예상했기 때문이다.

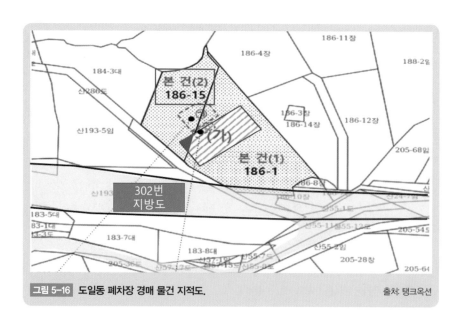

그림 5-16 도일동 폐차장 경매 물건 지적도. 　　　　　출처: 탱크옥션

나는 집 대신 땅에 투자한다

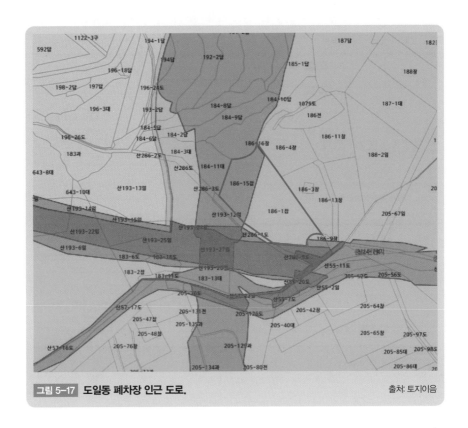

그림 5-17 도일동 폐차장 인근 도로.

투자 포인트 3. 감정평가

따라서 중요한 것이 예상 보상가였다. 이를 통해 경매 감정가가 예상 보상
가 대비 얼마나 높거나 낮게 평가되었는지 확인하기로 했다. 이 땅은 개별
공시지가가 m²당 65만 1,100원(평당 215만 원)으로, 경매 감정가는 개별공시지
가의 약 1.3배에 불과한 85만 5,000원(평당 280만 원)으로 책정한 것을 알 수 있
었다.

보통 보상가는 공시지가의 1.5~2배 이상으로 정해지는 것을 감안했을 때,
경매 감정가는 매우 낮은 수준이었다. 건물 또한 858평에 달하는 대형 시설

기호	소재지	토지면적 (㎡)	적용단가 (원/㎡)	토지가액(원)
1	도일동 ▓▓▓	4,072	855,000	3,481,560,000
3	도일동 ▓▓▓	2,013	855,000	1,721,115,000
합 계				5,202,675,000

그림 5-18 경매 물건 감정평가서 일부.

(2) 인근지역 유사물건의 거래사례

[경기도 평택시]   (자료출처 : 등기사항전부증명서 등)

기호	소재지	면적(㎡) 토지	면적(㎡) 건물	용도지역	지목	이용상황	거래금액 (원)	거래시점
#1	도일동▓▓	318.00	-	자연녹지	대	공업기타	161,000,000	2020.03.23
#2	도일동 ▓▓	4,485.00	767.43	자연녹지	주	주유소용지	4,237,000,000	2020.02.28
#3	도일동▓▓	4,349.00	-	자연녹지	유	답	4,211,200,000	2019.06.19

그림 5-19 인근 지역 유사 물건 거래 사례.

임에도 불구하고 약 6억 3,000만 원이라는 초라한 평가를 받았다. 이를 고려
했을 때 보상으로 이득을 얻을 수 있다고 확신했다.

투자 포인트 4. 신도시 입주로 인한 가치 상승

이렇게 낮게 감정평가를 한 이유가 무엇이었을까? 먼저 토지를 살펴보자면
감정평가에 참고한 거래 사례들이 2020년 이전의 것들이기 때문이다. 이 지
역은 앞서 2장에 등장한 브레인시티 산업단지가 착공하며 가격이 매우 가파
르게 오르고 있는 곳이었는데 토지 감정평가에서는 이를 전혀 반영하지 않았

음을 엿볼 수 있었다. 그렇지만 훗날 보상을 위해 감정평가를 할 때는 브레인시티로 인한 가치 상승이 반영될 것이 분명해 보였다.

건물의 감정평가가 가치에 비해 낮았던 이유는 30년이 다 돼가는 낡은 폐차장이었기 때문이다(사람 나이로 치면 70세 이상에 해당한다). 경매 감정평가에서는 이런 낡은 건축물의 경우 건물 평가금액을 아주 박하게 매기는 경향이 있다. 건축물을 철거할 때 비용이 들 수 있기 때문이다. 그렇지만 보상 감정은 그렇게 할 수가 없다. 타인의 건물을 보상할 때는 새로 짓는 비용을 고려해 어느 정도 금액을 올릴 수밖에 없기 때문이다. 그래서 건물 보상에서도 어느 정도 차액을 예상한 것이다.

투자 포인트 5. 임차인과 윈-윈, 월세를 통한 이자비용 조달

우리는 입찰 전에 해당 건물에서 영업하시는 폐차장 사장님과도 대화를 나누었다. 보증금 2억 원에 월세 1,200만 원을 내고 임차를 하고 계셨던 사장님은 영업 보상금을 받을 수 있는 상황이었으나, 전문가가 아니다 보니 자세한 내용은 모르는 상태였다. 우리는 사장님에게 우리가 낙찰받거든 '계속 영업하면서' 영업 보상금을 올릴 방안을 찾자고 제안했다.

우리는 사장님이 계속 영업해주셔야 건물이 낡아 보이지 않아 보상 평가를 더 좋게 받을 가능성이 있었고, 그래야 47억 원에 대한 이자를 부담 없이낼 수 있었다. 사장님 또한 이전할 부지를 찾고 계시지만 확정 짓지 못한 상태로, 우리가 낙찰 후 명도를 하지 않는다면 이전 부지를 찾을 때까지 보상을 기다리며 영업하는 것이 이득이 되는 상황이었다.

결과는 어떻게 되었을까?

한국토지주택공사 경기지역본부

문서번호 :
수　　신 : ████████ ███
제　　목 : 손실보상협의요청(2)

　　평택동부고속화도로 민간투자사업에 편입된 귀 소유 토지 등에 대한 손실보상계획을 다음과 같이 정하고 「공익사업을 위한 토지 등의 취득 및 보상에 관한 법률」 제16조 및 같은 법 시행령 제8조제1항에 따라 협의를 요청하오니 계약체결기간내에 협의에 응하여 주시기 바랍니다.

- 다　음 -

계약체결기간	2022.09.26~2022.10.07	협의 및 계약체결장소	한국토지주택공사 평택사업본부 보상판매부
계약 및 지급조건	['별첨' 보상 안내문 참조]		
제출요구서류	['별첨' 보상 안내문 참조]		

손실보상액내역

구분	소재지	지번	지분면적(㎡)	물건의 종류	구조및규격	수량	보상액(원)	비고
토지	경기도 평택시 도일동	████████	503.25				988,886,250	
물건	경기도 평택시 도일동	████████		기타건물-기계실(지1층)외 30건	철근콘크리트조		58,431,030	

그림 5-20 손실보상 안내문.

　　2022년 4월에 낙찰 잔금을 납부하고 2개월이(2년이 아니다) 지난 6월에 보상 안내문이 날아왔다. 186-15번지 608평에 대한 보상으로 39억 5,000만 원을 책정한 내용이었다. 〈그림 5-20〉은 낙찰자 4명 중 1명이 받은 안내문이다. 토지보상금은 2,013㎡ 중 1/4인 503㎡에 대해 9억 8,888만 원, 건물 보상금은 저촉 부분의 1/4인 5,800만 원으로 책정되었음을 볼 수 있다. 우리가 낙찰받은 금액이 1평에 350만 원 정도였는데, 2개월 만에 보상가로 평당 650만 원에 육박한 금액을 받게 된 것이다.

투자 포인트 6. 업종별 허가기준 면적에 따른 건물 전체 보상

토지 수익률 말고 건물과 관련해서도 놀랄 것이 있다. 우리는 건물이 도로에 저촉된 일부만큼만 보상금이 나온 것에 개의치 않았다. 작전은 처음부터 '건물 전체 보상'이었기 때문이다. 창고나 공장 같은 건물의 경우 일부만 수용보상을 할 때는 그 면적만큼만 보상하는 것이 원칙이다. 그러나 그 일부의 수용으로 건물을 원래 목적(가치)대로 사용하는 것이 불가능해진다면 어떨까?

이때는 전체 보상을 받을 수 있다. 그리고 우리는 그렇게 주장할 무기를 준비해두었던 것이다. 바로 폐차장업의 허가기준 면적에 관한 내용이다.

평택시에 질의해 답변받은 내용을 보자(〈그림 5-21〉). 이 물건은 보상받고 남은 면적이 $4,072m^2$($6,085m^2$-$2,013m^2$)이다. 여기서 폐차장을 유지할 수 있는지 질문하자 행정팀에서는 조례에 따라 폐차장업을 하기 위해서는 토지의 면적이 $4,500m^2$ 이상이어야 하므로, 사업을 영위하기가 불가하다고 안내하였다. 따라서 이는 우리에게 아주 강력한 호재가 될 것으로 생각했다. 폐차장업을 계속할 수 없으니 건물을 전체 보상하라고 주장할 근거가 되기 때문이다. 과연 우리가 원하는 방향대로 되었을까?

우리는 이 공문을 보낸 보상 담당자와 협의해 건물에 대해 전체 보상을 받기로 하였다. 현재 구두상의 협의가 완료된 상태다. 그렇다면 건물의 전체 보상가는 얼마쯤일까? 앞서 〈그림 5-16〉의 (가)에서 보상받는 파란 세모 부분의 감정평가액은 약 2억 3,000만 원이다(1/4 지분의 감정가 5,800만 원 × 4). 이를 건물 전체 면적으로 환산하면 10배 이상이 된다. 따라서 적게 잡아도 20억 원 정도의 보상가는 나올 것으로 예상한다. 아, 빠트릴 뻔했는데 사업시행자가 비용을 들여 폐차장 철거까지 해주는 것으로 협의 중이다.

시민 중심 새로운 평택

평 택 시

푸른가을 맑은평택

수신 ▨▨▨ 귀하
▨▨▨▨▨▨▨▨

(경유)

제목 민원(1AA-2205-0415426) 처리결과 안내: 등록기준 미달(토지수용)에 따른 폐차장 등록유지 가능여부 질의

1. 「시민 중심 새로운 평택」 교통행정에 적극 협조해 주심에 감사드립니다.

2. 귀하께서 국민신문고를 통해 접수해주신 자동차관리사업 관련 질의사항에 대하여 다음과 같이 답변드립니다.

　가. 질문 요지 : 자동차해체재활용업 등록기준 미달(도일동 186-15의 토지수용)에 따른 자동차관리사업 등록유지 가능여부

　나. 답변 내용
　　1) 「자동차관리법」 제53조제1항에 따라 자동차관리사업의 면적이 100분의 30이상 변경되는 경우에는 자동차관리사업 등록사항에 해당됩니다.
　　2) 해체재활용업은 「경기도 자동차 관리사업 등록기준 등에 관한 조례」 제6조 및 별표3에 따라 4,500㎡ 이상의 면적기준을 충족하여야 하며,
　　3) 위 사항을 미충족할 경우에는 자동차관리법 제66조제1항제4호에 따라 사업정지 처분(1차: 10일, 2차: 30일, 3차: 등록취소)을 받게 됩니다.
　　4) 따라서, 도일동 186-1의 토지만으로는 등록기준 미달에 해당하여 해당 자동차 관리사업을 영위하는 것이 불가한 점 안내드립니다.

3. 귀하의 소중한 제보에 감사드리며, 기타 문의사항은 교통행정과 교통행정팀 (TEL.031-8024-4833)으로 연락해 주시면 성심성의껏 답변 드리겠습니다.

붙임 경기도 자동차관리사업 등록기준 등에 관한 조례 1부. 끝.

그림 5-21 폐차장업의 허가기준 면적에 관한 답변 내용.

투자 포인트 7. 절세를 위한 수용재결

낙찰 후 2개월 만에 큰 수익을 얻어서 좋은 것도 있지만 나쁜 것도 하나 있다면 세금이다. 1년 이내에 부동산을 매각하면 양도세를 훨씬 더 많이 내야 하기 때문이다. 그래서 4명은 보상에 대해 이의를 제기하는 수용재결을 하

 나는 집 대신 땅에 투자한다

기로 일찌감치 합의했다. 보상가도 올리고 보상 시기도 최대한 미루어서 등기일인 2022년 4월 20일에서 1년을 단 하루라도 넘기는 것이 목표다. 이를 위해 보상가 수취 대신 수용보상 업무를 오래 하신 행정사님(김종율아카데미에서 수용보상 관련 강의를 하는 선생님이기도 하다)과 수용재결 업무에 돌입하였다. 앞서 말한 계획처럼 그동안의 이자 부담은 폐차장 월세 1,200만 원으로 감당하고 있다.

투자 포인트 8. 남은 토지의 장래가치 예상

정리해보자. 65억 원에 낙찰받은 물건이 2개월 만에 전체 면적의 1/3인 토지에서 약 40억 원의 보상가가 확정됐고, 건물에서 20억 원 이상이 나올 것으로 예상한다. 이 얼마나 행복한가. 그런데 아직 더 남아 있다. 남아 있는 2/3의 토지, 1,200평의 장래가치에 대한 부분이다.

〈그림 5-22〉처럼 2025년이면 평택 브레인시티 도시개발사업지에서 무려 1만 7,000세대 이상의 아파트가 입주를 개시할 것이다. 이로 인해 평택시에서는 우리 물건 앞 302번 지방도를 확장공사하고 있다. 또 2025년에는 평택 동부고속화도로도 개통할 예정으로 IC가 북측으로 날 예정이며, 변경될 수도 있지만 머지않았으리라 본다.

도로보상가가 평당 650만 원이었는데 저런 호재가 실현되면 그 옆 땅의 평당 시세는 얼마나 될까? 이를 가늠하기 위해서는 중요한 한 가지를 더 분석해야 한다. 바로 302번 지방도가 확장하면서 이 근처에 어떤 변화가 생길 것인지다. 만일 지하차도나 고가도로가 생기면 영 좋지 않으므로 가능성을 염두에 두고 살펴봐야 한다.

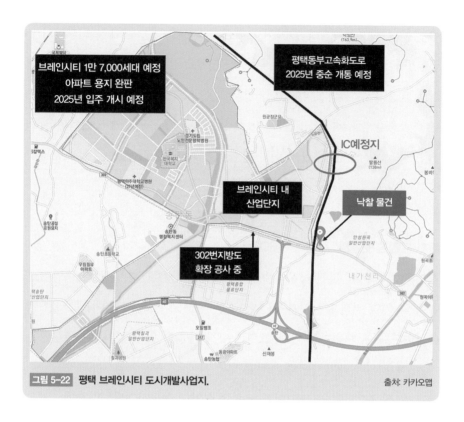

그림 5-22 평택 브레인시티 도시개발사업지.   출처: 카카오맵

〈그림 5-23〉은 평택IC 앞 로드뷰로 시간에 지남에 따라 어떻게 변했는지 알 수 있는 자료다. 이 지역은 인근 신세계 스타필드 개발사업과 여러 도시개발사업으로 통행량이 증가할 것이 예상되어 아예 지하차도를 만들어버렸다. 도로변 토지 소유자라면 건물 짓기 좋은 입지가 되어 땅값이 오를 것을 기대했다가 김이 팍 식었을 것이다.

이에 우리도 입찰 전에 단단히 알아본 결과 도로 확장이라는 답을 받았다. 고가도로나 지하차도는 개설되지 않고 송탄IC가 있어서 우회로를 만들 수도 없으므로 확장공사를 한다고만 하였다.

 나는 집 대신 땅에 투자한다

평택 IC 앞 로드뷰. 출처: 카카오맵

투자 포인트 9. 국유재산관리법상 일반재산의 매도청구

〈그림 5-25〉의 토지이용계획을 보자. 노란색으로 표시된 부분이 보상받고 남은 186-1번지 토지다. 이 토지는 아래에 서남쪽으로 가늘게 뻗은 도로이자 국유지인 산 286-1번지와 접해 있다(빨간 동그라미 부분). 그런데 이 도로가 평택동부고속화도로가 나면서 폐도되어 더는 도로로 쓰이지 않을 운명이다. 그리고 이 도로에 접한 사유지는 노란색의 우리 토지, 186-1번지밖에 없다. 이게 무슨 뜻일까? 더는 초보가 아닌 독자들에게 알려드리자면, 이 도로는 국유지이므로 폐도가 된 후에는 국유재산관리법에 따라 일반재산(과거 잡종재산)이

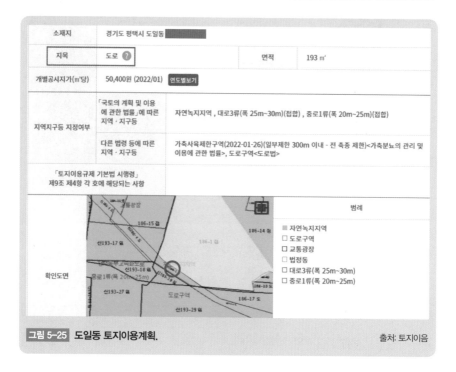

경기도 평택시 도일동

	공시지가/실거래가	토지이력·특성	건축물정보

※ 해당 자료는 참고자료로서 법적 효력이 없으며, 자세한 사항은 토지대장을 통해 확인하여 주시기 바랍니다.

소재지	경기도 평택시 도일동 산 286-1			
토지정보	소유구분	공유인수	축척구분	데이터기준일
	국유지	0	1:6000	2022-06-07

그림 5-24 폐도가 되는 땅의 토지 이력.

출처: 토지이음

소재지	경기도 평택시 도일동		
지목	도로 ❓	면적	193 ㎡
개별공시지가(㎡당)	50,400원 (2022/01) 연도별보기		
지역지구등 지정여부	「국토의 계획 및 이용에 관한 법률」에 따른 지역·지구등	자연녹지지역 , 대로3류(폭 25m~30m)(접합) , 중로1류(폭 20m~25m)(접합)	
	다른 법령 등에 따른 지역·지구등	가축사육제한구역(2022-01-26)(일부제한 300m 이내 - 전 축종 제한)<가축분뇨의 관리 및 이용에 관한 법률>, 도로구역<도로법>	
	「토지이용규제 기본법 시행령」 제9조 제4항 각 호에 해당되는 사항		

범례
- ■ 자연녹지지역
- □ 도로구역
- □ 교통광장
- □ 법정동
- □ 대로3류(폭 25m~30m)
- □ 중로1류(폭 20m~25m)

확인도면

그림 5-25 도일동 토지이용계획.

출처: 토지이음

될 가능성이 크다. 그렇다면 우리가 국공유지 매도청구를 해서 아주 적은 금액으로 매입하여 활용할 수도 있을 것이다. 만일 매도청구가 받아들여지지 않는다면 점용료를 내고 사적으로 이용할 수도 있다. 이를 위해서는 갖춰야 할

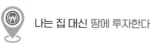

것들이 몇 가지 있는데 이는 책에 싣지 않기로 하겠다.

　나는 이 땅의 미래를 어떻게 바라보고 계획하는 것일까? 답은 독자들의 상상에 맡겨보겠다. 토지 투자 공부는 이렇게 할수록 재미있고 알수록 돈이 되는 분야임을 꼭 기억해두시라.

결론: 초보에게는 보이지 않는 투자가 있다

브레인시티가 들어서는 3년 뒤쯤 양도차액도 상당할 것으로 예상된다. 도로에 접한 땅을 보상가와 동일한 금액으로만 시세를 평가해도 예상 차액은 〈표 5-3〉과 같다.

①	낙찰가	6,508,490,000	
②	취득가	6,833,914,500	취등록세, 법무비 등 낙찰가의 5% 포함.
③	대출	4,700,000,000	
④	임대보증금	50,000,000	보상 절차를 함께 하자는 의미로 적게 받음.
⑤	실투자금	2,083,914,500	② - ③ - ④
ⓐ	취득가	6,833,914,500	
ⓑ	예상 보상가	6,000,000,000	전체 토지의 1/3 + 건물전체
ⓒ	남은 토지 시세	7,800,000,000	보상받은 토지 평당가와 동일하게 적용.
ⓓ	총 매각가 (예상)	13,800,000,000	
ⓔ	매각 차액	6,966,085,500	ⓓ - ⓐ
ⓕ	실투자금 대비 수익률	334%	(ⓔ / ⑤) X 100 , 양도소득세 포함, 보유기간 이자 비용 고려하지 않음.

표 5-3　도일동 토지 투자 예상 수익률.

이 물건을 회원들에게 신건 낙찰로 권하고선 자칭 전문가들 몇몇에게 좋지 않은 소리를 들었다. 호재가 있는 지역이지만 경매니까 으레 한두 번은 유찰된 다음에 들어가야 하는데 무리를 했다는 것이다. 그렇게 생각한 이 중 한 사람은 내 인생의 멘토인 선생님에게 이메일을 보내기도 했다. 아마도 이 투자로 손해를 보거나 본전 수준에 그칠 것이라면서 말이다.

처음엔 책에 이 사례를 싣지 않으려 했다. 아직 매각을 하지 않았으니 부동산을 갖고 있는 회원들에게 부담이 될 게 뻔하고, 감정평가에 대한 내용까지 넣어서 긴 설명을 한다는 것도 영 내키지 않았기 때문이다. 게다가 물건의 사이즈도 크다. 그렇지만 시기심 많은 팥쥐 같은 이들을 위해 상세히 기술하기로 마음을 바꿔 먹었다.

나는 첫 책에 재야의 고수가 투자한 물건에 대해 언급한 적이 있다. 처음엔 나도 위반건축물에 대한 이해 없이 투자를 한 것인가 싶어 말을 아꼈지만, 결국 그 고수는 그 위반건축물을 모두 철거하고선 소호사무실로 임대를 해 대단한 수익을 거뒀다. 당시로선 그 고수와 잘 모르던 사이라, 잘 배웠다고만 책에 썼다. 이후 그가 '루블님'이라는 것을 알게 됐고, 뒤늦게 내 토지 정규강의를 들으러 와 '보보스님, 제가 루블입니다'라며 인사하는데 깜짝 놀라기도 하였다.

이렇듯 고수는 많다. 또 그들은 항상 뒤에서 말없이 공부하고 실력을 쌓는다. 내가 쓴 책의 많은 사례를 보며 흠을 잡기보다는 격려해주고 함께 시너지를 낼 아이디어를 주는 것도 그들이다. 나는 투자를 하고자 하는 분들에게 함께 지속적으로 공부해보자고 말하고 싶다. 투자에서는 내가 다 안다고 생각하는 것이 가장 위험한 것이니 말이다.

앞으로 10년간 주목해야 할 토지 투자 유망지역

토지 투자, 여전히 괜찮을까?

성장세 둔화, 경기 침체, 치솟는 물가, 수출 감소……. 한국개발연구원(KDI)에서 발표한 2023년 경제 전망이다. 그렇다면 부동산 시장 전망은 어떨까?

정부에서 규제 완화 정책을 펼치고 있지만, 2022년부터 계속된 금리 인상 여파로 주택시장에는 찬바람이 불고 있다. 부동산 역시 쉽지 않은 상황이 계속될 것이라는 전망이 우세하다.

이런 뉴스가 계속되다 보니 '과연 토지 투자는 괜찮을까?'라는 의문이 들 것이다. 나는 "토지 투자는 여전히 좋은 수익을 낼 수 있다"고 답하고 싶다. 어려운 시장 분위기가 오히려 향후 몇 년간 인생을 바꿀 만한 투자를 할 좋은 기회를 제공한다고도 강조하고 싶다.

다만 반드시 전제돼야 하는 조건은, 좋은 땅을 고르는 안목이 있어야 한다는 것이다. 어려운 환경 속에서도 큰 호재가 있는 곳, 규제가 완화되는 곳의 토지 가격은 오르기 때문이다. 시장이 하락세로 전환되면서 급매나 경·공매 물건의 수 역시 점차 늘어나고 있다. 2023년은 지난 상승장에서는 기회조차 오지 않았던 좋은 땅들을 급매나 경매로 담을 수 있는 시기가 될 것이다. 이 책의 내용을 이해하고 행동으로 옮길 수 있는 투자자라면 더없이 좋은 시기인 것이다.

그렇다면 어떤 땅에 투자하는 것이 좋을까? 앞서 토지 투자를 잘하려면 살 때부터 언제, 누구에게 팔 것인지를 먼저 정하고 접근해야 한다고 누누이 강조했다. 즉 내가 투자하려는 땅이 과연 실수요자의 관심을 끌 수 있는 땅인지 먼저 고민해야 한다. 그렇다면 주택 경기가 좋지 않은 상황에서 아파트를 지을 수 있는 택지지구 개발 가능지에 수요가 많을까? 아니면 농지법을 강화해 '농지=농사를 짓는 땅'이라는 원칙을 다시금 상기시켜준 농지에 수요가 많을까? 독자 여러분들의 생각은 어떠한가?

당장은 부동산 시장이 좋지 않아 건축으로는 수익을 기대하기 어렵다. 하지만 사이클은 돌고 돌기 마련이다. 경기가 회복돼 부동산 수요가 증가할 때를 대비해서 개발업자들은 앞으로 좋아질 지역을 선점해두는 작업을 꾸준히 해나간다. 그렇게 좋은 땅을 미리 확보해두었다가 공급이 필요해졌을 때 건축을 해서 수익을 내는 것이다. 따라서 지금 같은 상황에서도 개발 가능성이 높은 땅들은 꾸준히 거래되고 있다.

그렇다면 2023년부터 향후 10년 동안 가장 수요가 많을 것으로 예상되는 토지는 무엇일까? 핵심 키워드를 두 가지로 제시하자면 '공업지역'과 '도로가 개통될 지역'이라고 할 수 있다. 특히 수도권의 공업지역과 고속도로 IC

개통을 앞둔 지역을 눈여겨봐야 한다.

🏛 수도권 공업지역 투자

부동산 투자는 분야마다 방법이 다르다. 아파트와 상가는 보통 레버리지 전략을 많이 사용한다. 임차인의 보증금이나 월세로 투자금이나 대출이자를 충당하고, 남는 금액으로 수익을 낸다. 일정 기간 뒤 매도했을 때 시세차익도 거둘 수 있다.

반면 토지 투자는 어떠한가? 아직 개발되지 않은 빈 땅(나대지)을 보유하다가 매도한다면, 시세차익은 거둘 수 있지만 현금흐름을 만들기는 힘들다. 따라서 땅값이 오를 때까지, 대출이자를 포함한 각종 비용을 감당할 수 있는 투자 체력(현금 동원력)이 필요하다. 아파트, 상가에 익숙한 사람들이 토지 투자를 막막해하는 이유이기도 하다.

이제부터 소개할 공장 투자는 토지 투자의 장점인 시세차익을 극대화하면서도 현금흐름의 어려움이라는 단점을 상쇄할 수 있다. 또한 수요가 명확하고, 앞으로도 늘어날 것으로 예상되는 유망한 투자이기도 하다.

앞서 배운 용도지역 중 공업지역은 공장, 산업단지 등이 들어설 수 있는 지역으로, 토지 투자를 하기에 유망한 곳이다. 그중에서도 수도권 공업지역을 추천하는데, 그 이유는 다음과 같다.

2023년 현재 서울에 남아 있는 공업지역은 준공업지역이 유일하다. 준공업지역은 앞으로 돈이 될 땅이라고 할 수 있다. 지식산업센터를 지을 수 있는 땅이기 때문이다. 지식산업센터는 지난 몇 년간 지속된 부동산 상승장에서 아파트와 함께 가장 큰 주목을 받았다. 특히 정부 규제로 아파트 투자가 어려워지면서 눈길을 끈 상품이다. 대출이 잘되는 편이고, 취득세·재산세 등 각종 세금이 감면되는 것은 물론, 조건에 부합하면 법인세 감면과 정책자금 지원 혜택 등을 받을 수 있어 부동산 투자 좀 한다는 이들이 모이면 지식산업센터에 투자하지 않은 사람을 찾기 어려울 정도였다. 단기적으로는 공급이 몰린 측면이 있지만, 정부의 투자 및 창업 활성화 정책(각종 세제 혜택 연장과 입주 가능 기업 업종 확대)에 따라 앞으로도 수도권 지식산업센터는 수요가 꾸준할 것으로 예상된다. 또한 지식산업센터 인근은 상권이 활성화되는 효과도 있다. 따라서 지식산업센터를 지을 수 있는 토지는 그야말로 황금알을 낳는 존재가 될 수 있다.

예로부터 경공업(섬유·신발·식료품·인쇄·출판 등 주로 일상생활에서 소비하는 물건을 만드는 공업) 지대로 유명했던 성수, 영등포 일대가 지식산업센터가 즐비한 업무지구로 탈바꿈하면서 그 주변으로 인기 있는 상점이나 카페, 맛집 등이 많이 생겼다. 이에 따라 이 지역은 핫 플레이스로 부상하고 있다. 우리가 주목할 것은 이 같은 준공업지역의 성공적인 개발 사례다. 앞으로 이처럼 개발이 될 곳을 찾으면 훌륭한 투자 결과를 기대할 수 있다.

🔍 서울시가 밀어주는 준공업지역

준공업지역은 공업지역 중에서도 경공업이나 환경오염이 적은 공장을 수용

하는 곳으로, 공장 외에도 주거시설과 상업시설, 업무시설 등이 들어설 수 있다. 과거 대한민국의 경제 성장을 이끈 경공업은 급격한 산업구조 변화로 경쟁력이 쇠퇴하면서 준공업지역 내의 건물과 공장 등이 노후화되는 경향이 두드러졌다. 이는 도시 슬럼화에 대한 우려로 이어졌고, 서울시는 2009년 '준공업지역 종합발전계획'을 수립해 2014년에는 서울 내에서도 준공업지역의 대장이라고 할 수 있는 성수동 일대를 도시재생시범사업구역으로 지정하기에 이른다. 현재 서울시는 준공업지역을 어떻게 개발할지 구상을 마치고 그 계획을 실행에 옮기는 과정에 있다. 이런 시대적 배경에 따라 성수와 영등포 일대가 지식산업센터가 즐비한 업무지구로 변신하게 된 것이다.

서울 준공업지역의 대표주자인 성수동은 경공업 중에서도 인쇄, 가죽 등 공장 밀집 지역이었다(개인적으로 백화점에 구두나 가방 수선을 맡기면 성수동을 다녀와야 해서 시간이 걸린다는 안내를 받은 기억이 난다). 2022년 6월 말 서울숲과 한강이 바로 보이는 요지에 있던 삼표레미콘 공장이 철거되면서 앞으로 성수동은 고급 주거단지와 문화시설이 어우러진 제2의 청담동으로 개발되리라 예상된다.

 성수동 삼표레미콘 부지, 업무·상업거점으로……2025년 착공 목표

서울 성동구 삼표레미콘 공장 철거 후 남은 부지 개발이 탄력을 받게 됐다. 서울시는 28일 제18차 도시·건축공동위원회를 열어 성동구 '삼표레미콘 공장부지(성수동 1가 683번지) 도시계획변경 사전협상 대상지 선정 자문안'에 원안 동의했다고 29일 밝혔다. 이번 결정으로 해당 부지 약 2만 2,924㎡는 도시계획변경 사전협상 대상지로 선정됐다.

도시계획변경 사전협상은 5,000㎡ 이상 대규모 개발 부지에 대해 허가권자인 공공과 민간사업자가 사전협상을 통해 구체적인 개발계획을 수립하고 도시계획을 변경하는 제도다. 용도지역 상향 등으로 민간사업자의 사업성을 높여주고 개발이익 일부를 공공기여로 확보함으로써 토지의 효율적 활용과 도시개발사업의 공공성을 동시에 촉진하는 개발방식이다.

시는 서울의 새로운 성장동력이 될 전략 부지로 활용한다는 구상 아래 내년에 토지 소유주인 삼표산업과 사전협상을 본격 추진해 2025년 상반기 착공한다는 목표다. 용도지역 상향(1종 일반주거지역→상업지역)으로 확보될 약 6,000억 원의 공공기여금은 서울숲 고도화, 첨단 문화거점 조성, 광역적 교통체계 개선, 공공시설 확충 등에 활용할 계획이다.

출처: 〈서울이코노미뉴스〉, 2022. 12. 29

그렇다면 영등포는 어떨까? 영등포는 경성방직 · 롯데제과 · 대선제분 · OB맥주 등 공장과 철공소 등의 금속 · 기계공업이 밀집된 우리나라 공업화의 상징과 같은 지역이었다. "철판으로 사람 빼고는 다 만든다"는 말이 있을 정도로 이름을 날리던 영등포지만 현재는 아파트와 고급 쇼핑센터가 어우러진 모습으로 변신 중이다.

 영등포 공장을 '맨해튼 명소'처럼…롯데의 유산, 서울 랜드마크 된다

롯데그룹 발원지인 서울 양평동 롯데제과 영등포공장이 미국 뉴욕의 첼시마켓 같은 '헤리티지 쇼핑몰'로 개발된다. 이곳은 (故)신격호 롯데 창업주가 1969년 세운 부지 면적 1만 1,926㎡ 규모의 공장으로, '한국 산업사(史)의 상징' 중 하나다. 글로벌 도시 서울에 어울리지 않는 낡은 공간을 개조해 도시를 대표하는 랜드마크 쇼핑몰로 재탄생시키려는 구상이다.

29일 지방자치단체와 건설업계 등에 따르면 롯데는 영등포공장 이전을 포함한 종합개발계획 수립에 들어갔다. 롯데지주의 부동산개발 전담부서 레바(REVA)팀이 안을 짜고 있는 것으로 확인됐다. 롯데그룹 관계자는 "롯데제과와 푸드가 합병하기로 하면서 시너지를 최대로 끌어올리기 위한 방안을 모색 중"이라며 "글로벌 컨설팅회사와 협력해 해외 사례를 살펴보고 있다"고 말했다.

출처: 〈한국경제신문〉 2022. 03. 29

이렇게 서울시가 팔을 걷어붙이고 추진한 성수동과 영등포 개발이 성공 사례로 마무리되면서, 지식산업센터를 지을 수 있는 주변 준공업지역의 땅값도 계속 상승하는 추세다.

이 성공 사례에서 우리가 얻어야 할 힌트는 무엇일까? 성수와 영등포 준공업지역 땅을 사야 할까? 안타깝게도 그것은 이미 늦은 감이 있다. 성수동 준공업지역의 현재 토지 시세는 평당 1억~1억 5,000만 원, 영등포 역시 6,000만 원을 훌쩍 넘는 수준으로 뛰어올랐기 때문이다.

하지만 좌절은 금지! 앞으로 성수, 영등포가 될 지역을 찾으면 되는 일 아

그림 5-26 개발이 진행 중인 성수동.

닌가? 또는 성수와 영등포를 포함한 서울 준공업지역의 공장들이 앞으로 이전할 지역을 눈여겨보는 것도 훌륭한 투자 전략이다.

🔍 앞으로의 성수, 영등포는 어디가 될 것인가?

〈그림 5-27〉은 서울시 전체의 용도지역을 표시한 지도다. 노란색은 주거지역, 분홍색은 상업지역, 연두색은 녹지지역이며 우리가 집중해야 할 곳은 연보라색 준공업지역이다. 한눈에 보기에도 서울에 준공업지역이 얼마 남지 않았다는 사실을 알 수 있다. 이 가운데 서울의 창동·광운대 주변과 석수·독산 일대를 주목해 볼만하다.

먼저 창동·광운대 준공업지역은 GTX-C 노선이 지나가며, 서울-양주 고속도로와 동부간선도로 확장 및 지하화 사업으로 교통 여건이 훨씬 좋아질 곳이다. 특히 광운대 주변은 역세권에 있던 삼표시멘트와 현대시멘트 공장이 철거되면서 역세권개발사업이 빠르게 추진될 것으로 예상된다.

석수·독산 일대는 영등포·문래동의 다음 타자가 될 것으로 기대해볼 만하다. 석수 BRT(수도권 간선급행버스체계) 정류장, 신안산선 및 월곶판교선, 석수역 개통 등 교통 호재는 물론 광명역세권이라는 든든한 배후 수요가 있는 지역이다. 또한 서부간선도로 지하화로 경기도에서 서울로 들어오는 광역버스 노선은 모두 석수에서 환승하게 되므로 향후 서울 남서쪽의 거점 관문으로 자리 잡을 것이다.

여기서 잠깐, 향후 10년간 유망 토지 투자처가 수도권에 집중돼 있어 서운

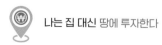

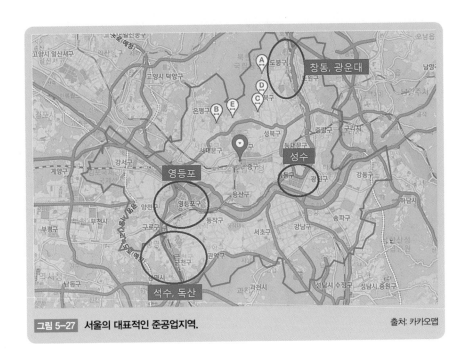

그림 5-27 **서울의 대표적인 준공업지역.**

출처: 카카오맵

한 지방 독자 여러분들이 계시리라 생각된다. 그래서 준비했다. 수도권 밖에서 가장 투자하기 좋을 것으로 전망되는 지역을 알려드리겠다. 바로 사상공단이 위치한 부산시 사상구 감전동 일대다.

부산시 사상구는 1980년대 부산의 최대 공업지역이었으며, 김해공항과 항만이 가깝고 도로망이 발달해 서부산의 관문 역할을 해왔다. 하지만 서울과 마찬가지로 산업 구조가 바뀌고 공업단지가 노후화되면서 사상공단 역시 경쟁력을 잃게 되었다. 반대로 동부산은 해운대와 오시리아 관광단지로 많은 사람이 찾는 명소로 자리 잡았다.

자, 여러분이 부산시 정책담당자라면 어떤 생각을 할 것인가? 맞다. 동부산과 서부산의 균형발전을 계획하는 '부산 대개조 비전'에 따라 사상구 일대

그림 5-28 **부산 사상구의 도로망.**

출처: 카카오맵

에는 많은 호재가 있다.

경부선 지하화, 사상-해운대 고속도로 건설, 식만-사상(대저대교) 도로 및 엄궁대교 건설, 승학터널 건설, 도시철도 사상-하단선 건설 등 교통망 확충을 포함해 부산 제2청사 신축, 스마트시티 단지 조성, 사상역 복합환승센터 등의 개발이 진행되고 있다. 사상역은 부산 2호선과 부산-김해 경전철 더블 역세권으로 철도망 또한 훌륭하다는 점도 기억해두자.

2022년 11월에 사상공단 일대를 임장했는데, 서부산 청사는 공사가 한창 진행 중이었고, 사상공단 일대는 〈그림 5-29〉와 같은 모습이었다. '지식산업센터로 변신하기 전의 수도권 공업지역과 비슷하구나!'라는 느낌이 들었다.

현지 부동산중개소에서 들은 바로는 대로변과 사상역 접근성을 기준으로 차이는 있으나 준공업지역 토지 가격은 평당 1,000~1,300만 원의 시세를 형성하고 있었다. 만약 사상공단 일대의 준공업지역이 성수동이나 영등포처럼 개발된다면 3~5년 뒤에는 상당한 시세차익을 얻을 수 있을 것으로 기대된다.

"역사는 미래를 비추는 등불이다"라는 말이 있듯이, 토지 투자를 잘하는 가장 좋은 방법은 이전의 성공 사례를 꼼꼼하게 분석해 앞으로 비슷한 모습으로 개발될 지역

그림 5-29 부산 사상공단 모습.

에 조금 일찍 진입해서 시간을 쌓는 것이다. 신데렐라가 요정 할머니를 만나 재투성이 아가씨에서 우아한 레이디로 변신했듯, 낡고 오래된 준공업지역에서 지식산업센터가 즐비한 멋진 업무지구로 변신할 곳에서 토지 투자의 기회를 찾아보자.

반드시 관심 가져야 할 투자처, 공장

 공장이 이전할 지역을 찾아라!

도심에서 공장들이 하나둘 자취를 감추고 있다. 그렇다면 공장은 완전히 사라지는 것일까?

비록 수요는 줄어들었을지언정, 사람이 살기 위해서는 반드시 필요한 산업들이 있게 마련이다. 기존의 토지를 판 돈으로 자리를 옮겨 사업을 계속하려는 공장주 또한 존재한다. 향후 10년간 가장 유망한 또 하나의 투자처로 공장을 꼽는 이유는 '도심을 떠나는 공장들이 필요로 하는 곳'이라는 명확한 수요가 존재하기 때문이다.

비싼 땅값을 감당하기 어려워 도심을 떠나는 공장들이 옮겨 가는 곳은 어디일까? 우선 서울이나 거점지역과 가깝고 물류 수송에 유리한 지역일 것이다. 무엇보다 공장은 다른 부동산보다 설립허가 요건이 훨씬 까다롭기 때문

그림 5-30 현장답사를 갔던 수도권 일대 공장들.

에 허가를 받기 쉬운 곳이라는 조건이 함께 충족돼야 한다.

사실 토지 투자에 입문하려는 초보에게 공장을 유망 투자처로 소개하는 것이 맞는지 고민하기도 했다. 공장은 일반적으로 10억 원이 넘는(물론 대출을 많이 활용할 수 있다) 투자금에, 복합적인 시각이 필요한 고난도 상품이기 때문이다. 첫 토지 투자를 농지로 선택한 나 역시 공장 투자는 한동안 다른 세상 이야기로 느껴졌던 것이 사실이다. 그렇지만 땅값 상승과 임대 수익이라는 두 마리 토끼를 잡을 수 있는 투자 수단이라는 점에서, 또 토지 투자의 다양한 측면을 소개하기에 좋다는 점에서 공장을 빼놓을 수는 없다고 판단했다.

2022년 여름부터 김종율 원장님을 비롯해 여러 수강생과 함께 공장 투자를 목적으로 현장답사를 자주 다녔다. 수도권에서 앞으로 공장들이 들어올 가능성이 큰 지역들이었다.

현장을 직접 보고 부동산중개소에 방문해 설명을 들은 후, 매매가와 임대

시세, 대출 가능 금액까지 꼼꼼히 조사하고 분석했다. 처음에는 '내가 이런 비싼 물건에 투자할 수 있을까?'라는 생각이 들었지만 내가 아는 여러 카드를 적절히 활용하면 충분히 해볼 만했다. 현금흐름 창출과 시세차익이라는 두 가지 장점을 얻을 수 있는 드문 토지 투자 상품이기 때문이다(나대지를 살 때는 매각할 때까지 대출이자를 포함한 모든 비용을 감당해야 한다. 따라서 시세차익이 목적이라면 본인이 감당할 수 있는 금액의 물건에 투자하는 것이 맞다).

여러 차례 현장답사를 하면서, 공장을 이전할 땅을 찾는 수요가 매우 많다는 사실 그리고 지금 같은 고금리 상황에서도 땅을 급히 처분할 필요가 없는 대출 없는 소유자가 많다는 사실에 놀랐다. 수요는 많고 공급은 귀하니 투자 결과가 좋을 확률이 높았다.

임장을 하는 동안 용인시 처인구 원삼면 개발계획이 발표되기 직전과 비슷하다는 느낌을 받았다. 토지에 대해 잘 모르던 시절에도 본능적으로 변화의 조짐을 느꼈다고 할까?

쉽지 않은 토지 공부에 더 생소한 공장이 등장하니 남의 이야기로 들리는 마음을 충분히 이해한다. 하지만 공부를 시작한 이상 영원히 초보 단계에 머무를 것은 아니지 않은가? 특히 2023년부터 경·공매라는 좋은 수단을 활용할 기회가 펼쳐질 것으로 예상된다. 열린 마음이야말로 성공 투자의 기본이므로, 공장 투자에 관심을 가져볼 것을 추천한다.

🔍 성장관리권역의 계획관리지역 땅을 주목하라!

그렇다면 공장이 이전하기 좋은 지역은 어디일까? 우리는 어떤 땅에 주목해야 할까?

앞에서 살펴본 수도권정비계획법이 중요하다. 그래서 다시 한 번 설명하면, 수도권의 균형 있는 발전을 위한 이 법률에 따르면 수도권은 크게 3개의 권역으로 나뉜다(〈그림 3-2〉 참조).

각 권역별 주요 전략은 다음과 같다.

① **과밀억제권역**: 과밀화 방지, 도시 문제 해소

② **성장관리권역**: 이전 기능 수용, 자족 기반 확충

③ **자연보전권역**: 한강수계 보전, 주민 불편 해소

예를 들어 서울의 성수나 영등포 준공업지역(과밀억제권역)에 있던 공장이 서울 외곽으로 이전한다면 ① 성장관리권역과 ② 자연보전권역 중 어디로 가게 될까? 정부 입장에서는 과밀억제권역의 산업과 인구를 분산시키기 위해 '이전 기능 수용'이 목적인 성장관리권역에 공장을 설립하도록 유도할 것이다.

참고로 자연보전권역은 '한강수계 보전'이라는 목적이 있어 수질오염을 일으키지 않는 업종이거나 첨단산업인 제조업 공장만 설립허가를 받을 수 있다. 다시 말해 업종 제한이 강하므로 이전할 수 있는 공장 종류에 한계가 있다.

자, 그럼 지금부터 내가 서울에서 제조업을 하는 사장이라고 생각해보자.

서울을 떠나 수도권의 성장관리권역으로 공장을 이전해야 하는 상황이다. 어떤 용도지역의 땅을 찾아야 할까?

일반적인 제조업 공장 운영에 가장 적합한 용도지역은 비도시지역 중에서도 계획관리지역이다. 성장관리권역에 있는 계획관리지역 땅에는 대부분의 공장 설립이 가능하기 때문이다. 또한 계획관리지역은 비도시지역 중에서는 용적률과 건폐율이 제일 높아 큰 규모의 건물을 지을 수 있다. 한 마디로 허가받기도 쉽고 가성비도 좋은 용도지역이라 하겠다.

정리해보자. 서울에서 외곽으로 이전하는 공장이 업종과 관계없이 설립허가를 받으려면 '성장관리권역 + 계획관리지역'이라는 두 가지 조건이 충족되는 땅을 찾아야 한다.

이제 토지 투자를 위한 물건을 찾을 때 기억할 용도지역은 성장관리권역 안의 계획관리지역 토지라는 사실을 명심하자. 이 두 가지 요건이 충족되는 땅은 지금 시세보다 최소 2배 이상은 오른다고 기대할 수 있다.

🔍 도로 개통으로 앞으로가 기대되는 지역은?

지금부터가 진짜 핵심이다. 구체적으로 어느 지역에 관심을 가져야 하는지 대놓고 딱 찍어줄 예정이니 눈을 크게 뜨고 집중하시라.

최근 몇 년간 지속됐던 수도권 상승장에서 집값을 견인하는 데 가장 큰 영향을 끼친 요인 중 하나는 GTX다. 서울 도심까지의 이동 시간이 획기적으로 줄어든다는 점에서 교통 사각지대에 해당하는 지역들은 기대감이 엄청났다.

GTX역을 유치하고자 지자체 사이에 대립이 일어나기도 할 정도였다. 하지만 앞으로 GTX와 같은 대규모 철도계획이 추가로 수립되기는 쉽지 않아 보인다.

우리나라는 고도성장 과정에서 도로, 철도 같은 SOC(사회간접자본) 사업에 대규모 국가 예산을 많이 투입했다. 하지만 선진국 반열에 들어서면서 인구 감소와 지방 소멸 등 국가 예산이 필요한 대상들이 속속 등장하고 있다. 따라서 투입 비용 대비 효용이 크지 않은 SOC 사업에 대한 투자는 점점 줄어들 것으로 보인다.

교통망 확충은 대규모의 도로나 철도 신설보다는 기존의 도로나 철도 노선을 연결하는 방식으로 이루어질 것이며, 이용할 수 있는 지역 범위가 좁고 개발 속도가 느리며 건설비용이 많이 드는 철도보다는 활용도가 높은 도로의 비중이 높아질 가능성이 크다.

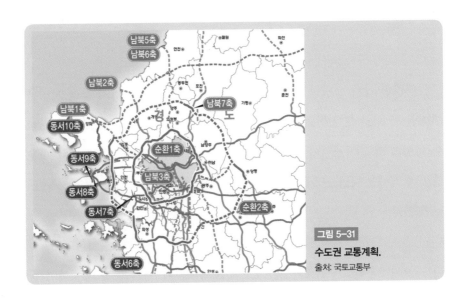

그림 5-31

수도권 교통계획.
출처: 국토교통부

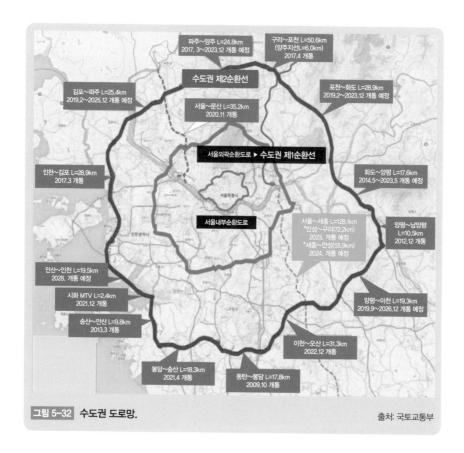

파주~양주 L=24.8km
2017. 3~2023.12 개통 예정

구리~포천 L=50.6km
(양주지선L=6.0km)
2017.4 개통

수도권 제2순환선

김포~파주 L=25.4km
2019.2~2025.12 개통 예정

서울~문산 L=35.2km
2020.11 개통

포천~화도 L=28.9km
2019.2~2023.12 개통 예정

서울외곽순환도로 ▶ 수도권 제1순환선

인천~김포 L=28.9km
2017.3 개통

화도~양평 L=17.6km
2014.5~2023.5 개통 예정

서울내부순환도로

서울~세종 L=128.1km
*안성~구리(72.2km)
2023. 개통 예정
*세종~안성(55.9km)
2024. 개통 예정

양평~남양평
L=10.5km
2012.12 개통

안산~인천 L=19.5km
2028. 개통 예정

시화 MTV L=2.4km
2021.12 개통

양평~이천 L=19.3km
2019.9~2026.12 개통 예정

송산~안산 L=9.8km
2013.3 개통

봉담~송산 L=18.3km
2021.4 개통

동탄~봉담 L=17.8km
2009.10 개통

이천~오산 L=31.3km
2022.12 개통

그림 5-32 수도권 도로망.

출처: 국토교통부

그렇다면 앞서 설명한 성장관리권역 중 우리가 관심을 가져야 할 지역은 어디일까? 바로 도로가 없다가 새롭게 생길 지역이나 기존의 도로가 새 도로와 만나게 되는 지역이다. 그리고 향후 10년간 유망할 것으로 예상되는 도로망의 중심에는 수도권 제2외곽순환고속도로(제2순환선)와 세종-포천 고속도로가 있다.

자, 모든 단서는 주어졌다. 우리가 꼭 잡아야 핵심 투자처는 어디인가? 맞다! 제2외곽순환고속도로와 세종-포천 고속도로가 생기는 곳 중에서 성장

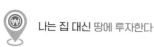

나는 집 대신 땅에 투자한다

관리권역에 해당하는 지역이다.

1. 제2외곽순환고속도로

제2외곽순환고속도로는 인천과 경기도 전체를 지나는 두 번째 외곽순환고속도로다. 기존의 수도권 제1외곽순환고속도로(구 서울외곽순환고속도로)보다 훨씬 큰 반경으로 경기도 각 지역을 연결한다. 제2순환선 IC가 개통하는 지역 중 성장관리권역에 해당하는 지역을 찾아보면 다음과 같다.

> **김포, 파주, 양주, 포천, 오산, 화성, 안산**

이 중에서도 이미 개발이 이루어져 시세가 오른 곳을 제외하고, 도로가 없었거나 기존 도로와 새로 개통되는 도로가 만나며 교통 여건이 확실하게 개선될 지역을 꼽자면 단연 파주와 양주다.

파죽지세 파주

이미 제2외곽순환고속도로가 개통한 김포시 통진IC 주변은 현재 논밭과 공장이 섞여 있어 공장이 들어서기에 썩 좋은 지역으로 보이지는 않는다. 그럼에도 불구하고 공장 이전을 할 수 있는 계획관리지역의 땅값은 크게 올랐다. 통진IC의 영향을 받아 개통 예정인 하성IC 주변으로도 공장 이전 수요가 몰리면서 이 지역의 토지 가격은 최근 2년 사이에 2배 가까이 올랐다. 이 대목에서 '김포가 조정대상지역에서 제외돼 시세가 솟구쳤을 때 아파트만 보러 가지 말고 공장을 지을 만한 땅도 보러 다닐걸' 하고 아쉬워하는 분들이 많을 것

그림 5-33 이미 개통한 제2외곽순환고속도로 통진IC와 개통 예정인 하성IC.　　출처: 카카오맵

이다.

그렇지만! 토지 투자는 이미 개발된 사례를 보고 앞으로 비슷하게 개발될 지역에 진입해서 기다리고 있으면 된다고 강조하지 않았던가. 제2의 김포 통진읍이 될 다음 예상 타자로는 파주시 송촌IC, 운정IC, 도내IC 등을 꼽을 수 있다.

파주는 2020년 11월 평택-파주 고속도로 3단계 구간인 서울-문산 고속도로가 개통되면서 서울 서부권으로의 접근성이 매우 좋아졌다. 이어서 광명-서울 고속도로, 화성-평택 고속도로를 잇는 평택-파주 고속도로가 완공되면 다른 지역으로의 이동은 말할 것도 없거니와 수도권 서부의 공업지역

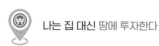

을 관통하는 도로망을 갖춰 공장 이전 수요가 폭발적으로 증가하리라 예상된다.

《나는 오를 땅만 산다》에 등장하는 파주 월롱면 도내리 공장 투자 사례는 2023년 현재 초기 투자금을 모두 회수하여 무피 투자가 되었음은 물론 월 임대료가 꼬박꼬박 들어오는 부럽기 그지없는 사례가 됐다.

물론 항상 꽃길만 걸어왔던 것은 아니다. 수도권정비계획법상 성장관리권역, 용도지역상 계획관리지역이라는 최적의 조건을 갖추고 있었음에도 이 공장은 1년 가까이 공실 상태로 버틴 아픈 과거(?)가 있다. 당시 이 지역에 이렇다 할 도로가 없다 보니 공장 수요가 유입되지 못했기 때문이다.

하지만 지금은 상황이 180도 달라졌다. 서울-문산 고속도로 월롱IC가 생겼으며, 현재 제2외곽순환고속도로가 공사 중으로 개통이 임박한 상황이다. 이 공장은 제2외곽순환고속도로 개통 시점에 한 단계 더 가격 상승이 이뤄질 것으로 예상된다.

그 밖에 파주는 GTX-A 노선 차고지가 인근에 있으며, 운정테크노밸리 일반산업단지 개발이 예정돼 있어 공장 이전 수요가 꾸준히 유입될 것으로 예상된다. 제2의 도내리 공장 사례를 꿈꾸며 파주의 계획관리지역 토지에 관심을 가져보자.

양주세트 안 부러운 양주

다음으로 소개할 토지 투자 유망처는 양주다. 양주라는 지명을 들으면 무엇이 연상되는가? 아파트 투자를 좀 해본 사람이라면 '양주 옥정지구, 지하철 7호선 연장' 등의 뉴스를 떠올릴 것이다. 또 양주에는 GTX-C 개통도 예정돼 있다. 양주는 과연 어떤 매력으로 토지 투자 유망처에 이름을 올리게 됐을까?

양주는 공장 수요가 유입 중인 파주와 구리-포천 고속도로 개통으로 도로 사정이 좋아진 포천 사이에 있다. 앞서 소개한 부산 사상구처럼 교통과 관련한 온갖 호재가 기다리고 있는 곳이다.

우선 제2순환선 중 이미 개통한 양주IC와 개통 예정인 광적IC까지 2개의 IC를 갖추게 됐다. 양주IC의 경우 일부 구간만 개통해 서쪽으로는 파주, 남동쪽으로는 남양주와 연결되지 못하는 상황이라 제2외곽순환고속도로 개통에 따른 토지 가격 상승은 그리 크지 않을 것으로 보인다. 반대로 광적IC가 들어설 광적면은 토지 투자 측면에서 매우 유망할 것으로 예상된다. 지금은 현장답사를 가면 투자할 마음이 싹 사라질 정도로 구수한 가축 배설물 냄새가 진동하지만, 그 덕분에 현재 광적면의 땅값은 이 책에 소개한 어떤 지역보다 투자에 적합한 시세를 형성하고 있다. 따라서 약간만 가격이 상승해도 투자 수익률은 높을 것으로 예상된다.

그렇다면 양주 광적면에 일어날 호재에는 어떤 것이 있는지 하나씩 짚어보자. 먼저 광적IC 주변에는 은남산업단지가 조성되어 식품, 섬유, 의료, 금속 등 다양한 업종의 공장이 입주할 예정이다. 무엇보다 제2외곽순환고속도로가 개통되는 여러 지역 중 광적면을 콕 찍어 언급한 이유는 남쪽으로 연결되는 도로 때문이다.

〈그림 5-34〉의 빨간 네모 부분을 보자. 광적IC에서 남쪽으로 서울-양주 고속도로가 개통될 예정임을 알 수 있다. 이 도로는 제1외곽순환고속도로와 연결되고, 서울 동부간선도로 의정부 구간까지 이어진다. 서울 동부간선도로는 서울 강남에서 출발하여 노원, 도봉, 강북구의 주거지역을 지나는 노선으

그림 5-34 양주에 확충될 교통망.

출처: 양주시청

로 차량 통행량이 많아 정체가 극심한 것으로 유명하다. 또한 폭우가 쏟아지는 시즌에는 상습적으로 침수를 겪는 구간이기도 하다. 이를 개선하기 위해 서울시는 도로 확장과 함께 영동대로 경기고 앞-동부간선도로 월롱교 구간을 지하화하는 사업을 추진 중이다.

여기서 광적IC의 소개를 끝내기에는 2% 아쉽다. 남쪽으로 수서가 종점인 동부간선도로는 다시 분당-수서 고속도로와 연결되고, 용서고속도로와도

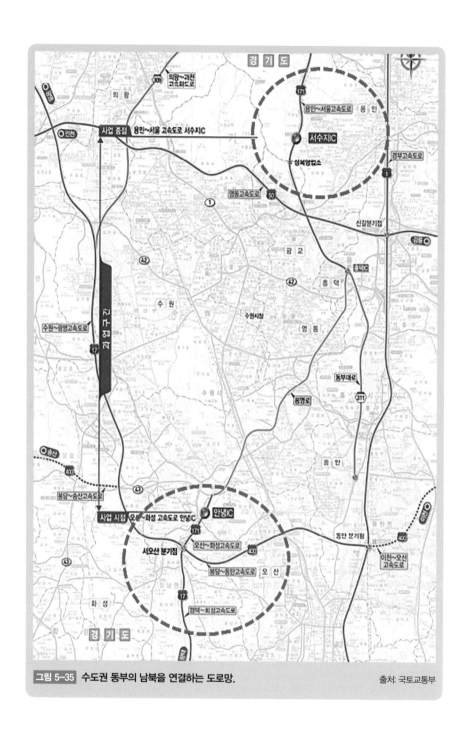

그림 5-35 수도권 동부의 남북을 연결하는 도로망.

출처: 국토교통부

 나는 집 대신 땅에 투자한다

연결된다. 용서고속도로는 다시 안녕IC를 통해 평택-화성 고속도로와 연결될 예정이다.

즉, 양주는 광적 IC를 통해 앞으로 서울 동부를 지나 수도권 남부까지 한 번에 연결되는 것은 물론, 동서로는 제2외곽순환고속도로를 통해 수도권 어디로든 이동이 쉬운 사통팔달의 입지로 거듭나게 된다. 양주에서도 개발되지 않은 외곽에 속했던 광적IC 주변은 실제로 도로 계획들이 착공되는 시점인 3~5년 뒤에는 많은 변화가 일어날 것으로 예상된다. 그때 광적면의 토지 가격 역시 지금과는 다른 수준으로 상승할 것이다. 이번에도 '그때 살걸' 하는 걸무새가 되고 싶지 않다면 양주의 계획관리지역 토지를 눈여겨보자.

2. 세종-포천 고속도로

마지막으로 제2의 경부고속도로라고도 불리는 세종-포천 고속도로 이야기를 해보자. 포천시 신북면에서 세종시 장군면을 연결하는 총길이 177km에 달하는 이 도로는 현재 포천-구리 구간 및 포천 소흘-양주 지선의 일부 구간만 개통한 상태다. 당초 2023년 예정이었던 구리-안성 구간 개통이 연기되면서 세종까지 전체 구간의 개통도 6개월에서 1년 정도 늦어질 것으로 예상된다(〈그림 3-34〉 참조).

용인 반도체 클러스터

이미 주변의 땅값이 많이 올랐으나 개통이 지연된다는 것은 아직 우리에게 기회가 남아 있다는 이야기이기도 하다. 그렇다면 세종-포천 고속도로 IC가 개통하는 지역 중 성장관리권역에 해당하는 지역은 어디인지 확인해보자.

그림 5-36 용인 반도체 클러스터와 그 주변.   출처: 용인시청

가장 먼저 눈여겨봐야 할 지역은 반도체 클러스터 개발계획이 진행 중인 용인 원삼IC 주변이다. 이 책의 시작에서도 이야기했지만, 개인적으로 원삼은 생각하면 참 마음이 아픈 동네다.

용인 반도체 클러스터는 2027년 준공을 목표로 2022년 5월 착공에 들어갔다. 3기 신도시 등 국가 주도의 개발사업에 비해 민간이 추진하는 개발사업은 개발 소식이 뉴스에 자주 등장하지는 않지만 추진 속도가 빠른 편이다. 기업의 이익과 연계되는 부분이기 때문이다. 앞으로 용인 반도체 클러스터가 어떻게 개발될지 궁금하다면 먼저 반도체 산업단지가 들어와 성공한 지역인 기흥, 화성, 평택 등을 참고하면 된다. 사례만 잘 살펴봐도 용인 반도체 클러스터가 들어서는 원삼에서는 어떤 곳에 투자해야 할지 찾을 수 있을 것이다.

다만 평택의 고덕신도시 주변과 용인 반도체 클러스터 주변의 토지 가격은 조금 다른 양상을 보일 것으로 예상한다. 고덕국제신도시는 이미 시가지가 조성된 택지지구에 삼성전자가 대규모로 입주하며 추가로 공장 증설을 한 것이며, 고덕국제신도시 동쪽의 SRT 지제역 주변 역시 도시개발구역 사업지역이다. 즉 시가지가 이미 조성이 된 상태에서 반도체 공장이 들어선 것이다.

이와 달리 용인 반도체 클러스터는 허허벌판에 들어서게 된다. 용인은 구별로 '과연 같은 행정구역이 맞나?' 싶을 만큼 개발 진행에 대한 온도차가 확연하다. 특히 처인구는 용인시청 부근과 최근 도시개발사업을 진행하고 있는 모현읍, 이미 대단지로 택지지구개발을 진행한 남사읍 정도를 제외하면 시가지로 개발된 지역이 매우 적은 편이다. 그래서 원삼면 일대에는 추가로 시가지를 지정할 가능성이 높다.

이때 시가지로 추가 지정될 토지는 기존에 도시지역(주거지역, 상업지역, 공업지역)으로 지정된 지역과 접해 있는 자연녹지지역 땅이 될 가능성이 높다.

〈그림 5-37〉을 보면 보라색으로 표시된 부분이 반도체 클러스터가 들어설 공업지역이다. 그리고 노란색이 주거지역, 그 안에 아주 작게 분홍색으로 상업지역이 자리하고 있다. 지도만 봐도 공장이 들어설 규모에 비해 주거지역과 상업지역이 턱없이 부족할 것이라고 예상된다.

그렇다면 이렇듯 부족한 시가지를 확장한다고 할 때 어느 쪽으로 추가 지정을 하게 될까? 주거지역, 상업지역은 물론 공업지역만 봐도 바로 인접하고 있는 녹지지역 땅을 종상향(땅의 등급이 올라가는 것)하여 시가지로 조성할 가능성이 높다.

정리해보면 제2외곽순환고속도로 주변은 공장 이전이 가능한 계획관리지역에 관심을 두어야 한다. 하지만 원삼은 앞으로 시가지로 바뀔 가능성이 있는 녹지지역 토지가 유망해 보인다. 따라서 원삼면 인근 자연녹지지역 땅에도 관심을 갖자.

경기 남부 'K-반도체 벨트'

수도권정비계획법상 구분해 놓은 권역이 한 지역 안에 골고루 포함돼 있는 지역이 있다. 그중 한 곳이 바로 용인시다. 앞의 〈그림 3-2〉를 보자. 용인은 수지구·기흥구·처인구 남부가 노란색인 성장관리권역이고, 처인구 북부는 녹색인 자연보전권역이라는 재미있는 모습을 하고 있다. 따라서 반도체 클러스터가 입주하고 나면 앞으로 용인은 북쪽보다는 남쪽으로 개발 수요가 늘어날 것으로 보인다.

잠깐 안성시 보개면 이야기를 해보자. 안성시 보개면은 평택 고덕산업단지와 용인 반도체 클러스터를 연결하는 첨단 복합산업단지로 개발을 추진하고 있다. 보개면의 계획관리지역은 용인 반도체 클러스터와 바로 연결되는 도로 확장공사가 진행 중으로, 향후 공장이 들어설 가능성이 높아 보인다.

안성에는 바우덕이IC, 안성맞춤IC, 금광IC, 서운입장IC의 총 4개 IC 개통이 예정돼 있다. 보개면과 가장 가까운 바우덕이IC는 국내 최초로 휴게소를 통해 진출입이 가능한 스마트IC로 개통될 예정이다. 또한 안성맞춤IC 개통 예정지 인근인 보개면 동신리에는 안성 최대 규모의 산업단지가 조성될 예정이다.

현재 평택은 고덕신도시 주변에 반도체 소재와 부품 공급을 위한 '반도체

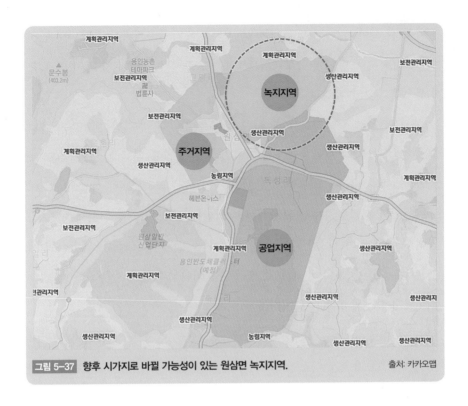

그림 5-37 향후 시가지로 바뀔 가능성이 있는 원삼면 녹지지역. 　　　　　 출처: 카카오맵

협력 산단'을 추진하고 있고, 용인 역시 반도체 클러스터 주변으로 국내외 반도체 기업들이 입주할 예정이다. 이에 따라 평택-안성-용인을 잇는 경기 남부 'K-반도체 벨트'가 만들어지면서 안성은 앞으로 많은 변화가 일어날 것으로 기대된다.

　다만 용인과 안성은 도로가 잘 발달된 것과 달리 철도망이 없다는 것이 단점으로 꼽혀 왔는데, 4차 국가철도망구축계획에서 이를 해소할 반가운 소식이 등장했다. 평택-부발선이 평택역에서 시작해 안성시 보개면 인근을 지나 용인시 원삼면을 거쳐 이천시 부발역까지 연결되는 모습으로 등장한 것이다. 53.8km의 이 노선은 2021년에 예비타당성조사 대상 사업에 포함돼 착공까지 아직 갈 길이 많이 남아 있기는 하지만, 철도망구축계획이 확정되면 안성시는 도로와 철도망이 골고루 발달한 교통 요충지가 되어 토지 가격 역시 크게 상승할 것으로 예상된다.

최근 몇 년간 주택시장은 매우 큰 호황을 맞았다. 하지만 앞으로는 예전처럼은 대규모 택지개발사업을 추진하기가 쉽지 않을 것이다. 도로, 철도 등의 인프라를 건설하는 비용까지 고려하면 더 이상 허허벌판에 개발제한구역 규제를 풀어서 신도시를 건설하기는 어려워 보인다. 출산율 저하와 인구 감소 역시 예정된 미래이기 때문이다. 수요가 줄어드는 상황이니 부동산의 미래가 어둡다고 볼 것인가? 대규모 개발이 일어나지 않을 뿐 기존의 인프라를 활용한 개발은 계속 추진될 것이다.

지금까지 수도권에 개통될 도로망을 중심으로 토지 투자 유망지역을 이야기했다. 초보자에게 다소 낯설 수도 있는 공장을 중심으로 긴 지면을 할애하여 설명한 것은 그만큼 명확한 수요가 존재하기 때문이다. 물론 이 밖에도 규제가 풀리거나 택지지구, 상업지구 등으로 개발되면서 사업적 가치가 오를 땅들도 찾을 수 있다. 더 새롭고 더 좋은 것을 원하는 것은 인간의 본능이다. 기존 주택이 있음에도 신축 아파트를 원하는 사람은 늘 있는 것처럼, 개발에 대한 수요는 항상 존재할 수밖에 없다.

지금 내가 사는 지역의 주변부터 둘러보자. 그리고 범위를 조금씩 넓혀 여기에 어떤 변화가 일어나고 있는지, 호재가 있다면 무엇인지를 살펴보자. 2023년부터는 경매시장도 호황일 것으로 예상된다. 좋은 물건을 싸게 살 수 있는 한정 판매 기간이 오고 있다. 잊지 말자. 가치 있는 토지를 갖고 싶다면 지금이 기회다.

토지 투자 유망지역의 최근 투자 사례

 파주 월롱면 도내리 공장

나는 2018년에 토지 책을 쓰면서 사업시행자에 대한 내용을 다루었다. 강의와 달리 책에서는 토지 개발 기사를 볼 때 사업시행자에 대한 내용이 중요하다는 말을 하고자 도로 계획에 대한 내용은 별로 다루지 않았다. 5년이 지난 현재, 그때 그 파주시 월롱면 도내리 물건의 현재가치는 어떻게 달라졌으며 그 이유가 무엇인지 살펴보자. 이제는 도로를 중심으로 말이다.

〈그림 5-38〉의 자동차공장이 경매로 나올 때 나는 과감하게 신건에 입찰할 것을 제안했다. 562평의 토지(계획관리지역이며 수도권정비계획법상 성장관리권역이다)를 약 9억 원에 낙찰받은 것이니 평당 200만 원도 채 되지 않는 금액이었다.

당시 서울-문산 고속도로는 공사 중이었다. 그리고 제2외곽순환고속도로

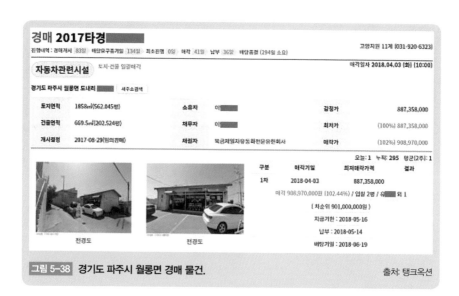

그림 5-38 경기도 파주시 월롱면 경매 물건.　　　　　　출처: 탱크옥션

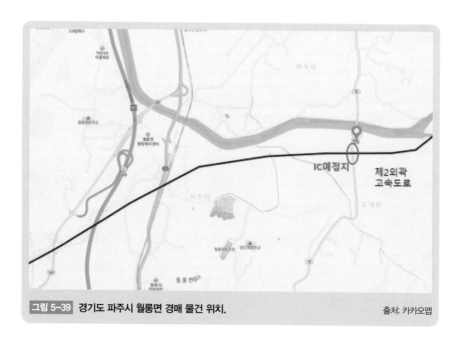

그림 5-39 경기도 파주시 월롱면 경매 물건 위치.　　　　　　출처: 카카오맵

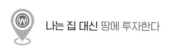 나는 집 대신 땅에 투자한다

는 착공을 앞두고 있었으며 본 물건 바로 앞으로 IC는 확정된 상태였다. 그리고 시간이 흘러 서울-문산 고속도로는 개통했으며, 본 물건 서측에 월롱IC를 내어주었다. 그리고 제2외곽순환고속도로는 한창 공사 중으로 개통을 2년 앞두고 있다.

계획된 고속도로 두 개 중 하나가 개통하고 하나는 한창 공사 중인 지금, 이 물건은 얼마나 할까? 우선 자동차 공장으로 임대를 주어 보증금 4,000만 원에 월 350만 원의 임대료를 받고 있다. 당시 우리는 임대를 맞춰놓고 주변 호재가 완성될 때까지 기다려볼 셈이었다. 그래서 임대 플랜카드를 붙여놨는데, '팔아라'라는 전화만 빗발쳤다. 확실히 호재가 무르익으니 매매에 대한 관심이 더 크다는 것을 알 수 있었다. 아무튼 공실로 긴 시간이 흘렀지만 결국 자동차공장을 필요로 하는 세입자를 만날 수 있었고, 지금까지 임대를 놓고 편하게 지내고 있다.

그렇다면 지금 시세는 얼마일까? 평당 400만 원으로 잡아도 22억 원 정도일 텐데, 낙찰받은 회원님의 설명으로는 평당 500만 원은 족히 된다고 한다. 무엇보다 제2외곽순환고속도로의 월롱IC가 바로 앞에 생기는 것 때문에 가치를 높게 본다는 것이었다. 서울-문산 고속도로가 개통하고 계획관리지역과 공장에 대한 수요가 크게 늘었다는 설명도 덧붙였다.

2023년부터 주목해야 할 지점은 바로 이런 곳이다. 허허벌판이었는데 제2외곽순환고속도로 IC와 서울로 들어가는 고속도로 IC가 만나는 지점, 그리고 용도지역은 계획관리지역이나 공업지역, 수도권정비계획법으로는 성장관리권역, 이 모두를 충족하는 지역을 찾아야 한다.

①	낙찰가	908,970,000	
②	취득가	954,418,500	취등록세, 법무비 등 낙찰가의 5% 포함.
③	대출	760,000,000	추후 대출을 추가로 받음.
④	임대보증금	40,000,000	2년 가까이 공실이었음.
⑤	초기 투자자금	154,418,500	② − ③ − ④
ⓐ	취득가	954,418,500	
ⓑ	현재 시세	2,200,000,000	평당 400만원 / 시세가 올라 대출을 재실행하여 12억 5천만원 대출을 받음. 투자금을 모두 회수하고도 돈이 남음.
ⓒ	시세 차액	1,245,581,500	ⓑ − ⓐ / 제2외곽 고속도로 개통 후 매각 예정.
ⓓ	실투자금 대비 수익률	∞	대출 재실행 금액이 매입가보다 큼.

표 5-4 월롱면 도내리 공장 투자 예상 수익률.

서울-문산 고속도로는 단순히 문산에서 서울로 향하는 것이 아니다. 서울을 직통하여 김포공항을 지나 광명-수원 고속도로에 연결되고 그 도로는 다시 경기 남부와 충청을 잇는 역할을 한다. 그러는 동안 제2, 제1외곽순환고속도로를 모두 관통한다. 이렇게 되면 제1외곽순환고속도로 내의 산업단지가 이 관통로를 타고 이동하여 제2외곽순환고속도로 주변으로 대거 이전을 해올 수 있다. 이전을 할 때 터를 잡는 용도지역은 계획관리지역이거나 일반공업지역이다. 한 번 더 말하지만, 수도권정비계획법으론 성장관리권역이다.

도내리 공장 낙찰 사례를 모 언론사 인터뷰를 통해 밝힌 적이 있다. 댓글은 악플 천국이었다. 9억 원인 공장을 대출받아 실투자금 1.5억 원으로 매입했고, 대출이자는 월세를 받아 충당하고도 돈이 남았으며 매매차액은 10억 원이 넘으니 믿지 않는 눈치였다. 대개가 '저런 사기꾼을 조심해야 한다'는 식이었다. 안다, 나도. 공부 안 한 사람들의 눈높이에선 있을 수 없는 수익이라는 것을.

🔎 용인 반도체 클러스터 인근 백암면 생산녹지 사례

2023년 투자 유망처 분석의 핵심적인 내용은 도로다. 도로 개통이란 즉 호재를 따라 가격이 오를 곳을 정리하여 둔 것이다. 국도·지방도·도시계획도로 등 도로마다 지정과 착공, 개통까지 소요되는 시간이 제각각이다. 그중 고속도로는 어떨까? 2014년, 서울-세종 고속도로의 IC 위치도 확정되기 전에 이 지역을 답사하고 싶다는 회원님들의 요청이 있었다. 대강의 의견은 고속도로 IC가 확정되면 가격이 오르니 그 전에 사놓아야 하지 않느냐는 것이었다. 당시 안성과 용인 일대를 답사했다. 그래서 투자했을까? 전혀 하지 못했다.

2017년에는 원삼IC 일대 물건을 답사하고 평가하는 스터디 수업을 진행한 적이 있다. 실시설계를 앞두고 세종-포천 고속도로 IC가 외부에 알려진 시점이었다. 그때 내 생각은 원삼면이라는 낙후된 지역에 IC가 개통한다니 분명 무언가가 들어서지 않겠냐는 것이었다. 게다가 그 지역은 수도권정비계획법상 성장관리권역이 더러 있는 곳이었으니 말이다.

하지만 아무도 관심을 가지지 않았다. 당시 원삼면사무소 인근의 1종 일반주거지역 토지 가격 수준은 어땠을까? 모양도 반듯하고 도로에 잘 접한 좋은 물건은 평당 200만 원, 나쁜 것은 150만 원 수준으로 매수자를 구하지 못한 매물이 많이 쌓여 있었다. IC만 개통할 뿐 뭐가 들어설지 알 수 없어 사람들이 투자하지 않는 것이다.

하지만 고속도로같이 큰 호재가 있는 지역은 도로 개통 2년 정도를 앞두면 산업단지 소식이 많이 들린다. 안성시의 경우 2021년부터 산업단지 조성 계획이 속속 뉴스로 등장하였다. 대강의 리스트를 정리하면 다음과 같다.

① **동신리 산업단지**

안성시 보개면 동신리 일원 157만㎡로 서울–세종 고속도로 안성IC 앞 조성. 2023년 2월 현재 한국산업단지공단과 협약 후 예비 타당성 조사 중.

② **안성 스마트코어 플러스 산업단지**

안성시 미양면 구례리 산24번지 일원 약 60만㎡로 조성. 2023년 2월 현재 토지보상 절차 진행 중.

③ **안성테크노밸리 일반산업단지**

안성시 양성면 추곡리 산2번지 일원 76.5만㎡로 조성. 2023년 2월 현재 수용보상 절차 완료 단계(민관 합동 방식).

④ **안성 제5일반산업단지**

안성시 서운면 양촌리, 동촌리 일원 약 70만㎡로 조성. 2023년 2월 현재 착공(경기주택공사와 안성시 공동 시행).

⑤ **용인SK하이닉스 연계 산업단지**

안성시 양성면 방축리 일원 약 70만㎡로 조성. 경기도에 산업단지 물량 배정 신청.

바로 검색이 되는 것만 정리해도 이 정도이며, 2021년 당시 이 지역 투자를

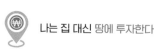

위해 조사한 곳들로 이후 추진 중인 곳도 있을 것이며, 민간이 추진하는 곳을 포함하면 더 늘어날 것이다. 그렇다면 세종-포천 고속도로라는 대형 호재를 상대로 어떤 투자를 해야 할까?

 용인 반도체 클러스터 토지보상 '수용재결' 통과

용인 반도체 클러스터 일반산업단지 조성사업의 토지보상과 관련, 경기도 지방토지수용위원회에서 보상협의가 이뤄지지 않은 토지분에 대한 수용재결을 받아들였다. 이로써 지난해 11월부터 시작된 토지보상 작업은 10개월여 만에 사실상 마무리됐다.

22일 사업시행자인 용인일반산업단지(주)에 따르면 지난 13일 경기도청에서 열린 토지수용위원회 심의를 통해 사업 시행자가 신청한 수용재결 원안이 통과됐다. 수용재결은 공익 목적으로 특정물의 권리나 소유권을 강제로 옮길 수 있는 행정 절차로, 반도체 클러스터 조성사업의 시행을 맡아 토지보상 절차를 진행해온 용인일반산업단지(주)는 앞서 보상 동의율 50%를 넘긴 뒤 지난 4월 수용재결을 신청한 바 있다.

(하략)

출처: 〈경인일보〉 2022. 9. 22

2022년 9월 용인시에 반도체 클러스터 조성을 위한 수용재결이 통과되었다. 참 반가운 소식이다. 이 지역은 반도체 클러스터 조성을 위한 산업단지로 지정된 후 후속 진행이 순조로웠으나 수용 보상 과정에서 난항을 겪었기 때문이다. 수용지에 든 원주민들의 반대가 극심했다. 보상 안내문 상에 적힌 보상금이 적다며 보상금을 받고 땅을 내어주기를 거부한 것이었다. 이로 인해 공사가 지지부진하였음은 물론이다.

🔍 토지수용 및 보상 단계

도로, 공원, 택지지구, 재개발, 산업단지 등 공익사업을 위한 토지 수용 및 보상을 할 때는 1차로 원주민에게 협의 보상금을 지급 후 매입하는 것을 원칙으로 한다. 이때 보상금에 대한 이견이 있을 수 있다. 토지를 수용당하는 입장에서 보상에 이의제기를 할 수 있는 것이다. 이렇게 되면 토지가 사업시행자의 것이 되지 않으므로 시행자는 제대로 된 착공을 할 수 없게 된다. 이후 이의제기를 한 사람들을 대상으로 중앙토지수용위원회 등이 수용재결 절차를 통해 보상금 재검토를 하게 된다. 원활하게 협의가 이루어지지 않으면 행정재판까지 진행하며 보상금 다툼을 이어갈 수 있다. 중요한 것은 부동산 소유자들이 보상금이 적다며 사업에 반대하는 것이지 사업 자체를 반대하는 것이 아니란 것이다. 이에 수용보상법에서는 보상금 거부를 한 부동산 소유자들에게 보상금 증액에 대한 다툼은 다툼대로 하되 사업시행자로 하여금 사업은 할 수 있게끔 해두었다. 바로 강제수용을 할 수 있게 한 것이다. 수용재결까지 끝나면 사업시행자는 부동산에 대한 소유권을 확보할 수 있다. 제 땅이 되었으니 공사에 속도가 붙을 수밖에 없다. 따라서 위 뉴스의 '수용재결 통과'는 곧 '본격 착공'을 뜻하는 것이며, 지금부터 지가가 또 달라질 것을 암시하는 말이다.

🔍 실전 투자

나는 이 지역을 어떻게 분석했을까? 공사가 본격적으로 시작되면 시가지(용

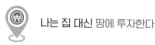

도지역상 주거지역, 상업지역, 공업지역) 에 대한 수요가 커질 텐데 이 지역은 시가지 면적이 너무 적어 보였다. 따라서 시가지와 닿아 있는 녹지지역을 사놓고 때를 기다리는 것도 좋은 전략이라 판단했다. 행위 제한이 완화되든지, 도시개발사업을 하든지, 시가지에 정주인구가 늘어나 자연스럽게 가격이 오르든지 할 것으로 보였기 때문이다.

이 뉴스를 즉각 수업에서 다루며 이 지역의 물건도 하나 소개하였다. 꽤나 긴 시간 부동산포털 사이트에 매물로 떠 있던 백암면 북측 생산녹지지역 물건이었다. 두 달이 넘는 스터디 기간 내내 자리를 지킨 토지였다.

우리 수강생은 수용재결이 통과됐다는 뉴스가 나온 후 이 물건의 매매 계약을 했다. 도로에 접해 있는 생산녹지지역으로 분할해 단독주택이나 다가

그림 5-40 원삼면과 가까운 백암면의 북측 생산녹지지역 물건.　　출처: 카카오맵

구주택 용지로 매각할 수도 있으며, 농사를 열심히 짓다가 IC가 개통하고 반도체 산업단지가 1차 가동을 시작할 무렵 매매해도 좋을 것 같았다. 이는 모두 3-4년 뒤의 일인데, 일단 수용재결이 났으니 본격 착공을 할 것이므로 공사 인부들의 거주가 급격히 늘어 농촌 마을에 반도체 느낌이 물씬 올라올 것으로 내다봤다.

 용인 반도체 클러스터 토지보상 99% 완료…상반기 토목공사 착수

경기 용인시는 처인구 원삼면 일대에 조성 중인 반도체 클러스터 산업단지 조성 부지의 토지보상이 거의 완료됨에 따라 올해 상반기 토목공사가 추진될 예정이라고 7일 밝혔다.

이날 기준 반도체 클러스터 산단 부지 토지보상은 99%, 지장물 보상(소유자 기준)은 75% 진행됐다. 이에 따라 사업시행자인 용인일반산업단지㈜는 소유권이 확보된 부지에 대해 올해 상반기부터 벌목과 가설 시설물 설치 등 본 단지 조성을 위한 토목공사를 진행할 방침이다.

용인시 관계자는 "SK하이닉스 중심의 대규모 반도체 클러스터와 수도권 최고의 입지를 자랑하는 용인 플랫폼시티가 'L'자형으로 이어지는 반도체 벨트 조성이 본격화하고 있다"며 "향후 두 지역이 국가첨단전략산업 특화단지로 지정될 수 있도록 노력할 계획"이라고 말했다.

용인 반도체 클러스터 산단은 용인일반산업단지㈜가 용인시 처인구 원삼면 독성·고당·죽능리 일원 415만㎡에 차세대 메모리 생산기지를 구축하는 사업이다. SK하이닉스는 이곳에 약 120조원을 투자해 4개의 반도체 생산 공장을 조성할 계획이다.

출처: 〈연합뉴스〉 2023. 02. 07

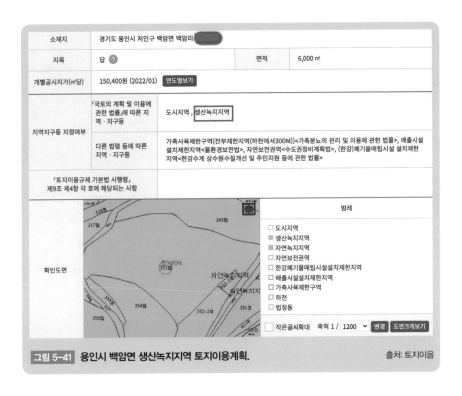

소재지	경기도 용인시 처인구 백암면 백암리		
지목	답 ❓	면적	6,000 ㎡
개별공시지가(㎡당)	150,400원 (2022/01) 연도별보기		
지역지구등 지정여부	「국토의 계획 및 이용에 관한 법률」에 따른 지역·지구등	도시지역 , 생산녹지지역	
	다른 법령 등에 따른 지역·지구등	가축사육제한구역(전부제한지역(하천에서300M))<가축분뇨의 관리 및 이용에 관한 법률>, 배출시설 설치제한지역<물환경보전법>, 자연보전권역<수도권정비계획법>, (한강)폐기물매립시설 설치제한 지역<한강수계 상수원수질개선 및 주민지원 등에 관한 법률>	
	「토지이용규제 기본법 시행령」 제9조 제4항 각 호에 해당되는 사항		

확인도면

범례
- ☐ 도시지역
- ■ 생산녹지지역
- ■ 자연녹지지역
- ☐ 자연보전권역
- ☐ 한강폐기물매립시설설치제한지역
- ☐ 배출시설설치제한지역
- ☐ 가축사육제한구역
- ☐ 하천
- ☐ 법정동

☐ 작은글씨확대   축척 1 / 1200 ▼   변경 도면크게보기

그림 5-41 용인시 백암면 생산녹지지역 토지이용계획.

출처: 토지이음

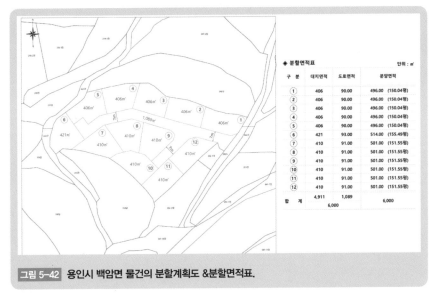

◆ 분할면적표   단위 : ㎡

구 분	대지면적	도로면적	분양면적
①	406	90.00	496.00 (150.04평)
②	406	90.00	496.00 (150.04평)
③	406	90.00	496.00 (150.04평)
④	406	90.00	496.00 (150.04평)
⑤	406	90.00	496.00 (150.04평)
⑥	421	93.00	514.00 (155.49평)
⑦	410	91.00	501.00 (151.55평)
⑧	410	91.00	501.00 (151.55평)
⑨	410	91.00	501.00 (151.55평)
⑩	410	91.00	501.00 (151.55평)
⑪	410	91.00	501.00 (151.55평)
⑫	410	91.00	501.00 (151.55평)
합 계	4,911	1,089	6,000
		6,000	

그림 5-42 용인시 백암면 물건의 분할계획도 &분할면적표.

2023년 2월 기사를 보니 미소가 지어진다. 토지 매각을 고려할 2025년~2026년 무렵엔 원삼IC는 개통했을 것이고 수용재결을 통해 본격 착공한 반도체 클러스터는 80%가량의 공정을 보일 것으로 예상한다. 그때쯤이면 반도체 클러스터 공장 가동을 앞두고 또 많은 도시계획 변화가 있을 것이다.

　고속도로 IC 개통과 이에 따른 산업단지 조성 호재 등에 맞춰 투자한 사례를 마지막으로 소개하였다. 이러한 패턴은 약간의 시차만 있을 뿐 비슷한 양상을 보인다. 이번은 수강생의 사례였지만 이를 잘 응용하여 다음은 독자 여러분의 차례가 되기를 기원한다.

현실을 직시하자, 투자는 어려운 것이다

올해 한국 나이로 48세인 나는 29세에 아파트 분양을 받으며 부동산 투자에 입문했다. 분양권으로 번 돈으로 집을 늘리거나 새 차를 사는 대신 나는 돈을 불리는 데만 집중했다. 당시 유통회사에서 부동산 투자와 밀접한 점포개발이라는 업무를 맡고 있었던 것도 도움이 됐다.

2005년부터 2007년까지 수도권 아파트 시장을 돌아보면, 세상에 부동산보다 쉽게 돈 버는 방법은 없었다. 다니던 직장을 관두고 경매를 겸하여 전업 투자를 하는 이들도 더러 볼 수 있던 때였다. 그러나 나는 그 무렵 토지 투자를 준비했다. 부동산 투자의 꽃은 아파트라고 하던 선배 투자자들의 조언을 무시한 채 어렵다는 토지와 상가에만 매달렸다. 그렇게 가파르게 오른 아파트 가격이 언제까지고 그렇게 오를 수만은 없기 때문이다.

그러다 2008년부터 시작된 수도권 주택시장 침체기에 수많은 전문가가 사라지고 전업 투자자들은 다시 직장으로 돌아갔다. 그러나 토지를 들이팠던 나는 좋은 수익을 내며 그 시기를 지나올 수 있었다.

주택 투자를 해도 부산 사상구 같은 호재가 많은 곳에 했다. 그때가 2010년이었다. 토지 공부를 하다 보니 부산의 도시기본계획을 보게 되었고, 여러모로 부산 사상구의 집값 상승이 점쳐졌다. 그리고 그해 전국 집값 상승률 1위가 사상구였다. 주택 투자에도 토지 공부가 도움이 되는 순간이었다.

우리가 투자 대상으로 삼는 토지는 호재가 있는 지역의 부동산이다. 호재만 진행된다면 집값의 움직임과 무관하게 꾸준하게 수익을 낼 수 있다는 말이다. 주택 경기가 나빠도 철도나 도로는 개통하고 그 주변은 정주인구가 늘며 여지없이 토지 가격이 오른다. 규제가 완화되는 경우에는 더욱 가파르게 오른다.

장래 가격을 예측하는 것은 여간 어려운 일이 아니다. 그러나 경험이 쌓이면 안다. 그 호재가 그 호재이고, 이 땅과 과거에 경험했던 그 땅은 가격의 흐름이 비슷하게 형성된다는 것을.

부동산 7주 수업만 들어도 뭔가 대단한 투자 안목이 장착될 것으로 여기는 수강생들이 간혹 있다. 기초가 탄탄한 분들이라면 모를까 그리 쉽게 되진 않는다. 좋은 직장 하나 들어가려 할 때도 대학 4년 동안 그리 공부를 하고 또 학원도 다녀야 하는데 돈 버는 기술을 배우는 데 1년은 마음먹고 해봐야 하지 않겠나.

나의 회원님 중에 어느 그룹 회장님이자 23세에 토지 투자 공부를 시작한 분이 계신다. 이 회장님은 작년에 나를 찾아왔는데 학원에선 실력 좋기로 손에 꼽히는 분이시다. 거의 모든 회원이 이 회장님과 같이 답사하길 바라고 회장님도 즐거이 화상회의나 답사를 함께하고 계신다.

이 분은 지금 어떻게 되었을까? 놀라지 마시라. 지금 자그마치 24세가 되어 있다! 김종율아카데미 스터디그룹의 회장님인 이 분은, 처음 만났을 땐 무주택자 같은 외모에 핵심과 100m는 동떨어진 질문으로 갈피를 잡지 못했다. 그런데 호재가 있는 지역을 수시로 답사하면서 호재가 실현된 지역과 비교를 하기 시작했는데 점점 실력이 느는 게 보였다. 그렇게 딱 1년을 한 후 지금의 (스터디그룹) 회장까지 된 것이다.

투자의 본질은 가치가 상승할 물건을 미리 사두는 것이다. 남들 눈엔 그저 그런 물건으로 보이지만 시간이 지나면서 본연의 가치를 발하는 땅을 찾는 게임이 토지 투자다. 그게 쉬울 리 없다. 그렇지만 1년만 진득하게 해보면 길이 분명 보인다고도 덧붙이고 싶다.

주택 투자만 한 사람에게 2022년과 2023년은 전국 어디나 지옥이었을 것이다. 실컷 잘 벌다가 순식간에 그간 벌어놓은 것을 홀랑 털어먹는 투자를 나는 하고 싶지 않다. 어떤 시기가 와도 본질적인 가치가 오르고 수요가 늘어나는 물건에 내 돈을 맡겨야 하지 않겠나.

한 1년만 바짝 공부해보시라. 주택시장에 어떤 바람이 불어도 꿈쩍 않고 꾸준한 수익을 내게 될 것이다. 그때쯤이면 왜 토지에 투자할 줄 아는 사람들이 아파트나 수익형 상품에 손을 대지 않는지 알게 될 것이다. 큰 부자 중에 토지에 투자하지 않는 사람이 거의 없다는 사실도 알게 될 것이다.

부동산의 근본은 토지다

2022년 초 부동산 시장 분위기가 한창 좋을 때까지는 다들 "인플레이션 상황에 현금을 갖고 있는 것은 바보짓이다. 자산으로 바꿔놓아야 돈의 가치를 지킬 수 있다"라고 이야기했다. 지금은 분위기가 많이 달라졌다. 연일 기준금리 인상 소식과 함께 수직 상승하는 대출이자를 감당하기 어렵다는 곡소리가 들려오고, 부동산 거래는 얼어붙었으며, 고금리 예·적금은 상품이 출시되기 무섭게 마감되고 있다. 불과 재작년과 지금의 분위기는 사뭇 다르다.

유동성이 넘치는 시장에서 하늘 높은 줄 모르고 치솟던 자산 가격의 조정이 시작되면서 소위 썰물일 때 빤스 안 입고 물에 들어간 사람이 누구인지 드러나게 되는 상황이 되었다.

이 책을 한창 집필 중이던 지난해 가을, 한 유명 연예인이 기획 부동산 사기를 당했다는 뉴스를 접했다. 마침 같은 사건에 연루된 지인이 있어 어느 지역의 토지인지, 어떤 방식으로 사기가 이루어졌는지를 알 수 있었다. 전형적인 사기 유형 중 하나로, 대형 호재가 가득한 지역에 바로 인접한 개발이 불가능한 토지를 지분으로 잘게 쪼개서 대박 땅으로 둔갑시켜서 판매한 수법이었다. 개인적으로 매우 잘 아는 지역이라 이 지역을 이런 방식으로 포장해서 투자자들을 현혹시킬 수 있다는 생각에 1차적으로 놀랐고, 내로라하는 부동산 전문가를 얼마든지 섭외해서 투자에 도움을 받을 수 있는 수준의 유명 연예인도 이런 사기에 연루되었다는 사실에 2차적으로 놀랐다.

누구나 부자가 되고 싶어 한다. 그런데 부자가 되기 위한 공부를 하는 것은 참 쉽지 않은 일이다. 그래서 쉽고 편하게 돈 버는 방법이 없을까를 자꾸 찾게 되는 것이 많은 사람의 심리일 것이다. 그런데 토지는 부자는 되고 싶지만 공부는 하기 싫은 마음을 파고들기에 너무나 좋은 투자 수단이다.

마치 복권 당첨처럼 토지 하나만 잘 사면 인생이 역전되는 것은 시간문제라는 생각이 들게 만들기에 안성맞춤이다. 정보의 비대칭이 심하기 때문에 기회가 많은 블루오션이라는 장점을 가진 반면, 일정 수준 이상의 지식이 없으면 스스로 가치 판단을 하기 어렵기 때문이다. 그래서 기획부동산의 사기 행각이 수법을 달리해가며 끊임없이 시장에 등장할 수 있는 것이 아닐까.

그렇다면 이렇게 생각할 수 있다. '그렇게 어려운 토지 투자, 안 하면 그만 아닌가?' 하지만 우리는 생각보다 토지와 매우 가까운 삶을 살고 있다. '대지 지분'이라고 부르는, 내가 살고 있는 집이 깔고 앉아 있는 땅이 있고, 상속·증여받은 토지나 부모님이 보유 중이신 땅 등도 있을 것이다.

중개업과 강의를 하면서 많은 분을 만났고, 다양한 사례를 들었다. 부모님이 1988년 서울 올림픽 호재를 보고 사두셨지만 앞으로도 호재가 실현될 가능성이 요원해 보이는 땅, 신도시 택지지구 바로 앞에 위치한 야산에 개발이 되지 않은 상태로 묘지만 무성한 땅, 지번을 받아 토지이용계획을 열람했더니 지적도에 등고선만 하염없이 보이는 땅 등. 일부러 투자 실패 사례를 모으려고 했던 것은 아닌데, 사연이 나만 듣고 보기 아까울 정도로 각양각색이었다. 반면 대대로 물려받은 땅에 대형 호재가 생겼는데 그 사실을 잘 모르고 일찌감치 헐값에 매도해버린 안타까운 사례도 있었다.

나 역시 최근에 남편의 외할머니가 돌아가시면서 시부모님이 약간의 토지를 상속받으셨다. 외할머님께서 생전에 투자를 잘하셨다고 하더니, 하나같이 호재로 좋아질 지역들이었다. 외할머님은 오랜 시간 병원에 누워계시다 돌아가셨는데, 그 기간에 처분하고 남은 땅들의 사연을 들으니 아쉬운 부분이 많았다.

호재의 영향을 직접적으로 받을 수 있는 지역의 토지인데, 필지를 나눠 파는 과정에서 정작 진출입로가 될 땅을 팔아 현재 남아 있는 땅은 맹지처럼 돼버린 케이스. 외할머님 역시 상속받으신 땅인데 살아생전에 정리를 하시지 않아, 위치는 좋지만 여러 명이 공유하는 토지가 되어 재산권 행사를 하기 어려워 보이는 땅 등 안타까운 사례가 우리 집에도 존재하고 있었다. 진즉 정리가 잘된 상태에서 상속이 됐다면 좋았겠지만, 시부모님이 상속받으신 땅을 잘 정리하는 것은 이제 남편과 나의 몫이 되었다.

이처럼 토지 투자는 소중한 내 재산을 지키고 불리려면 반드시 공부해야 하는 분야다. 토지를 볼 줄 아는 눈이 없다면 기획부동산의 유혹에 속아 팔지도 쓰지도 못하는 땅을 사게 될 수도 있고, 반면 개발 가능성이 높은 땅을 헐값에 팔아버리는 실수를 할 수도 있다.

우리는 시장 상황과 관계없이 꾸준한 수익을 내는 투자를 원한다. 정부의

정책이나 규제, 시장 상황에서 자유롭고, 이왕이면 큰 수익도 낼 수 있으면 좋겠다고 생각한다. 토지는 원자재다. 그리고 수요와 공급이 매우 제한적이다. 하지만 그런 특징 때문에 수요가 명확히 보이는 땅에 투자한다면 언제나 이기는 투자를 할 수 있다. 지금처럼 시장 상황이 좋지 않은 상황에서도 개발업자는 다가올 호황에 대비해 항시 땅을 찾고 있기 때문이다. 어려운 상황이 계속될 것 같지만 사이클은 항상 돌고 돈다는 사실을 잊지 말자. 그리고 기회는 언제나 준비된 사람에게 돌아가기 마련이다.

이 책을 함께 쓸 기회를 주신 김종율 원장님과 토지 투자의 계기를 마련해주신 부모님께 감사드린다. 원장님과 부모님이 아니었다면 토지 투자의 세계를 아예 모른 채 살았을 수도 있고, 이렇게 책을 쓰게 되는 영광도 누리지 못했을 것이다.

글을 쓴다고 머리를 쥐어뜯으며 예민해진 와이프를 물심양면으로 도와준 남편, 그리고 바빠서 함께 많은 시간을 보내지 못했음에도 불구하고 밝고 해맑게 잘 자라주는 딸 하은이, 부족한 원고를 다듬어 책으로 출간해주신 한경BP, 그리고 이승민 님과 김종율아카데미 스태프 여러분에게도 감사함을 전한다.

모쪼록 이 책이 토지 투자에 처음 발을 들이는 초보자에게 도움이 되기를 소망한다.

딱 1년 공부하고 평생 써먹는 토지 투자 공식

나는 집 대신 땅에 투자한다

제1판 1쇄 발행 | 2023년 3월 31일
제1판 11쇄 발행 | 2024년 10월 29일

지은이 | 김종율 · 임은정
펴낸이 | 김수언
펴낸곳 | 한국경제신문 한경BP
책임편집 | 윤효진
교정교열 | 김문숙
저작권 | 박정현
홍보 | 서은실 · 이여진
마케팅 | 김규형 · 박정범 · 박도현
디자인 | 이승욱 · 권석중
본문디자인 | 디자인 현

주소 | 서울특별시 중구 청파로 463
기획출판팀 | 02-3604-590, 584
영업마케팅팀 | 02-3604-595, 562   FAX | 02-3604-599
H | http://bp.hankyung.com   **E** | bp@hankyung.com
F | www.facebook.com/hankyungbp
등록 | 제 2-315(1967. 5. 15)

ISBN 978-89-475-4888-5   03320